CES CRIMES MYSTÉRIEUX

Roger Borniche

présente

CES CRIMES MYSTÉRIEUX

France Loisirs
123, Bld de Grenelle, Paris

Une édition du Club France Loisirs, réalisée
avec l'autorisation des Presses de la Cité

ISBN : 2-7441-2845-7

Sommaire

Préface, par Roger Borniche 9
Un meurtre en province 13
La Grande Vie 31
Le Double Meurtre du *Cocoa Beach* 47
Mystère à la romaine....................... 69
La Poudre aux yeux.......................... 91
Le Diable de Sicile 111
Rancune 132
Par le tuyau 149
Les Invités du samedi soir 165
Les Camionneurs 186
Une soudaine soif de sang 203
Nature morte avec couteau, sabre et fusils.. 220
Le Mystère de la cabine n° 5 237
La Fin d'un homme heureux.................. 253
Voir Naples et mourir 268
Une femme à la mer 286
Mystère à Long Island 304
Travail d'orfèvre 320

Préface

Pour le policier en charge d'une enquête criminelle, tenter de résoudre l'inexplicable est un exaltant défi.

Il est des affaires simples, le meurtre commis au vu ou au su de témoins, par exemple. Ou lorsque le suspect a abandonné des traces qui permettent son identification. Il en est d'autres, par contre, dont la complexité projette l'enquêteur dans l'incertitude.

Il n'y a pas si longtemps, le hasard pouvait contribuer à la découverte du coupable. Beaucoup d'empirisme et un peu de chance, telle était, pourrais-je dire, la méthode policière. Les anciens de la Crim' s'en souviennent. Les progrès de la science en biologie, chimie et informatique font qu'aujourd'hui la recherche et le dépistage du criminel se trouvent singulièrement facilités.

Mais, si avancée qu'elle soit par la précision de ses constatations et la rigueur de ses conclusions, la police scientifique ne suffit pas toujours à percer le mystère d'une affaire. Tout crime comporte un élément matériel, l'acte. Mais aussi un élément intellectuel capital, l'intention. Les sciences établissent de quelle manière le crime a été commis et par qui il a pu l'être, elles ne dévoilent pas pour autant dans quelles circonstances ni pour quel motif. C'est donc dans la recherche de la personnalité de la victime, de son rang social, de son genre de vie, de ses fréquentations, que le policier peut espérer parvenir à la découverte d'éléments propres à l'interpellation du meurtrier.

La littérature, le cinéma, la télévision ont popularisé les détectives de génie qui se jouent des obstacles dressés sur la route de la vérité. Ils balaient les faux témoignages, dénouent l'intrigue, confondent le méchant avec une logique si naturelle que le lecteur ou le spectateur s'en veulent soudain de ne pas avoir été plus clairvoyants.

La réalité est tout autre. Dicté par l'intérêt, la haine, la vengeance, l'assouvissement d'un vice ou même par l'amour-propre qui, comme l'ambition, est une forme particulière de l'orgueil, le crime peut, mystérieux par ses mobiles ou la personnalité de la victime, voire de son meurtrier, entraîner l'enquêteur dans un lacis inextricable de vérifications. Et demeurer impuni. Il peut être sans cadavre ou, comme nous disons dans notre jargon policier, classé dans la rubrique des « cadavres inconnus ». Au policier donc, à son flair – et le public ignore la difficulté de sa tâche – de tenter de déchiffrer l'énigme.

Les crimes auréolés de mystère sont plus fréquents qu'on le croit, surtout quand le coupable a réussi à ne pas être identifié, ou ne l'est qu'après de patientes et longues recherches car le temps, c'est connu, jette des zones d'ombre sur les actes, ne serait-ce que par l'effacement de la mémoire de faits concomitants à l'action.

Ces crimes mystérieux viennent s'ajouter à la trilogie que les Presses de la Cité ont lancée avec *Ces crimes qui dépassent la fiction, Ces crimes de fous* et *Ces crimes passionnels*. Les faits rapportés se sont déroulés aux Etats-Unis, en Angleterre, en Allemagne ou en Italie. Tous ont défrayé la chronique policière ou judiciaire de ces dernières années.

Et la liste est longue...

Quand je disais que tenter de résoudre l'inexplicable est un exaltant défi pour le policier chargé d'une enquête criminelle !

Roger Borniche

Un meurtre en province

– Combien je vous dois, patron ?

Aimé Roche appuya sur les touches de sa caisse enregistreuse et tendit le ticket dans une soucoupe au dernier client de la journée.

– Allez, à demain ! fit l'homme en poussant la porte après avoir déposé l'argent sur le comptoir.

– Oui, à demain, Paul ! répondit Aimé.

Puis, se tournant vers la femme qui passait un chiffon sur le comptoir, il ajouta :

– Il est temps de fermer, il n'y a plus personne. D'ailleurs, il faut que je me lève de bonne heure demain matin. J'ai du travail au jardin.

Le jardinage était la passion secrète d'Aimé Roche. Quand venait le printemps, il restait des heures dans le minuscule lopin de terre entouré de murs en briques sombres qu'il possédait derrière sa maison.

– Passe devant, Perrine, je vais éteindre.

C'était le 9 juin 1992. Comme chaque soir, vers 23 heures, le bar de la Coquille fermait ses portes.

Dehors, dans la rue Royale, l'air était délicieusement doux, parfumé par une odeur de tilleul, et dans les arbres les oiseaux pépiaient bruyamment avant le grand calme de la nuit.

Aimé rejoignit Perrine, ferma la porte et se baissa pour tourner la clé dans le verrou, presque au ras du sol. Pendant qu'il se redressait, il pivota à demi et s'effondra sur le trottoir.

Persuadée qu'il avait trébuché, Perrine se pencha pour l'aider à se relever. Mais elle aperçut son visage contracté par la douleur. Du sang coulait sous ses cheveux et descendait le long de son cou. Aimé essaya de parler mais ses lèvres tremblantes ne parvenaient plus à articuler le moindre mot.

Perrine ne comprenait pas ce qui se passait. Elle s'empara des clés, rouvrit la porte et se précipita vers le téléphone pour appeler une ambulance.

La ville de T., en Belgique, n'est pas très étendue. En moins de dix minutes, les secours arrivèrent. On installa Aimé, qui avait déjà perdu connaissance, dans l'ambulance. Perrine s'assit auprès de lui en lui tenant la main et le véhicule partit vers le service des urgences.

En cours de route, Perrine sentit que la main d'Aimé devenait molle, inerte. Elle cria à l'infirmier de faire quelque chose mais la tentative de réanimation échoua. Quand l'ambulance franchit les portes de l'hôpital, Aimé Roche avait cessé de vivre.

Dans la salle des urgences, Perrine se tenait toute droite, raide, le regard lointain. Ce n'était pas possible, Aimé n'était pas mort, répétait-elle.

Le médecin de garde lui fit attribuer une chambre et lui administra un puissant sédatif. Quand il la vit assoupie, il revint vers le corps d'Aimé. La cause du décès était claire : il avait reçu une balle dans la tête.

Le cadavre fut transporté à la morgue où l'employé du service de nuit se chargea de prévenir la police.

Quand Perrine se réveilla, le lendemain matin, la première chose qu'elle vit en ouvrant les yeux fut la tête grisonnante de l'inspecteur Fauvel. Il était installé dans un fauteuil, tout près du lit, et la regardait pensivement.

Cela faisait de nombreuses années que Fauvel connaissait Aimé Roche et Perrine Aubert. Tous trois avaient à peu près le même âge, la cinquantaine. Devant le visage de Perrine endormie, l'inspecteur n'avait pu s'empêcher de penser qu'elle avait vingt-trois ans quand il l'avait rencontrée pour la première fois. Elle était très jolie à l'époque. Elle travaillait comme serveuse à l'hôtel Astrid, le meilleur hôtel-brasserie de la ville. Il existait toujours. Autrefois, bien des jeunes gens ne le fréquentaient que pour voir Perrine. Elle réagissait à leurs avances par une gentillesse indifférente, un peu moqueuse. Et puis vint le temps où elle s'éprit d'un certain Albert, serveur lui aussi. Quelques mois plus tard, elle se trouva enceinte et Albert disparut du jour au lendemain. Pendant quatre ans, elle éleva seule son fils Stéphane. Mais au cours de cette période, des liens se tissèrent peu à peu entre elle et un jeune homme qui venait d'ouvrir le bar de la Coquille, Aimé Roche. Ce fut une relation discrète, stable et profonde. Et finalement, elle s'installa avec Stéphane dans la maison d'Aimé, rue des Carmes. Aujourd'hui, le fils de Perrine n'y habitait plus. Il avait son propre logement depuis qu'il travaillait comme représentant pour une société d'investissement. Dans la ville, beaucoup de gens s'étonnaient qu'il ait si bien réussi. Sa mère l'avait tellement gâté dans son enfance qu'on aurait pu craindre le pire. Mais, toujours sérieux, il avait fait de bonnes études secondaires et avait trouvé du travail tout de suite après.

En se réveillant, Perrine reprit conscience de ce qui était arrivé. Elle se mit à pleurer puis, très vite, essuya ses larmes et demanda :

– Que s'est-il passé ?

– Il a reçu une balle dans la tête.

– Mais j'étais à côté de lui, je n'ai rien entendu... Et qui pouvait lui en vouloir ?

– Une balle de petit calibre... c'est du 22 LR... ne fait pas beaucoup de bruit... Tu es vraiment sûre de n'avoir rien entendu ?

– Oui, c'est vrai, je me souviens maintenant, il y a eu une sorte de bruit, pas très fort... Je ne m'en suis pas rendu compte sur le moment. Je n'ai pas pensé que ça pouvait être une détonation.

L'inspecteur se leva, posa sa main sur celle de Perrine et lui dit avant de s'en aller :

– Je vais tout faire pour retrouver le coupable.

Quand il eut rejoint son bureau, Fauvel fit venir son subordonné, Claude Marin, pour lui demander d'aller rencontrer Stéphane Aubert. Sa mère et lui étaient les deux personnes qui connaissaient le mieux la victime. Il était naturel de commencer par elles cette enquête sur un crime qui paraissait incompréhensible.

Ce jour-là, Stéphane travaillait. En milieu d'après-midi, il se rendit à l'hôpital pour aller y chercher sa mère et la ramener chez elle, dans sa maison de la rue des Carmes située à quelques centaines de mètres de la Coquille. Il y resta jusqu'au début de la soirée puis regagna son domicile.

C'est là que l'inspecteur Marin eut un long entretien avec lui.

Après avoir quitté l'appartement du jeune homme, le policier prit la direction de la gare, où il interrogea plusieurs personnes, avant de rejoindre le commissariat. Il savait que Fauvel l'attendait.

En voyant s'inscrire dans l'encadrement de la porte de son bureau la silhouette juvénile de son subordonné, avec sa mèche de cheveux blonds qui tombait sur de grands yeux bleus tout ronds, l'inspecteur Fauvel eut un sourire :

– Alors, qu'est-ce que tu rapportes ?

– Il a l'air presque aussi effondré que sa mère... Pourtant tout le monde sait qu'il n'y avait pas beaucoup d'affinités entre Aimé Roche et lui, même si on ne peut pas parler d'inimitié... Il m'a dit qu'il ne voyait pas qui aurait pu en vouloir à Aimé.

– Oui, c'est ce que tout le monde dit... Tu as vérifié son emploi du temps pour la soirée d'hier ? Il ne faut rien négliger...

Marin hocha la tête :

– Il se trouvait à la gare avec un camarade du nom de Florent Gaillard. Tous deux attendaient un autre camarade, Roger Husson, qui arrivait de Bruxelles par le train de 23 h 05.

– Hum... C'est confirmé, ça ?

– Oui, par plusieurs personnes. Le chef de gare, l'employé du guichet, le responsable de la consigne... Tous le connaissent bien. Ils m'ont assuré qu'ils l'avaient vu à l'arrivée du train. Il a même bu une bière au buffet avec Gaillard en attendant...

– Bon, eh bien au moins nous aurons écarté un suspect.

C'était une satisfaction mineure, qui plaçait Fauvel devant un problème irritant : il n'avait personne d'autre à interroger. De son vivant, Aimé Roche était un homme de rapports faciles et agréables dont l'existence s'inscrivait tout entière dans les limites de trois centres d'intérêt : son café, son jardin et son activité de maître-nageur à temps partiel. La Coquille était fréquentée par une clientèle d'habitués – des retraités, des hommes vivant d'une petite pension – qui venaient tous les jours comme dans un club pour jouer aux cartes ou aux dominos. Jamais la police n'avait eu l'occasion d'intervenir dans cet établissement sans histoires.

L'autopsie du corps de la victime permit d'apprendre qu'elle avait été tuée par une seule balle de calibre 22 LR qui était rentrée par l'occiput, avait traversé le cerveau et s'était logée dans le maxillaire supérieur. Le projectile n'était pas très déformé, ce qui permettait d'établir grâce aux rayures inscrites dans le plomb qu'il avait été tiré au moyen d'une arme non répertoriée par les services de police. On ne pouvait l'associer à aucune autre affaire criminelle. Les experts en balistique étaient incapables de déterminer s'il s'agissait d'un pistolet ou d'une carabine, ni à quelle distance le coup de feu avait été tiré.

Malgré la conviction intime de Fauvel, cette incertitude faisait de Perrine Aubert la principale suspecte. Elle était l'associée d'Aimé Roche et sa seule héritière. Personne d'autre qu'elle n'avait intérêt à la disparition du patron de la Coquille.

La police procéda à un très attentif examen de la

scène du crime dans le but de retrouver la douille ou tout autre indice susceptible de faire avancer l'enquête. Devant le bar, on ne trouva rien. Mais de l'autre côté de la rue, dans le vaste bâtiment d'un entrepôt désaffecté dont les vitres noircies de poussière étaient presque toutes brisées, le cadenas qui fermait la porte d'entrée avait été récemment forcé.

Au premier étage, dans une pièce située juste en face de la Coquille, une demi-douzaine de mégots étaient éparpillés près d'une fenêtre et plus loin, contre le mur, brillait un minuscule tube métallique : l'étui vide d'une cartouche de 22 LR.

– C'est l'endroit idéal pour un guet-apens, fit remarquer Fauvel. L'intérieur du local est obscur. De l'extérieur, on ne voit rien. La ligne de tir est dégagée et l'entrée de la Coquille est distante d'à peine trente mètres. Le tueur n'a eu qu'à attendre la sortie d'Aimé pour l'abattre.

– Ce qui veut dire que c'est un assassinat soigneusement prémédité, dit Marin. Et le mobile...

– Il y en a un nécessairement. Je ne vois pas comment il pourrait en être autrement. Ce n'est pas le geste d'un psychopathe qui tue au hasard, ni celui de quelqu'un qui obéit à une impulsion. Le tueur savait que le patron de la Coquille fermait vers cette heure-là et il a patiemment attendu derrière la fenêtre en fumant des cigarettes. Mais qui est-il ? Et pourquoi a-t-il agi ? C'est le mystère. J'ai cherché du côté des fournisseurs de la Coquille, il n'y a rien. Pas de conflit, pas de gros intérêts en jeu...

– Et du côté de Perrine ?

– Tu sais, je connaissais Aimé depuis longtemps. C'était la crème des hommes. Perrine et lui n'étaient pas mariés mais ils s'entendaient mieux que beaucoup de gens mariés. On peut écarter aussi bien le mobile de l'intérêt que celui de la jalousie.

– Ils avaient paraît-il l'intention de vendre le bar pour s'installer du côté de Perpignan. Perrine ne supportait plus le climat humide. Elle a eu des ennuis de santé ces derniers temps.

– Cela aurait-il un rapport avec le meurtre?

Plusieurs jours passèrent sans apporter d'élément nouveau. Dans la petite ville, la rumeur courait que l'enquête n'avançait pas, que la police était en plein brouillard et ne faisait pas beaucoup d'efforts. L'inspecteur Fauvel s'inquiétait de cet état d'esprit, sans pouvoir le combattre. Tous les hommes disponibles avaient été mis sur l'affaire mais ce qui manquait, c'était une piste.

Le juge d'instruction chargé du dossier fit procéder à une reconstitution sur les lieux mêmes. Le soir, à 23 heures, Perrine refit les gestes de la soirée du drame. Claude Marin se posta à la fenêtre de l'entrepôt avec une carabine et visa l'un de ses collègues qui reproduisait la position d'Aimé devant la porte de son bar. Cette mise en scène permit de confirmer que l'hypothèse des policiers était vraisemblable. Une personne – un homme ou une femme – avait fumé cigarette sur cigarette en attendant la fermeture du débit de boissons, elle avait abattu Aimé et s'était enfuie sans être aperçue en emportant l'arme du crime.

– Même à cette distance, c'est un joli coup, observa Marin. La lumière est plutôt faible et une tête d'homme représente une cible très petite.

– C'est un bon tireur, ou un tireur chanceux, comment savoir ? répondit Fauvel.

– Ça ne peut être que Perrine, elle a dû engager un tueur pour faire le travail.

– Pour quelle raison ? Tout allait bien entre eux. Cela faisait plus de vingt ans qu'il vivaient ensemble.

– L'argent de l'assurance-vie. C'est un mobile.

– Cela faisait des années qu'ils avaient cette police. L'argent ne l'a jamais beaucoup intéressée. Crois-moi, à son âge, la perte d'Aimé représente beaucoup plus qu'une prime d'assurance. Depuis sa mort, elle est très déprimée. Et puis, tu l'as vue tout à l'heure, elle ne m'a pas dit un mot, pas même bonsoir. Elle m'en veut de ne pas avoir trouvé le coupable.

– Personne d'autre ne tire profit du crime, répliqua Marin d'un air obstiné.

– Bon, d'accord. Puisque tu y crois, suis cette piste. Prends autant d'hommes que tu veux et reconstitue son emploi du temps de ces trois derniers mois. Si elle a engagé un tueur, cela suppose des déplacements, des contacts dont tu dois retrouver la trace.

Une semaine plus tard, Marin rendit compte du résultat de ses recherches. Recherches assez faciles d'ailleurs. Aimé et Perrine étaient très connus dans la ville. Et le bar étant ouvert six jours sur sept, cela laissait peu de temps libre.

– Tu avais raison. A aucun moment elle n'a quitté la ville et, ici, on ne l'a vue avec aucun étranger.

– De toute façon, ce n'était certainement pas un professionnel. Le 22 est un calibre d'amateur.

– C'est peut-être un amateur d'ici ?

– D'accord, mais dans ce cas son compte bancaire indiquerait une sortie anormale d'argent, or il n'y en a pas. On ne peut pas non plus penser que c'est la passion qui a fait agir l'assassin. Perrine est encore belle, mais enfin, elle n'est plus très jeune.

– Et si c'était son fils qui avait engagé le tueur ?

– Peut-être, mais pourquoi ? Quel intérêt pouvaient-ils avoir, elle ou lui, à éliminer Aimé ?

– Stéphane voulait peut-être empêcher sa mère de partir dans le Midi ? Oui, je sais, c'est tiré par les cheveux...

– Bon, mets le paquet sur Stéphane, on verra bien.

Reconstituer les faits et gestes du fils de Perrine au cours des derniers mois s'avéra une tâche ardue. Par son métier, il n'avait pas d'horaires réguliers, se déplaçait souvent sur un territoire assez étendu. Néanmoins, l'inspecteur put rapporter un certain nombre d'informations.

– Tu te souviens que Stéphane se trouvait à la gare en compagnie de Florent Gaillard le soir du meurtre ?

– Oui, bien sûr.

– Gaillard a vingt ans, il a travaillé pendant quelques semaines à la Coquille... Travaux de peinture et de décoration... Il paraît que ça ne s'est pas très bien passé... Aimé n'était pas content du travail.

– C'est vraiment mince comme mobile d'un crime... Et sur Roger Husson, tu as quelque chose ?

– Il a une formation d'électricien. Il y a deux ans, il a repris un petit bar, le Club, mais ça n'a pas duré plus d'un an. Il a dû déposer le bilan. A peu près à cette époque, il s'est installé chez Stéphane. Ils se connaissent depuis le lycée. Husson a été marié en 1987. Il a divorcé en 1989. Pas d'enfant.

– Quel âge a-t-il ?

– Vingt-cinq ans.

– Pas de casier ?

– Aucun des trois n'a de casier.

– Tu es sûr que Stéphane et lui sont seulement amis ?

– Oui, sûr. Stéphane fréquente les filles. Pas de liaison durable, mais il aime les filles.

– Qu'est-ce que tu sais d'autre sur lui ?

– Après le bac, il a travaillé dans une société d'informatique. Son patron était content de lui. Ensuite, il est entré dans cette société de placements financiers. Là aussi, il est apprécié... Bonne présentation, il s'exprime bien et il obtient des résultats.

– Il boit ? Il joue ?

– Il ne joue pas, et ne boit pas plus qu'un autre.

– Si je comprends bien, ce sont trois garçons des plus ordinaires.

– Il y a tout de même quelque chose.

– Quoi donc ?

– Pendant son service militaire, Husson était considéré comme un bon tireur. Gaillard n'a pas encore effectué son service mais c'est un passionné de tir. Il est inscrit dans un club.

– Ils ne sont pas les seuls à être dans ce cas-là... Non, nous perdons notre temps... Plusieurs témoins les ont vus à la gare à l'heure du meurtre.

– La Coquille se trouve à trois ou quatre cents mètres de la gare... L'un des trois a pu tirer sur Aimé et se montrer ensuite à la gare.

– Mais non ! Tu sais bien que Stéphane et Florent Gaillard y étaient depuis une demi-heure. Ils ont pris un verre au buffet et ne se sont absentés que pour aller aux toilettes. Quant à Husson, il est arrivé par le train de Bruxelles, après le coup de feu.

– A moins que les témoins se soient trompés ?

– Ils sont tous formels. Stéphane et Husson sont connus de tout le monde, on ne peut pas les confondre avec quelqu'un d'autre, et le serveur du buffet est catégorique, il a bien vu Gaillard. Au fait, il vit où, ce Gaillard ?

– Chez ses parents.

Les deux policiers se trouvaient bel et bien dans une impasse. Ils avaient cherché de tous les côtés sans trouver la moindre piste sérieuse. De ce fait, l'enquête fut mise en sommeil et les hommes qui y avaient participé furent affectés à d'autres tâches.

L'inspecteur Fauvel passa un été pénible. Dans la petite ville, tout le monde savait qu'il avait échoué et on le lui faisait sentir. C'était une affaire inexpliquée. Aucun mobile. Aucun suspect. Un crime parfait. Souvent, dans ses déplacements en ville, Fauvel devait faire un détour pour éviter la rue Royale où il appréhendait de rencontrer par hasard Perrine Aubert. Parfois, cependant, il l'apercevait de loin. Elle avait maigri, s'était un peu tassée et une expression de tristesse alourdissait son regard. A chacune de ces rencontres inopinées, l'inspecteur éprouvait un cuisant sentiment de honte.

Et puis, alors que tout espoir de trouver le coupable avait disparu, il y eut cette nuit du 17 au 18 octobre qui changea soudain le cours des choses.

Fauvel, qui s'était couché vers 23 heures, dormait d'un sommeil profond, ce qui lui arrivait assez rarement. Il rêvait qu'il se trouvait dans un train et que, comme cela se faisait jadis, un serveur passait en agitant une clochette pour annoncer le premier service au wagon-restaurant. La clochette tintait, tintait... Et, d'une manière insensible, Fauvel prenait lentement conscience que ce n'était pas une clochette, mais plutôt le bruit d'une sonnerie... d'une sonnerie de téléphone. Il ouvrit les yeux. L'appareil sonnait sans merci.

– Oui, allô ?

– C'est moi... Claude...

Fauvel ne put produire qu'un soupir de grande lassitude.

– Il faut que tu viennes tout de suite !

– Pourquoi, que se passe-t-il ?

– Viens, c'est une surprise.

– J'espère que ça n'est pas une blague.

– Non, non... Tu verras.

Fauvel s'habilla et partit pour le commissariat en pensant : « Si ce n'est pas sérieux, il va m'entendre ! »

– Alors ? demanda-t-il en arrivant, la mine chiffonnée et la joue barrée par un pli de l'oreiller.

– Tu sais que l'hôtel Astrid est fermé pour travaux en ce moment ? Il y a eu une tentative de cambriolage. Un voisin qui s'était levé au milieu de la nuit pour aller aux toilettes a regardé par sa fenêtre à ce moment-là et nous a prévenus.

– Quoi ! tu m'as tiré du lit pour un cambriolage raté ?

Marin mit son index sur sa bouche pour recommander le silence à son supérieur et lui fit signe de le suivre. Il s'approcha d'un bureau, avec précaution il entrouvrit la porte et, d'un mouvement de tête, invita Fauvel à regarder à l'intérieur de la pièce.

Derrière une table, un inspecteur stagiaire tapait laborieusement sur une grosse machine à écrire. En face de lui, trois hommes étaient assis, les mains menottées dans le dos. Fauvel regarda plus attentivement. Ses sourcils se levèrent dans une expression de surprise. Il venait de reconnaître Stéphane Aubert, Florent Gaillard et Roger Husson.

– Fais-les passer un par un dans mon bureau !

Il les interrogea toute la nuit à tour de rôle, se montrant tantôt compréhensif, tantôt impatient, tantôt menaçant. Ce fut peine perdue. Le cambriolage, ils l'admettaient sans difficulté. Mais rien de plus. Ils avaient eu besoin d'argent, voilà tout. Le meurtre d'Aimé ? Non, ce n'était pas eux.

Au matin, l'inspecteur Fauvel écumait de rage. Quand il fut seul avec Marin, il ne put contenir sa fureur :

– Je savais bien que leur alibi était trop beau pour être vrai ! Ils se faisaient passer pour des petits saints et, en réalité, c'est une bande de voyous, de voyous minables...

– Des voyous peut-être, mais pas nécessairement des assassins... Nous n'avons pas encore démoli leur alibi.

– Eh bien, je vais m'y employer, et tout de suite... Apporte-moi leurs dépositions dans l'affaire Roche, et celles des témoins. Nous finirons bien par découvrir une faille.

– A supposer qu'on en trouve une, quel serait le mobile ?

– Si nous prouvons qu'ils ont commis le crime, ils avoueront le mobile.

C'était plus facile à dire qu'à faire. Les deux inspecteurs reprirent toute l'enquête, entendirent à nouveau les témoins mais ils n'apprirent rien de plus, si ce n'est que Florent Gaillard, bien que passionné d'armes à feu et membre d'un club de tir, était un déplorable tireur.

Fauvel, la mine sombre, se résigna à aller voir Perrine Aubert pour connaître sa réaction à l'arrestation de son fils.

Elle éprouvait une forte culpabilité à l'idée d'avoir raté son éducation.

– S'il avait besoin d'argent, pourquoi n'est-il pas venu m'en demander ? Je lui en aurais donné. Il devait bien s'en douter.

– Tu savais qu'il avait de grosses dettes.

– Bien sûr ! Je l'ai déjà dépanné. Je suppose que c'est pour cela qu'il n'a pas voulu me solliciter une nouvelle fois, par délicatesse.

De retour au commissariat, Fauvel confia sa perplexité à son subordonné :

– Il y a nécessairement un lien entre les dettes et le meurtre, dit-il en se passant la main dans les cheveux, mais je ne parviens pas à saisir lequel. Stéphane a des goûts de luxe, il dépense beaucoup, fait des dettes, continue à dépenser, sa mère lui donne de l'argent...

– C'est pour l'assurance-vie, intervint Marin. Il sait qu'elle va toucher la prime et qu'elle lui donnera ce qu'il voudra.

Fauvel cessa de se caresser le crâne et regarda fixement Marin :

– Ce serait un mobile plausible, le seul possible... Si seulement il n'y avait pas cet alibi !

Pendant trois jours, Fauvel éplucha sempiternellement les témoignages, effectua trois fois le trajet de l'entrepôt à la gare, interrogea encore le serveur du buffet, lequel finit par lui répondre :

– Ecoutez, inspecteur, pardonnez-moi de vous dire cela, mais ce n'est pas en me faisant répéter la même chose que vous avancerez dans votre enquête.

Fauvel rentra chez lui dans un état moral pitoyable. Depuis plusieurs nuits, il ne dormait presque pas. Il s'assoupissait mais, au bout de deux heures, il reprenait conscience, pensait à l'affaire, discutait avec lui-même et finissait par se lever pour tourner en rond dans son appartement.

Ce soir-là, dégoûté par la remarque ironique du serveur, il absorba un somnifère et, pour la première fois depuis longtemps, dormit comme une masse.

Le lendemain matin, il se réveilla reposé, bien qu'il eût l'impression d'avoir un morceau de coton à la place du cerveau. Il déjeuna, prit un bain sans se soucier de l'heure, se servit un deuxième petit déjeuner, s'habilla et partit pour le commissariat en se disant : « Aujourd'hui, je n'y pense plus. »

En chemin, il traversa un jardin public en longeant la petite palissade qui délimitait l'aire de jeu des enfants. Brusquement, il s'arrêta, marmonna quelque chose d'indistinct et partit presque en courant vers le poste de police.

– Ça y est ! s'écria-t-il dès qu'il aperçut Marin, j'ai enfin compris !

– Quoi donc ? demanda le jeune inspecteur, les yeux encore plus ronds que d'habitude.

– Suis-moi bien ! Lors du meurtre, Aubert et Gaillard se trouvaient à la gare depuis un bon moment. Leur alibi est irréfutable.

– Oui.

– Et Roger Husson était dans le train de Bruxelles ?

– Oui.

– Eh bien non ! Il a parfaitement pu tuer Roche, se rendre rapidement à la gare, franchir la palissade qui longe la voie et monter sur le quai par son extrémité lorsque le train s'est arrêté en gare. Ainsi, tout le monde a cru qu'il arrivait de Bruxelles.

– C'est une hypothèse, encore faut-il la prouver.

Ce fut assez facile à faire, grâce à l'excellente mémoire du contrôleur du train. Il se souvenait que ce jour-là – qui l'avait marqué en raison du meurtre –, il y avait très peu de monde dans le train et qu'à l'arrêt de T., seules cinq personnes étaient descendues. Il pouvait affirmer que Roger Husson ne figurait pas parmi elles, et ceci pour une bonne raison : ces cinq personnes étaient toutes des femmes.

Le juge d'instruction fit extraire Husson de sa prison pour l'entendre sur ce point précis. Mis en face d'un témoignage irréfutable, le jeune homme ne nia pas. Pour expliquer son acte, il mit en cause Stéphane Aubert.

– C'est Stéphane qui a eu l'idée de tuer Roche. On avait besoin d'argent tous les deux. Un jour, en discutant de la manière de s'en procurer, Stéphane s'est souvenu de l'assurance-vie dont bénéficiait sa mère si Roche décédait. Comme elle ne lui refusait rien, c'était comme si Stéphane lui-même touchait la prime d'assurance.

– Et Gaillard dans tout cela, quel était son rôle ? demanda le juge.

– Il n'était au courant de rien. On s'est seulement servis de lui pour renforcer l'alibi.

– Pourquoi avez-vous essayé de cambrioler l'hôtel Astrid ?

– Parce que la compagnie d'assurance traînait les pieds pour verser l'argent. Et nous, on en avait besoin rapidement.

– C'est ce qui vous a perdus.

Presque un an après cet interrogatoire, le 5 octobre 1993, Stéphane Aubert et Roger Husson passèrent en cour d'assises. L'un et l'autre furent condamnés à la même peine : vingt ans de réclusion.

En sortant de l'audience, Fauvel dit à Marin :

– Je n'en reviens toujours pas que nous soyons parvenus à élucider cette affaire. J'étais persuadé que nous n'y arriverions jamais.

– C'est toi qui as trouvé le fin mot de l'énigme. Demain, je t'offre un verre à la Coquille.

– Certainement pas, répondit Fauvel.

Il ne dit plus rien. Il pensait à Perrine qui avait perdu son compagnon et maintenant son fils. Il l'avait vue, effondrée, dans la salle des assises. Il pensait aussi à la pluie qui commençait à tomber et à tous les malheurs que pouvait abriter cette jolie petite ville, si tranquille.

Christian Molinier

La Grande Vie

Après coup, les témoins eurent du mal à situer l'heure du drame avec exactitude, mais ils s'accordèrent à dire qu'ils avaient entendu les cris un peu avant minuit, au soir du jeudi 11 juillet 1991.

A cette heure tardive, les portes et les volets des maisons de Mauchline, une agglomération proche de Kilmarnock, dans le sud-ouest de l'Ecosse, étaient fermés depuis longtemps. La plupart des habitants dormaient, quelques-uns regardaient une dernière émission à la télévision. Arrachés à leur torpeur par des hurlements, une vingtaine d'entre eux bondirent hors de leurs maisons. Les cris venaient de la route sud du village, l'A 76, qui mène au bourg de Cumnock.

Bientôt, des voisins se joignirent aux premiers arrivés, pour découvrir, après le tournant, une vision irréelle sous la lueur glacée du clair de lune. Au milieu de la chaussée déserte, une silhouette humaine semblait danser. Elle était en flammes.

Aussitôt, se dépouillant de leurs peignoirs, de leurs vestes de pyjama, tous se précipitèrent pour éteindre le feu en l'étouffant sous leurs vêtements.

Quelques minutes plus tard, les flammes avaient cessé de consumer ce qui apparut comme le corps d'une femme.

Etendue sur la route, les cheveux et la robe en cendres, le visage et les jambes presque carbonisés, l'inconnue vivait encore, contre toute attente. Elle gémissait :

– A l'aide... Aidez-moi...

Dans l'état où elle se trouvait, il était hors de question de la toucher. Pendant que deux hommes retournaient au village en courant, pour appeler une ambulance à Kilmarnock, d'autres remarquèrent, plus loin sur la route, une lueur orangée se dressant à la verticale contre l'obscurité du ciel. Derrière le virage suivant, une Austin Mini flambait comme une torche, le capot encastré dans le muret de pierres sèches au bord de la chaussée. Impossible de savoir s'il restait quelqu'un à sauver à l'intérieur du véhicule. Mais de toute façon, il était trop tard.

Ceux qui s'étaient trop avancés reculèrent, redoutant l'explosion de la voiture. Celle-ci se produisit quelques minutes plus tard et projeta des débris de tôle incandescents contre les arbres. Par chance, la blessée et ceux qui l'entouraient étaient trop éloignés pour que les étincelles les atteignent.

Quand l'ambulance arriva, la femme respirait encore.

– Un accident, expliquèrent les habitants de Mauchline à l'un des infirmiers.

– Il y a peu de chances qu'elle survive, d'ici à l'hôpital. La meilleure chose à faire, pour le moment, c'est de soulager sa souffrance.

On lui injecta un anesthésique à effet instantané et

elle perdit conscience immédiatement. Les infirmiers purent alors la placer sur un brancard. Quelques secondes plus tard, l'ambulance repartait, sirène hurlante, vers l'hôpital de Kilmarnock.

Une voiture de police, prévenue par les villageois, s'arrêta au même instant sur les lieux. Mais, très vite, les policiers comprirent qu'il était inutile d'interroger les habitants de Mauchline, puisque personne n'avait assisté à l'accident.

L'Austin continuait de brûler. Les portières avaient disparu, balayées par l'explosion. A l'évidence, aucun passager ne se trouvait à l'intérieur. Les policiers conseillèrent donc aux villageois de rentrer chez eux et s'efforcèrent de reconstituer les événements, en examinant la chaussée afin d'y chercher des marques de pneus et des traces de freinage.

Tout de suite, ils constatèrent une anomalie. Rien n'indiquait que l'Austin ait dérapé ou qu'elle ait heurté un autre véhicule. La voiture était simplement sortie de la route, pour franchir l'étroit talus herbeux et s'arrêter net contre le muret.

– Elle ne devait pourtant pas rouler très vite, nota l'un des policiers. Sans quoi l'impact aurait été beaucoup plus violent. Or, là, le capot est à peine enfoncé.

– Peut-être une défaillance technique. Ou humaine. La femme a eu un malaise, ou elle s'est endormie au volant. Ou elle avait bu. Le virage n'était pas bien méchant, même en pleine nuit, et si elle l'a raté, c'est qu'elle a eu un problème.

– Bizarre que l'Austin se soit embrasée comme ça... A une vitesse modérée, avec un choc moyen, elle n'aurait pas dû.

A moins qu'il ne s'agisse d'une tentative de

meurtre – ou de suicide. Et dans ce cas, l'affaire relevait de la brigade criminelle de Kilmarnock.

La première visite de l'inspecteur MacIntyre, sur l'ordre de son chef, le superintendant Abermellar, fut pour l'hôpital. Contrairement au pronostic des ambulanciers, l'inconnue était encore vivante, mais plongée dans un coma profond.

Renseignements pris, Ian MacIntyre put rendre compte au superintendant. Frais émoulu de son école de police, le jeune inspecteur faisait ses classes sur le terrain, c'est-à-dire sous la férule de Duncan Abermellar, un « routier » en fin de carrière, aussi célèbre pour ses sautes d'humeur que pour ses talents de criminologue.

– Le chirurgien qui l'a opérée doute qu'elle reprenne conscience, indiqua MacIntyre. Ils ont fait le maximum mais elle souffre de brûlures aux deuxième et troisième degrés sur les deux tiers du corps.

Le superintendant le fixa de ses yeux d'un bleu de porcelaine, qui exprimaient tout sauf la douceur :

– La malheureuse n'a aucune chance de sortir du coma, ou même de s'en sortir tout court. Aux deux tiers, des brûlures aussi graves sont presque toujours fatales. Le médecin ne vous l'a pas expliqué ?

– Euh... si.

– Alors, MacIntyre, ne dites pas qu'il « doute ». Il ne doute pas. Il sait que c'est sans espoir. Appelez un chat un chat, voulez-vous ? Nous sommes dans un poste de police, ici, pas dans un salon mondain.

– Bien... Le chirurgien a ajouté que les sous-vêtements et la ceinture de sécurité étaient incrustés dans la chair, où ils se sont calcinés. Inutile de préciser que cette pauvre femme ne sera jamais en état de répondre à nos questions.

– Inutile, en effet, acquiesça Abermellar d'un ton sec.

Loin de se formaliser, MacIntyre reprit son souffle pour continuer. Les sarcasmes de son supérieur ne le décourageaient pas : le superintendant, adepte de la manière forte, avait formé avec succès deux générations de policiers.

– L'Austin Mini, poursuivit-il, est enregistrée au nom d'une certaine Fiona Berkaldine, demeurant près d'ici, à Lochinvar. Mais rien ne prouve que ce soit la femme de l'hôpital.

– Merci, je n'y avais pas pensé tout seul. Autre chose ?

– Pour l'instant, non. Nous avons juste le rapport signalant que l' « accident » paraît... est inexplicable.

– Pour commencer, vous allez prendre un adjoint et fouiller dans le fichier des personnes disparues. J'imagine que son visage n'est pas identifiable ?

– Non. Elle est défigurée. A l'hôpital, j'ai demandé qu'on relève ses empreintes digitales, dans la mesure du possible.

– Excellent, MacIntyre, excellent.

– J'ai aussi demandé une analyse chimique. D'après les médecins, le corps semblerait avoir été... a très probablement été inondé d'essence.

Duncan Abermellar scruta son collaborateur :

– De l'essence ? Un meurtre ?

– Ou un suicide.

– Pas de cette façon. Quand on s'immole par le feu, c'est rarement en pleine nuit au bord d'une route déserte. Si elle avait voulu mourir, elle n'avait qu'à accélérer pour se jeter contre le muret ou tout autre obstacle. Pourquoi aurait-elle, en plus, mis le feu à sa voiture ?

L'initiative de Ian MacIntyre se révéla fructueuse : les empreintes digitales de la blessée permirent d'établir qu'il s'agissait bien de Fiona Berkaldine. Agée de trente-sept ans, elle vivait avec son époux dans le hameau de Lochinvar, à une vingtaine de kilomètres de Cumnock par l'A 70. Les Berkaldine n'avaient pas d'enfant. Ils ne s'étaient mariés que six mois plus tôt.

Dans la matinée du vendredi 12 juillet, quelques heures après le drame, Bruce Berkaldine avait signalé la disparition de son épouse. La veille, vers 18 heures, il était allé la chercher à la pharmacie où elle travaillait comme vendeuse, dans le centre-ville de Kilmarnock. Ils avaient dîné dans un restaurant du quartier, après quoi elle était en principe repartie pour leur maison de Lochinvar, dans son Austin. Le trajet habituel était Kilmarnock-Mauchline-Cumnock-Lochinvar. De son côté, Bruce Berkaldine s'était rendu chez des amis, à bord de sa Ford. Ceux-ci habitaient dans un village des environs.

En rentrant chez lui à 4 heures du matin, Berkaldine n'avait pas trouvé sa femme à la maison.

– D'abord, j'ai cru que Fiona avait changé d'avis et qu'elle était restée en ville. Elle a une sœur à Kilmarnock. Mais, à partir de 8 heures du matin, j'ai commencé à m'inquiéter. Logiquement, elle aurait dû me téléphoner pour me dire où elle était. J'ai appelé chez sa sœur, qui m'a répondu qu'elle n'avait pas vu Fiona.

C'était un homme de quarante-deux ans, au physique agréable et aux manières courtoises, deux qualités indispensables à l'exercice de son métier : il travaillait dans une agence immobilière.

Le lendemain matin, MacIntyre expliqua à Abermellar :

– D'après le sergent du poste de police de Cumnock, Berkaldine avait l'air affolé quand il est venu faire sa déclaration. Jamais auparavant sa femme n'avait disparu durant une nuit entière.

– Naturellement, MacIntyre, vous n'avez pas manqué de vous intéresser aux Berkaldine ? La raison de ce mariage tardif, par exemple ?

– Les Berkaldine sont tous deux divorcés. Fiona est née à Edimbourg, où elle s'est mariée une première fois, avant de divorcer il y a quatre ans. Elle n'a pas eu d'enfant. Après son divorce, elle s'est installée à Kilmarnock, chez sa sœur et son beau-frère. Quant à Bruce, il a divorcé voilà deux ans et son ex-femme a la garde de leurs trois fils. Il a toujours vécu à Lochinvar. La maison appartenait à ses parents. Il a fait la connaissance de Fiona l'année dernière, dans son agence immobilière. Elle cherchait un appartement à louer, pour ne plus encombrer sa sœur.

– Si ma mémoire est bonne, ils sont mariés depuis à peine six mois, remarqua le superintendant. C'est trop peu pour avoir envie d'assassiner sa femme. Du moins, je suppose... Pour l'instant, éliminons Bruce Berkaldine de la liste des suspects. Restent les ex-conjoints, la sœur et le beau-frère, et d'autres proches, sans doute... Quel âge ont les fils de Berkaldine ?

– Trop jeunes pour essayer de tuer leur belle-mère : l'aîné n'a que treize ans.

– Ne sous-estimez pas les capacités criminelles des enfants, MacIntyre... Enfin, admettons. Quels sont ces amis chez qui Berkaldine a passé une partie de la nuit ?

Le jeune inspecteur relut ses notes, dans son calepin, et répondit :

– Calum et Brianna Mawyck. Le frère et la sœur. Lui est célibataire, elle divorcée. Je ne les ai pas encore interrogés. Ils habitent Urdgoe, un village assez proche d'ici.

– Je connais. Il y a là-bas une petite auberge remarquable.

– Justement, elle appartient aux Mawyck.

– Attendez... La patronne était venue nous voir à la fin du dîner... Si c'est Brianna, Berkaldine choisit ses amies avec goût. Très jolie femme. La trentaine, le style blonde sensuelle... Une liaison entre elle et Berkaldine ? Pourquoi pas ?

Abermellar consulta sa montre, songeur, puis lança :

– Il va être midi. MacIntyre, vous n'aviez rien prévu pour le déjeuner, j'imagine ?

– Si, je comptais aller...

– Vous n'aviez rien prévu. Je vous invite à Urdgoe.

L'auberge était située à la sortie du bourg, au détour de l'un de ces murets de pierres sèches où s'était écrasée l'Austin de Fiona Berkaldine. Les deux policiers étaient arrivés tard pour déjeuner, leur voiture ayant été bloquée par un troupeau de moutons qui, pas plus que leur berger, n'avaient paru désireux de libérer la chaussée.

– Au menu, je ne commanderai pas de gigot, avait

prévenu Abermellar. Ça aurait l'air d'une vengeance.

Le repas s'achevait. Le superintendant, qui se flattait d'être le seul Ecossais à détester le scotch, contemplait d'un œil morne sa tasse de café pendant que MacIntyre discutait avec Calum Mawyck des mérites comparés de l'Oban et du Glenfiddich. La belle Brianna circulait entre les tables, souriante, une cafetière de faïence à la main.

Des gens charmants, ces Mawyck. Non seulement ils avaient confirmé la présence de Bruce Berkaldine chez eux pendant la nuit du drame, de 23 heures à 3 h 30 du matin environ, mais Brianna avait poussé le zèle jusqu'à avouer d'un ton léger :

– Bien sûr que Bruce et moi sommes amants ! Depuis cinq ans. C'est à cause de moi qu'il a divorcé de sa première femme, et à cause de lui que j'ai quitté mon mari. Sa seconde femme n'était pas au courant, bien entendu.

Donc, songea le policier, une liaison antérieure de plusieurs années à la rencontre de Fiona et Bruce Berkaldine. Mais alors, pourquoi celui-ci avait-il épousé Fiona ? Puisque Brianna, enfin libre, était à l'évidence la femme de sa vie...

Les confidences que son frère était en train de faire à MacIntyre semblaient du plus haut intérêt. Abermellar attendit que le jeune inspecteur lui signifie d'un hochement de tête qu'il en avait assez appris, puis demanda l'addition.

Au retour, aucun troupeau d'ovins rebelles ne vint entraver la route. Le superintendant conduisait lentement, pour ne pas perdre un mot du récit de son subordonné.

– Ce que Calum m'a raconté n'a rien de secret. Il avait même l'air plutôt fier... L'ex-mari de Brianna avait trente ans de plus qu'elle, et elle ne l'avait pas épousé pour son argent, pour la bonne raison qu'il n'avait pas un sou. A Kilmarnock, ils ont vécu heureux, quoique sans enfant, jusqu'à la mort de M. Mawyck père. Là, le frère et la sœur ont hérité d'une assez belle fortune, qu'ils ont décidé d'investir en se portant acquéreurs d'une auberge.

– Laissez-moi deviner. Ils ont cherché un local à acheter et c'est à cette occasion qu'ils ont rencontré le sémillant agent immobilier. Coup de foudre réciproque entre Bruce et Brianna. Je me trompe?

Le superintendant accéléra pour doubler un tracteur.

– C'est tout à fait ça, répondit MacIntyre. Une partie de l'argent a servi à financer l'auberge, une autre à acheter une Jaguar, et le reste a été consacré aux chevaux. Brianna est passionnée de concours hippiques. Elle a ouvert un haras à Urdgoe, ajouta-t-il, perplexe.

Son unique expérience en matière d'équitation se limitait à un vol plané par-dessus l'encolure de son cheval, autrefois. Ni l'homme ni l'animal n'avaient jamais compris ce qui s'était passé.

– Disons pour résumer que Brianna apprécie un certain train de vie, reprit-il. Ce qui, chez ce genre de femme, inclut un amant. Fidèle à Berkaldine, infidèle à son mari, elle a fini par divorcer... Leurs rendez-vous d'amour avaient – et ont toujours – lieu à Urdgoe... Elle ne s'en cache pas. Je suis persuadé que Calum m'a livré ces informations en parfait accord avec sa sœur.

– Cela vous surprend? questionna Abermellar.

– Non. En réalité, tous ces détails ne visent qu'un seul but : accréditer l'alibi de Berkaldine, nous indiquer que ce mari volage, en compagnie de sa maîtresse bien-aimée, ne pouvait en aucun cas se trouver au même moment sur la route de Cumnock, à tenter d'assassiner sa femme.

– En effet. Et je suis sans doute vieux jeu, mais je n'aime pas ce type d'alibi... Puisque, pour l'instant, cet alibi demeure intouchable, eh bien nous n'allons pas y toucher. En revanche, je veux voir Berkaldine à mon bureau dès cet après-midi. L'état de ses finances ne peut être que riche d'enseignements.

Confiant en la solidité de son alibi, Berkaldine n'essaya pas d'entretenir le mystère autour de sa situation matérielle.

– Quand j'ai épousé Fiona, déclara-t-il à Abermellar, elle n'avait pas beaucoup d'argent, et moi non plus, à part ma maison de Lochinvar. C'était un mariage d'amour.

– A propos, interrogea le superintendant, votre femme a-t-elle souscrit une assurance vie ? Il nous sera facile de vérifier...

– Oh, je n'ai pas à le nier. Oui, il existe un contrat dont je suis l'unique bénéficiaire, pour un montant de 80 000 livres. Mais si vous estimez cyniquement que j'ai un mobile pour souhaiter la mort de Fiona, je vous répondrai tout aussi cyniquement que c'est faux. Cet argent, je n'en ai pas besoin. La fortune de Brianna est supérieure à cette somme, très supérieure, et, comme vous le savez, elle n'a rien à me refuser.

– Voilà une remarque dont l'élégance vous honore.

Sous l'ironie, le policier dissimulait son agacement. Berkaldine avait raison. Si Brianna Mawyck l'entretenait, pourquoi diable assassiner son épouse ? Le mobile se volatilisait, tandis que l'alibi, lui, tenait bon.

On aurait pu croire à la thèse de l'accident si les analyses demandées par MacIntyre n'avaient fait apparaître une généreuse quantité d'essence dans l'Austin incendiée, tout comme sur les vêtements calcinés de Fiona Berkaldine. Mais, détail curieux, on n'avait pas retrouvé de débris de bidon à l'intérieur de la voiture ni dans les parages.

Selon les experts, le ou les meurtriers avaient versé l'essence dans l'Austin, allumé le feu, puis poussé l'automobile sur le talus pour simuler un incendie dû au choc contre le muret. Une objection demeurait, cependant : pourquoi la jeune femme n'avait-elle pas essayé de résister ?

En tout état de cause, elle ne devait jamais répondre à cette question. Fiona Berkaldine mourut à l'hôpital dans la nuit du mardi 16 juillet, cinq jours après l' « accident », sans avoir repris conscience.

Au moment où Berkaldine encaissa ses 80 000 livres, la police découvrit que la situation financière de sa maîtresse, loin d'être aussi florissante qu'elle le paraissait, tournait à la débâcle depuis près d'un an.

– L'auberge d'Urdgoe perd régulièrement de l'argent, précisa Abermellar. Moins cependant que le haras, qui représente un gouffre. Et, au lieu de vendre sa Jaguar pour éponger une partie de ses dettes, l'ineffable Brianna a eu la brillante idée de solliciter un prêt bancaire pour s'offrir une seconde voiture de luxe, prêt que les banques lui ont bien entendu refusé.

– Si les deux amants ont continué de mener la grande vie alors qu'ils ne possédaient plus rien, nota MacIntyre, ce n'est pas le salaire de Berkaldine qui pouvait sauver la situation. En revanche, si le don Juan de l'immobilier épousait une héritière ou, à défaut, s'il se mariait avec une jeune femme assez confiante pour le faire bénéficier d'une assurance vie, il pouvait parer au plus pressé et éviter la faillite totale.

– Mobile, mobile, te voici enfin... Ce qui ne résout toujours pas la question de l'alibi. Ni celle de l'absence de réaction de Fiona quand on a inondé sa voiture avec de l'essence.

– Et si on l'avait droguée ? suggéra l'inspecteur.

Le superintendant le gratifia d'un tel regard qu'il se demanda s'il ne venait pas d'énoncer une énormité. Mais, au contraire, Abermellar répliqua :

– Bien vu, MacIntyre. Après tout, rien ne nous garantit que c'était elle qui conduisait, juste avant le prétendu accident. Droguée... Mais où ? Et quand ?... Dites-moi, les époux Berkaldine avaient dîné ensemble dans un restaurant, n'est-ce pas ? Ici, dans le centre-ville ? Bon. Trouvez-moi lequel. Et allez donc y faire un tour.

– Oui, je me souviens d'eux, déclara la serveuse. Ils venaient souvent. Ce soir-là, ils sont partis ensemble, un peu avant 23 heures.

Berkaldine affirmait être arrivé chez les Mawyck à « environ » 23 heures. En réalité, s'il disait vrai, ce devait être à 23 h 20 au plus tôt. Néanmoins, ce léger décalage restait acceptable, ni les témoins ni les suspects n'étant censés chronométrer les allées et venues à la minute près.

– Ont-ils utilisé la même voiture ? interrogea MacIntyre.

– Je ne sais pas.

– Avez-vous remarqué si Mme Berkaldine a pris des médicaments au cours du repas ?

– Oui... Ah, ce serait pour ça qu'elle se serait tuée en auto ? La pauvre, elle avait trop bu, surtout. Du vin blanc, qui lui donnait mal à la tête. Mais, avec son mari, elle fêtait leurs six mois de mariage. Alors, pensez... Bref, à la fin du dîner, M. Berkaldine m'a demandé un verre d'eau, pour qu'elle puisse avaler ses cachets contre la migraine. Après, elle a dit que ça allait mieux.

– Les cachets ont dû calmer provisoirement la douleur, opina MacIntyre, avant de plonger Fiona dans une relative léthargie.

– Surtout mélangés à l'alcool, renchérit Abermellar. Très astucieux, le prétexte de l'anniversaire du mariage. Et très sadique. Comme il devait haïr cette femme, dont le seul tort était d'exister... Berkaldine a laissé sa Ford à Kilmarnock. Il est monté dans l'Austin avec Fiona et, en époux attentionné, il a conduit à sa place : dans l'état où elle était, il n'allait pas lui laisser le volant, elle aurait risqué un accident. Puis il a attendu que les médicaments fassent leur effet et qu'elle s'endorme totalement. Là, il l'a emmenée sur la route de Mauchline.

– Les habitants ont entendu les cris de Fiona « un peu avant minuit ». Tout concorde.

– Oui. Et ce qui ne concorde pas, ce sont les allégations des Mawyck. Ils prétendent que Berkaldine est arrivé à Urdgoe vers 23 heures, et nous savons que c'est matériellement impossible. A ce moment-là, il roulait en Austin sur l'A 76 avec sa femme. Donc ils ont menti. Donc ils sont complices.

– Berkaldine verse l'essence, allume l'incendie et pousse la voiture... Et après, comment rentre-t-il chez lui ? demanda MacIntyre.

– Brianna ou son frère, ou les deux, ont suivi l'Austin dans une autre automobile. Peut-être la Ford de Berkaldine. En tout cas, c'est dans cette seconde voiture qu'ils ont caché les bidons. Peut-être aident-ils à répandre l'essence dans l'Austin... Quand elle s'enflamme, ils emmènent Berkaldine dans leur voiture. Soit directement dans sa maison de Lochinvar. Soit à Urdgoe, avant qu'il reparte chez lui à 4 heures du matin, pour rester le plus près possible de la version qu'ils ont mise au point.

Les déductions des policiers étaient exactes à quatre-vingt-dix pour cent. La marge d'erreur concernait Calum Mawyck. Dès que MacIntyre convoqua le jeune homme afin de lui exposer les faits, celui-ci s'effondra : oui, il avait menti ; et pourtant, non, il n'était au courant de rien.

– Cette nuit-là, j'étais chez une amie à Kilmarnock. Quand je suis rentré, au matin, ma sœur m'a dit que Bruce était resté à la maison et qu'il était parti juste avant mon retour. Je l'ai crue, c'était d'autant plus vraisemblable que Bruce venait souvent. Ensuite, quand on nous a parlé de l'accident, Brianna m'a expliqué qu'il fallait que je déclare la même chose qu'elle, parce que sinon, comme elle était la maîtresse de Bruce, la police ne la croirait pas. Elle répétait qu'on allait les soupçonner pour rien. J'ai voulu les aider. Je pensais que ni lui ni elle n'avaient le moindre rapport avec l'accident.

– Pour que nous puissions vous croire à votre tour, objecta l'inspecteur, il nous faut une déposition de votre amie de Kilmarnock.

– Mais ce ne sera pas valable, puisque nous vivons plus ou moins ensemble...

– Mais si, c'est valable.

L'amie corrobora et, en fin de compte, la justice ne lança pas d'inculpation de faux témoignage contre le jeune homme.

Sa sœur avait été l'unique complice de Bruce Berkaldine.

Les deux coupables eurent beau plaider l'innocence, leurs dénégations se révélèrent moins convaincantes que celles de Calum Mawyck. Berkaldine se vit condamné à la réclusion à perpétuité, et sa maîtresse à seize ans de prison. Ni l'un ni l'autre ne bénéficia de circonstances atténuantes.

L'auberge d'Urdgoe ferma, le haras disparut et Calum Mawyck alla s'établir dans une autre région.

Le lendemain du verdict, Duncan Abermellar fit observer à Ian MacIntyre :

– Je n'ai jamais compris d'où vient cette légende selon laquelle nous, les Ecossais, nous serions avares. En tout cas, la belle Brianna est la preuve vivante du contraire.

– Je doute que... je ne pense pas que ce soit un très bon exemple.

Isabelle di Natale

Le Double Meurtre du *Cocoa Beach*

Le 27 décembre 1988, au lendemain des festivités de Noël, la ville de Saint Augustine, en Floride, semblait plongée dans une douce torpeur digestive. A l'heure de la sieste, pourtant, les services de police furent réveillés par un appel affolé :

– Venez vite ! supplia une voix féminine, au bord de la crise de nerfs. Il est arrivé une chose affreuse !

L'appel provenait d'un appartement situé au douzième et dernier étage du *Cocoa Beach*, une tour de grand standing avec vue panoramique sur l'océan.

Les premiers policiers dépêchés sur place franchirent le hall de marbre rose et de cuivre poli puis montèrent dans l'ascenseur. Lorsqu'ils se présentèrent sur le seuil de l'appartement, dont la porte était grande ouverte, ils purent se rendre compte que la personne qui venait de donner l'alerte avait sous-estimé la situation...

C'était à croire qu'on avait voulu repeindre le vestibule en rouge. Il y avait du sang partout. Il imprégnait la moquette, maculait les quatre murs, imbibait le pyjama et la chemise de nuit des deux victimes. Un couple de petits vieux qui gisaient affalés l'un sur l'autre, poupées de chiffon aux membres retournés, la peau grise à force d'être exsangue.

– Je les ai trouvés comme ça, dit la voisine, hagarde. Je leur montais leur courrier, comme tous les après-midi. Ils m'ont donné un double des clés. J'ai essayé d'ouvrir la porte, mais elle était bloquée. Comme s'il y avait une valise ou un objet lourd derrière. Alors j'ai poussé plus fort. Et tout à coup, j'ai vu les corps...

Sur les indications de la voisine, bientôt confirmées par le concierge, les policiers n'eurent aucun mal à identifier le couple assassiné : il s'agissait de Fred et Judith Whitman.

– Qui pouvait bien en vouloir à des gens si gentils ? se lamentait encore la voisine lorsque le photographe de la police, le médecin légiste et l'inspecteur Castillo, chargé de l'enquête, arrivèrent sur les lieux.

En plusieurs années de service, Castillo n'avait jamais vu un tel carnage. Il se pencha au-dessus des cadavres, les jambes légèrement écartées, en prenant bien soin de placer la semelle de ses chaussures juste à la lisière de cette mare de sang. Il se posait la même question que la voisine, mais à sa manière :

– Qui pouvait haïr ces deux petits vieux au point de les massacrer avec une telle furie ?

Les Whitman étaient bien connus à Saint Augustine, où ils avaient passé toute leur vie. Fred avait patiemment accumulé une jolie fortune reposant essentiellement sur des investissements judicieux dans l'immobilier. A soixante-dix-huit ans, il comptait parmi ses relations et ses amis tout le gratin de Saint Augustine, dans le milieu des affaires bien sûr, mais aussi dans celui de la peinture, de la littérature et même des arts culinaires.

Lorsque leurs enfants avaient été en âge de voler de leurs propres ailes, les Whitman avaient vendu leur vaste demeure d'inspiration espagnole pour s'installer dans un bel appartement du *Cocoa Beach*, plus commode et plus à leur mesure.

Ils n'en avaient pas moins continué à vivre sur un grand pied et à donner des réceptions qui rassemblaient la crème de Saint Augustine. Le couple ne s'était pas cantonné à ces activités mondaines. Ils avaient décidé d'assouvir une passion commune en se lançant dans la rédaction de beaux livres de cuisine : leur *Encyclopédie de la cuisine hispano-américaine* faisait autorité en la matière.

A l'âge de la retraite, leur plus grande joie consistait à préparer eux-mêmes de magnifiques dîners auxquels ils conviaient les personnalités les plus en vue de Saint Augustine. Le livre d'or qu'ils faisaient signer à leurs invités aurait pu aisément passer pour l'annuaire du gotha local.

Par ailleurs grands amateurs de bridge, les Whitman voyageaient beaucoup, parfois jusqu'en Amérique du Sud, pour participer à divers tournois.

Autour d'une table de jeu comme dans la vie de tous les jours, ils semblaient former la paire idéale. Malgré les années qui passaient, ils restaient toujours aussi unis. Tous ceux qui les connaissaient les disaient amoureux comme au premier jour de leur mariage.

L'histoire de Fred était un bel exemple d'ascension sociale. Fils d'un simple manœuvre, il avait réussi à suivre des études en vendant des casseroles au porte-à-porte. En 1935, après des années de sacrifices, il avait enfin décroché un diplôme en comptabilité à l'université d'Orlando. Trois ans plus tard, il ouvrait son propre bureau d'expertise comptable à Saint Augustine.

Mais la fortune était venue de l'immobilier. Prudent de nature, Fred avait privilégié la patience et les calculs à long terme. Se gardant des coups risqués, il s'était spécialisé dans l'achat de terrains en friche qu'il conservait pendant des années, jusqu'à ce qu'ils finissent par attirer l'intérêt des promoteurs. Le boom formidable qu'avait connu le bâtiment sur toute la côte de la Floride, de Jacksonville à Miami, avait fait le reste : les investissements de Fred s'étaient révélés d'une rentabilité plus que confortable.

Judith, de son côté, avait su combiner la sûreté de son goût à un sens développé du commerce. Dans cette ville de Saint Augustine qui se targuait d'être la plus ancienne de tous les Etats-Unis, elle avait ouvert un lieu qui tenait à la fois du musée historique, de la galerie de peinture et du magasin de bibelots, où se pressaient les amateurs d'art comme de souvenirs.

Après son mariage en 1938, Judith Whitman avait acquis la réputation d'être une hôtesse parfaite, mais aussi une femme de cœur, qui consacrait une partie de son temps et de ses revenus aux œuvres de charité. Cette action en faveur des démunis lui valait d'ailleurs souvent les honneurs du quotidien local.

Rien dans le parcours du couple, aucune zone d'ombre ou de scandale ne laissait présager le drame atroce découvert au lendemain de ce Noël 1988. Quelques mois auparavant, les Whitman avaient fêté leurs noces d'or. Un demi-siècle de bonheur joyeux qui semblait donner raison à la figure légendaire de la ville, Ponce de León : en débarquant pour la première fois sur la côte de Floride en 1513, cet Espagnol croyait y découvrir une fontaine dont les eaux lui apporteraient l'éternelle jeunesse. Pour les époux Whitman, le bain de jouvence, désormais emblème touristique de Saint Augustine, s'était transformé en bain de sang.

Aux yeux du médecin légiste comme de l'inspecteur Castillo, l'âge vénérable des victimes ne faisait que souligner l'acharnement incompréhensible de l'assassin.

Fred Whitman s'était effondré dans une position grotesque près de la porte d'entrée. Son torse couvert de plaies semblait perforé de part en part.

– J'ai compté quarante-quatre coups de couteau, annonça le médecin légiste. L'arme du crime a une lame étroite, d'environ vingt centimètres de long. Vraisemblablement un couteau de cuisine...

L'inspecteur désigna la main de la victime, retournée dans un angle impossible.

– Par réflexe, le vieux a sans doute essayé de se protéger en levant le bras, expliqua le médecin.

Judith était à côté, allongée sur le dos. Comme son mari, elle avait succombé à plusieurs coups de couteau. Neuf plaies lui déchiraient le corps.

– Elle a sans doute voulu courir au secours de son mari...

L'inspecteur Castillo hocha la tête. Puis il délaissa le vestibule pour inspecter l'appartement. Des traces de lutte ou d'une mise à sac dans les pièces attenantes auraient pu indiquer que le mobile du meurtre était le cambriolage.

Mais rien ne vint confirmer cette hypothèse. Au-delà du vestibule, le domicile des Whitman était aussi propre et bien rangé qu'un appartement témoin. Pas de chaise renversée, pas de verres sur les tables basses, pas de mégots dans les cendriers. Il semblait de plus en plus évident que les Whitman avaient accueilli leur meurtrier dans l'entrée. Son forfait accompli, il avait quitté les lieux sans même se donner la peine de fouiller les autres pièces.

– Inspecteur, venez voir, appela un des policiers.

Castillo regagna le vestibule. Les décorations de Noël accrochées à la porte d'entrée donnaient une touche festive des plus étranges à cette scène sanglante. L'attention d'un policier avait été attirée par la carte de vœux fixée au heurtoir. Sur les mots « Joyeuses Fêtes », en lettres dorées, s'était imprimée l'empreinte rouge d'une main, ou plutôt d'une moitié de main. L'assassin avait sans doute repoussé le battant avant de prendre la fuite. Le pouce, l'index, le majeur et le renflement de la paume étaient clairement visibles. Avec toutes les précautions nécessaires, les enquêteurs glissèrent la carte de vœux dans un sachet en plastique. En l'absence de tout autre élément matériel, ils pressentaient que la résolution de cette affaire pouvait reposer sur cet unique et précieux indice.

L'estimation du médecin légiste vint confirmer ce que laissait supposer la tenue vestimentaire des victimes (pyjama et chemise de nuit) : le crime s'était produit à l'aube, aux alentours de six heures. Fred et Judith Whitman avaient probablement été tirés du sommeil par leur visiteur. Fred ne s'était même pas donné la peine d'enfiler sa robe de chambre pour ouvrir la porte et faire entrer son meurtrier.

Poussant le raisonnement plus loin, Castillo supposa que les Whitman connaissaient leur agresseur.

On ne laisse pas entrer chez soi un inconnu à cette heure du jour, au saut du lit. Interrogée à ce sujet, la voisine les décrivit en effet comme des personnes prudentes, qui n'ouvraient jamais sans regarder par le judas.

– Quand je leur apportais le courrier, ils me demandaient toujours « qui c'est ? » à travers la porte.

L'appartement n'ayant livré aucune autre piste, les policiers se mirent à explorer l'immeuble. Ils demandèrent à tous les résidents s'ils n'avaient pas aperçu tôt le matin une personne qui entrait ou sortait. Coup de chance inespéré, un locataire de l'étage inférieur, au onzième, raconta que, juste avant 6 heures du matin, il était descendu pour promener son caniche. Il avait appelé l'ascenseur et les portes s'étaient ouvertes sur un homme d'une cinquantaine d'années, plutôt costaud, la peau mate.

En montant dans la cabine, le locataire avait salué l'individu, mais sans recevoir de réponse. L'homme avait gardé les bras croisés sur sa poitrine. Il paraissait visiblement agité.

Juste avant la fermeture des portes, il avait soudain jailli dans le couloir. Un peu surpris, le locataire avait poursuivi seul son chemin vers le rez-de-chaussée. Après une brève promenade sur le front de mer, il était remonté chez lui sans revoir l'homme en question. Mais l'incident lui avait semblé suffisamment étrange pour qu'il en fasse part à sa femme.

Ces renseignements étaient certes précieux, mais somme toute assez vagues. La rencontre avait été si rapide que le témoin se révéla incapable de fournir des détails physiques plus précis. Aussi l'inspecteur Castillo lui proposa-t-il de se soumettre à une séance d'hypnose susceptible de lui rafraîchir la mémoire.

Le locataire accepta de bon gré. Quarante-huit heures après la découverte des corps, les policiers organisèrent donc une séance avec un hypnotiseur auquel ils faisaient régulièrement appel dans des cas similaires. Pas à pas, il amena le locataire à revisualiser les événements de cette matinée du 27 décembre. On parvint ainsi à établir une description beaucoup plus précise.

Le suspect était un hispanique vêtu d'un costume et d'une cravate sombres, d'une ceinture en cuir noir, et de chaussures à lacets. Il portait au poignet gauche une montre dont le cadran était tourné vers l'intérieur. Son visage était rond, rasé de près. Il portait une marque, peut-être une tache de naissance ou un bleu, sur le côté gauche du visage, juste au-dessus du menton. Il était petit et râblé, avec un estomac proéminent. Des gouttes de sueur perlaient sur ses joues et sur l'arête de son nez.

L'inspecteur Castillo n'en démordait pas : les deux victimes devaient à coup sûr connaître leur meurtrier. Et elles n'avaient aucune raison de le craindre... jusqu'au jour où il les avait sauvagement poignardées.

Partant de cette hypothèse, Castillo s'attacha à reconstituer les faits et gestes des Whitman au cours des semaines précédentes, en dressant la liste des proches et des relations qu'ils avaient pu côtoyer.

Contrairement à leurs habitudes, les Whitman avaient passé les fêtes de manière très solitaire. Ils n'avaient organisé aucun dîner, aucune réception. En fait, l'inspecteur Castillo ne tarda pas à comprendre qu'il avait fallu un mauvais tour du destin pour exposer le couple à leur meurtrier. Rien ne serait peut-être arrivé sans un enchaînement d'incidents qui avait commencé par une nuit d'octobre, à plusieurs milliers de kilomètres de Saint Augustine, sur une route de Californie.

Les Whitman étaient allés rendre visite à des cousins pendant une semaine. Ce soir-là, un chauffard au volant d'une Mustang grilla un feu et heurta la voiture à l'arrière de laquelle se trouvaient les Whitman.

Judith reçut à la tête un choc qui sembla tout d'abord superficiel. Mais dès son retour en Floride, la vieille dame se mit à souffrir de trous de mémoire et de difficultés de coordination motrice. Des examens médicaux révélèrent alors que l'accident avait occasionné une blessure plus grave qu'il n'y paraissait.

Judith subit une opération afin de résorber un caillot de sang qui s'était formé dans le cerveau. La mort dans l'âme, les Whitman renoncèrent à leur projet de passer la période des fêtes à Rio de Janeiro. Fred annula les billets d'avion. Le couple aurait dû séjourner au Brésil du 22 décembre au 2 janvier...

Malgré la déception causée par ce changement de programme, les Whitman avaient toute raison de se réjouir. En effet, l'opération s'était déroulée pour le mieux. Le caillot retiré, Judith connut une convalescence sans complication. En attendant que ses cheveux repoussent, elle prit l'habitude de se ceindre la tête d'élégants turbans. Alitée pendant plusieurs jours, elle en profita pour adresser des cartes de vœux à tous ses amis. Et dès qu'elle put faire quelques pas, elle insista pour accrocher elle-même, selon la tradition, les décorations de Noël sur la porte d'entrée. La fin d'année chassait les inquiétudes de l'automne et tout annonçait que les Whitman allaient pouvoir reprendre leur existence paisible...

Cet optimisme était renforcé par les nombreuses visites que leur rendirent leurs parents et amis. Le 26 décembre, veille de leur assassinat, les Whitman passèrent ainsi une très agréable soirée : ayant jugé plus raisonnable d'éviter pendant encore quelque temps les grandes réceptions, ils avaient dîné à la maison en compagnie d'un proche parent. Judith se sentait assez en forme pour aider son mari à préparer le repas. Elle s'autorisa même un scotch-Perrier. Pendant le dîner, la conversation roula sur l'opération, bien sûr, mais sans pour autant négliger les projets d'avenir. A un moment, Judith poussa un soupir un peu attristé et, se tournant vers son mari, lui dit :

– Sans ce stupide accident de voiture, nous serions à Copacabana en ce moment...

La soirée se termina aux alentours de onze heures. Plus personne ne devait revoir les Whitman vivants.

La police passa en revue les proches et les relations des victimes. Aucun ne correspondait au signalement du suspect. Aucun n'avait de raison particulière d'en vouloir aux Whitman.

L'inspecteur Castillo attendait désormais avec impatience les résultats des examens effectués sur la carte de vœux. Le précieux indice avait été envoyé à Washington. Le FBI le soumit à ses batteries d'ordinateurs mais il n'en sortit aucune réponse : les empreintes ne correspondaient à aucune de celles figurant dans les fichiers.

Lorsque la nouvelle leur parvint, les policiers de Saint Augustine eurent l'impression de se trouver face à un mur. Toutes les pistes qu'ils avaient suivies menaient à l'impasse. Ils échafaudèrent de nouvelles hypothèses et tentèrent de les vérifier. En vain. Les semaines passèrent, bientôt les mois...

L'inspecteur Castillo fut obligé de se consacrer à d'autres affaires. Mais il gardait constamment à l'esprit qu'un meurtrier sanguinaire se promenait en liberté quelque part dans la ville. Et Castillo se jurait de le remettre un jour entre les mains de la justice :

– Tôt ou tard, disait-il à ses collègues, un indice, une piste remontera à la surface...

Il fallut attendre février 1992, trois ans après le meurtre, pour que l'inspecteur Castillo soit enfin entendu. A dire vrai, ce rebondissement ne devait rien au travail de la police... Les deux enfants des Whitman, ne voulant pas se résigner à laisser un tel crime impuni, décidèrent de passer une annonce dans le journal local : ils offrirent 20 000 dollars de récompense à toute personne pouvant fournir des informations susceptibles de mener à l'identification et à l'arrestation du ou des meurtriers.

Lorsque l'inspecteur Castillo découvrit l'annonce dans son quotidien, il resta sceptique. A priori, il n'y avait aucune chance que cette tentative produise plus d'effet que les efforts déjà entrepris lors de l'enquête. Pourtant, il se trompait...

Car au même moment ou presque, un autre lecteur du journal découpait l'annonce et la pliait soigneusement dans son portefeuille. Le lendemain matin, l'homme contacta les autorités et déclara qu'il avait des renseignements importants à divulguer sur le double meurtre du *Cocoa Beach*. Alerté, l'inspecteur Castillo refusa de se réjouir prématurément : un crime aussi spectaculaire risquait fort d'attirer les témoignages les plus farfelus...

Mais l'homme, un certain Joe Daytona, livra aux policiers un récit court, précis et complet. Il déclara que le 27 décembre 1988, jour de l'assassinat des Whitman, il avait pris son poste de gardien de parking au *Cocoa Beach* à 5 heures du matin, comme d'habitude. Quelques minutes plus tard, une Corvette noire, conduite à vive allure, avait fait irruption dans le sous-sol et s'était immobilisée sur un emplacement.

Le chauffeur était descendu du véhicule et avait pris la direction de l'ascenseur. Apercevant le gardien, il l'avait salué de la main.

Joe Daytona affirma qu'il avait fait la connaissance de cet homme quelques années auparavant, alors qu'il travaillait dans un autre parking, toujours à Saint Augustine. C'est d'ailleurs ainsi qu'il avait appris qu'il s'agissait d'un médecin.

Ce jour-là, l'homme à la Corvette lui lança :

– Je viens pour une urgence. Au douzième étage.

Daytona avait lui-même appelé l'ascenseur, et le médecin lui avait glissé un billet de vingt dollars dans la main.

– J'ai guetté son retour, expliqua-t-il aux policiers. Je voulais le remercier pour le pourboire.

Il n'avait pas eu le temps de le faire. Environ une demi-heure plus tard, le docteur regagnait le parking et, sans un mot, remontait rapidement dans sa Corvette. Il avait quitté le sous-sol en faisant hurler ses pneus sur le bitume.

L'inspecteur Castillo n'en croyait pas ses oreilles.

– Est-ce que par hasard vous connaissez le nom de cet homme ? demanda-t-il enfin.

– Oui, c'est le docteur Cordova.

Castillo ne put réprimer un haussement de sourcils. Mais cette fois, son étonnement était empreint de doute. Roberto Cordova était en effet une des personnalités médicales les plus respectées de la ville. Agé de cinquante-six ans, ce gastro-entérologue était considéré par tous comme un médecin dévoué.

Comme Fred Whitman, Cordova était d'origine modeste, mais au lieu de commencer sa vie en vendant des casseroles, il avait conduit un camion de livraison et déchargé des sacs de riz. A force d'opiniâtreté et de sacrifices, il avait décroché son diplôme de médecine au tout début des années soixante.

Installé peu après à Saint Augustine, il avait rapidement acquis une excellente réputation fondée sur la justesse de son diagnostic.

– Il peut vous dire ce que vous avez quand tous les autres médecins de la ville se sont cassé le nez, expliqua un de ses patients à l'inspecteur Castillo. Voilà pourquoi on l'aime. Avec lui, on se sent en confiance.

D'autres préféraient plutôt insister sur ses qualités de cœur. Cordova donnait des conseils d'ordre personnel à ceux qui venaient le consulter, il lui arrivait également d'intervenir auprès de leur famille en cas de conflit. Lorsqu'il soignait des personnes aux faibles revenus, il refusait souvent de toucher ses honoraires...

Il en était de même chez ses confrères. Tous louaient ses connaissances comme son respect du serment d'Hippocrate.

Devant un profil aussi flatteur, l'inspecteur Castillo aurait pu être tenté de rayer le docteur Cordova de la liste des suspects et d'arrêter le gardien de parking pour faux témoignage et diffamation. Mais il n'en fit rien. Pour la bonne raison que le Dr Cordova ressemblait effectivement au portrait-robot de l'individu croisé dans l'ascenseur par le locataire du onzième étage. La cinquantaine, petit et robuste, le visage rond, léger embonpoint, peau mate... La coïncidence était plus que troublante.

Il sortit donc des fichiers de la police de Saint Augustine les empreintes digitales du Dr Cordova. Elles s'y trouvaient comme celles de presque tout le personnel médical de la ville, à fins d'identification. L'inspecteur Castillo les envoya au quartier général du FBI. La réponse de Washington ne tarda pas : l'empreinte du pouce droit du Dr Cordova correspondait à l'empreinte sanglante prélevée sur la carte de vœux fixée sur la porte des Whitman !

Castillo était persuadé de tenir son homme. Il courut trouver le procureur George Tyron qui, après l'avoir écouté, modéra son enthousiasme. Impossible en l'état d'inculper le Dr Cordova :

– Je suis désolé, inspecteur, mais il me faut des preuves plus solides.

– Plus solides ? Mais il a laissé ses empreintes. Le crime est signé...

– Cela ne suffit pas. Réfléchissez : de quels éléments disposez-vous pour établir une quelconque relation entre les Whitman et le docteur Cordova ? A supposer même que vous arriviez à établir ce lien, il vous restera à trouver un mobile plausible... Au point où il en est, le dossier n'a aucune chance devant un jury. Voyez-vous, inspecteur, les gens veulent savoir « pourquoi ». C'est une réaction normale...

– Surtout quand l'inculpé se trouve être un des piliers de la société, risqua l'inspecteur Castillo.

– Je vois que nous nous comprenons parfaitement, inspecteur.

Castillo reprit son enquête, cherchant la faille dans la vie de ce docteur au-dessus de tout soupçon. Il lui fallut beaucoup d'opiniâtreté pour ne pas s'arrêter aux nombreux témoignages du genre :

– Vous n'y pensez pas ! Jamais le docteur Cordova n'aurait pu commettre un acte pareil !

Les policiers se penchèrent avec intérêt sur son compte en banque. Peu à peu se dessina une facette du médecin que ses patients et ses confrères ne soupçonnaient pas. Depuis une dizaine d'années environ, le Dr Cordova avait commencé à placer de substantielles économies en spéculant dans l'immobilier. Après quelques opérations juteuses, il s'était pris au jeu et rêvait de bâtir un petit empire. Voulant brûler les étapes, il avait investi toute sa fortune dans un projet de construction d'un hôpital de trois cents lits, pour un coût total de vingt millions de dollars.

Mais le projet s'était effondré et Cordova n'avait eu d'autres ressources que de réclamer sept millions de dollars pour rupture de contrat. Au bout de trois ans, il avait accepté un arrangement à l'amiable pour un million et demi. Les banquiers de Cordova étaient rentrés dans leurs frais mais ses avocats s'étaient bientôt retournés contre lui pour non-paiement de leurs honoraires.

Parallèlement, la vie personnelle du docteur Cordova connut alors un bouleversement. Après vingt-cinq ans de mariage, il divorça pour épouser une femme de quinze ans plus jeune que lui. Toutefois, la séparation avec sa première épouse se fit en de bons termes. Leurs biens furent divisés en parts égales et ils restèrent « bons amis » et même partenaires en affaires.

Le deuxième mariage du Dr Cordova se révéla beaucoup moins durable et serein. En raison des fortes pressions financières qu'il subissait de la part des avocats, il se mit à souffrir de stress et d'une tension artérielle élevée. A partir de 1988, il eut même des saignements gastro-intestinaux et des douleurs à la poitrine. Il se rendit à Miami pour subir un pontage coronarien, mais les symptômes ne disparurent pas pour autant. Inquiets, ses médecins lui recommandèrent de réduire ses activités professionnelles.

Le Dr Cordova prit alors des médicaments puissants. Ses proches constatèrent rapidement que ces drogues avaient des conséquences négatives sur sa lucidité. Il devenait sujet à des éclats de colère soudains, il semblait parfois incapable de se contrôler. Puis il sombrait dans des périodes de grave dépression.

Plusieurs personnes qui partageaient son intimité furent victimes de coups et de mauvais traitements de sa part. L'une d'elles alla consulter un psychiatre qui la mit en garde : les menaces proférées à son encontre par le Dr Cordova ne devaient pas être prises à la légère. Dans son état, il était capable de tout... Apprenant qu'il cachait depuis quelque temps un revolver chargé dans la boîte à gants de sa voiture, le même psychiatre conseilla à sa patiente de subtiliser l'arme.

Le 1er février 1990, le second mariage du Dr Cordova prit fin. Sa femme confessa qu'elle avait préféré quitter la ville par crainte pour sa vie. C'est elle qui, en grande partie, révéla à l'inspecteur Castillo la « face obscure » du bon docteur.

Mise en confiance, elle lui révéla en particulier que le jour du meurtre des Whitman, elle avait surpris son mari dans la salle de bains en train de laver ses vêtements dans le lavabo. Avant de la chasser de la pièce, il avait vaguement invoqué un flux hémorroïdal. Sa femme n'en avait pas cru un mot : elle prétendait que le sang coulait de sa main et qu'il semblait s'être entaillé la paume...

Ayant rassemblé un faisceau de présomptions qui leur paraissait accablant, l'inspecteur Castillo et le procureur Tyron passèrent à l'action.

Le 15 septembre 1993, le Dr Cordova fut inculpé du double meurtre de Fred et Judith Whitman. Ruiné, il ne put acquitter la caution de 200 000 dollars demandée pour sa mise en liberté conditionnelle. Il fut donc contraint d'attendre en prison le début du procès.

L'annonce de son arrestation fit grand bruit dans la ville de Saint Augustine. Le double meurtre impuni était encore dans toutes les mémoires, mais on n'arrivait pas à croire à la culpabilité du suspect. Les audiences préliminaires donnèrent lieu à un duel serré entre le procureur Tyron et l'avocat du Dr Cordova, M. Phong.

– Votre Honneur, l'accusation compte apporter la preuve que, bien qu'ils ne fussent pas étroitement liés, le Dr Cordova et les Whitman se connaissaient. Il avait été invité au *Cocoa Beach* à plusieurs reprises, comme le prouve le livre d'or des Whitman. D'autre part, ils évoluaient dans les mêmes cercles. En outre, ils avaient en commun leurs opérations immobilières. Un soir, au cours d'un dîner, Fred Whitman a conseillé à son hôte d'investir dans ce projet d'hôpital. Par la suite, le Dr Cordova l'a donc tenu directement responsable de sa ruine, aussi bien financière, conjugale, professionnelle que physique...

– Nous sommes là dans le domaine de la pure hypothèse, Votre Honneur, répliqua calmement maître Phong. Aucune relation n'a jamais été clairement établie entre mon client et les Whitman. Ils n'étaient ni associés, ni adversaires en affaires. Quant à ce livre d'or, je vous signale que la moitié de la ville s'y trouve...

Le juge se tourna vers le procureur pour l'inviter à poursuivre.

– Un témoin de bonne foi, résidant au *Cocoa Beach*, a croisé dans l'ascenseur, à l'heure approximative du crime, un homme qui était visiblement dans un état de profonde agitation et dont la description correspond trait pour trait à celle du Dr Cordova.

– Comme à celle de quelques centaines de personnes dans cette ville, Votre Honneur. Il n'y a là rien de très probant. D'autant que ce témoignage effectué sous hypnose me paraît sujet à caution...

– Il est confirmé par une preuve matérielle irréfutable, se récria le procureur. Le Dr Cordova a laissé des empreintes maculées de sang sur les lieux de son crime !

– Votre Honneur, je me propose de produire devant vous trois experts qui déposeront sous serment que lesdites empreintes ne comportent pas le nombre suffisant de points de ressemblance permettant d'affirmer avec certitude qu'elles sont celles du Dr Cordova. Ces mêmes experts vous démontreront par ailleurs que les empreintes trouvées sur cette carte de vœux sont inutilisables pour une identification formelle.

Le procureur, sentant que l'avocat marquait des points, se décida à introduire l'élément central de son dossier d'accusation.

– Votre Honneur, mon habile confrère semble oublier que nous avons un témoin visuel. Joe Daytona, le gardien du parking, connaissait le Dr Cordova et il l'a croisé le matin du crime dans le sous-sol du *Cocoa Beach*. Il l'a vu quitter l'immeuble sur les chapeaux de roue une demi-heure plus tard...

Visiblement peu impressionné, l'avocat sortit quelques documents de sa serviette.

– N'en déplaise à mon persévérant collègue, je me fais fort de contester la validité de ce témoignage. Je vous rappelle tout d'abord que ce témoin « miraculeux » a curieusement attendu trois années avant de se manifester. Pourquoi ce long silence ? De là à conclure qu'il était plus intéressé par la récompense que par l'établissement de la vérité, il n'y a qu'un pas... Par ailleurs, j'ai entre les mains son casier judiciaire, qui n'est pas vierge : plusieurs condamnations pour faux et pour chèques sans provisions. Avec un tel passé, on peut le soupçonner d'avoir inventé cette histoire de toutes pièces dans le seul but de toucher la récompense. Et puisqu'il connaissait le Dr Cordova, je ne serais pas surpris de découvrir entre les deux hommes un différend qui viendrait expliquer cette dénonciation en forme de règlement de comptes...

Voyant son témoin-clé révoqué en doute, le procureur parut un instant déstabilisé.

– L'ex-femme du Dr Cordova déposera qu'elle a

vu son mari couvert de sang le jour du meurtre... Il s'était entaillé la main, sans doute avec l'arme du crime : le couteau a glissé dans sa paume quand la lame a heurté une côte de la victime...

– Cette histoire de blessure à la main ne tient pas debout. J'ai ici des documents qui prouvent que le Dr Cordova a réalisé une intervention chirurgicale délicate le lendemain du double meurtre. S'il avait été blessé à la main, il n'aurait pas eu la dextérité nécessaire pour mener à bien cette intervention...

– Il lavait ses vêtements tachés de sang !

– De toute façon, ajouta l'avocat avec un sourire cruel, l'ex-épouse du docteur Cordova ne saurait déposer contre son ex-mari... L'ensemble de son témoignage n'est donc pas recevable par la cour.

Le procureur paraissant accuser le coup, l'avocat en profita pour lancer la contre-offensive :

– Votre Honneur, j'ai l'intention de produire devant la cour un témoin qui déclarera avoir vu, le jour du meurtre, trois hommes dans le parking de l'*Alcazar*, l'immeuble voisin du *Cocoa Beach*. Ces trois hommes se sont débarrassés de bleus de travail. Après leur départ, la femme a voulu récupérer un de ces vêtements mais elle y a trouvé des taches qui ressemblaient à du sang et a préféré le jeter à la poubelle...

L'annonce de ce témoin inattendu sema la confusion sur le banc de l'accusation. L'avocat lança alors l'estocade :

– Par ailleurs, lors de sa déposition, la voisine qui livrait le courrier des Whitman, celle donc qui a découvert les corps, a déclaré avoir entendu le claquement du verrou quand elle s'est servie de sa clé. Cela semble indiquer que le meurtrier disposait d'une clé et qu'il a verrouillé la porte de l'extérieur... C'est là une piste qui a été négligée par la police et qui pourrait conduire à la désignation de nouveaux suspects... En tout cas, il y a de quoi jeter dans l'esprit des jurés un trouble suffisant pour me permettre d'obtenir l'acquittement de mon client...

Le jury aurait-il écouté maître Phong ? Se serait-il rallié au portrait d'un Dr Jekyll débonnaire, incapable de faire du mal à une mouche ? Ou bien aurait-il vu dans le box des accusés un M. Hyde miné par la maladie et les médicaments, coupable d'un accès de fureur criminelle ? Nous ne le saurons jamais. Car le procès n'eut pas lieu. Le 5 novembre 1993, le procureur Tyron et l'avocat Phong apprirent presque en même temps que le Dr Cordova venait de succomber à l'hôpital Saint-Charles où il avait été conduit à la suite d'un malaise cardiaque.

Quelques mois auparavant, sa mort aurait sans doute inspiré une brève nécrologie dans les pages intérieures du quotidien local. A la veille d'un procès retentissant, elle fit la une des journaux dans toute la Floride.

Une foule nombreuse se pressa pour assister à l'enterrement du Dr Cordova. Il y avait là des amis fidèles, d'anciens patients et aussi beaucoup de curieux, espérant sans doute qu'il n'emporte pas son secret dans la tombe. Le prêtre, dans son sermon, se contenta d'évoquer le dévouement sans faille du défunt auprès de ses malades.

– Pour le Dr Cordova, c'est un jour de gloire et non pas de défaite. Son corps repose aujourd'hui en paix...

L'inspecteur Castillo, le procureur et l'avocat, les

proches des Whitman comme du Dr Cordova baissèrent la tête en signe de recueillement. Tandis que le cercueil descendait en terre, tous avaient leur opinion sur ce qui s'était réellement passé ce matin du 27 décembre, dans le luxueux appartement situé au douzième et dernier étage du *Cocoa Beach*, avec vue panoramique sur l'océan.

Olivier de Broca

Mystère à la romaine

Au matin du vendredi 6 septembre 1985, Cesare Sambatelli descendit les dernières marches de l'escalier du Capitole et marqua un temps d'arrêt. Le flot de circulation ininterrompu qui s'élançait, klaxons hurlants, dans le virage de la piazza Venezia avait de quoi faire reculer plus d'un piéton. Mais, à Rome plus que partout ailleurs dans la péninsule, le piéton est un être aguerri, formé aux épreuves de la vie, qui défend chèrement sa peau. Depuis sa naissance, il sait que le sport favori de ses chers compatriotes consiste à brûler les feux rouges et à terroriser les bipèdes. Or Cesare Sambatelli était romain, raison pour laquelle il fonça tête baissée au milieu des voitures, en chargeant tel un taureau. Des pneus crissèrent, des avertisseurs stridulèrent, mais il parvint sain et sauf sur le trottoir d'en face, avec la sensation gratifiante d'avoir accompli un acte de bravoure.

Doté d'un prénom illustre, Cesare Sambatelli possédait un physique à la hauteur : avec son mètre quatre-vingt-quinze et ses cent dix kilos, sa barbe rousse et ses cheveux retenus en catogan, il aurait eu du mal à passer inaperçu. Lorsque, ayant longé le palazzo Venezia et traversé à nouveau – cette fois sans grand danger –, il s'engagea sur le Corso, des commerçants le saluèrent d'un geste de la main. Le géant roux était plus qu'un habitué du quartier : une institution. L'atelier d'ébénisterie qu'il avait hérité de son père, dans une petite rue derrière le Panthéon, s'était tellement développé en quelques années qu'il avait dû embaucher de nouveaux ouvriers et apprentis. Désormais, il exportait ses créations à l'étranger : des meubles de chêne qu'il dessinait lui-même et dont il sculptait les parties les plus délicates en laissant le gros œuvre à ses employés.

Sambatelli fit halte au kiosque à journaux, devant l'église San Marcello, acheta son quotidien puis bifurqua vers la gauche, en direction du labyrinthe de venelles qui entourent le Panthéon. Ce matin, il avait eu de la chance : par un miracle inespéré, il avait pu garer sa Lancia aux abords du Forum, ce qui représentait ensuite un trajet d'à peine dix minutes pour rejoindre à pied son atelier. Il habitait avec son épouse et leurs deux fils dans un quartier plus excentré, au-delà de la porta Portuense.

Quand il arriva devant son magasin, une trentaine de Japonais bardés de caméscopes et d'appareils photo avaient investi les lieux, comme cela se produisait chaque jour pendant la saison touristique. Souriants, courtois, ils filmaient les meubles, bas-reliefs et corniches en cours de réalisation pendant que deux des apprentis les guidaient à travers l'atelier – non sans leur distribuer au passage les cartes de visite et prospectus de la maison. Qu'importait si, dès leur retour au Japon, certains de ces aimables visiteurs s'empressaient de faire copier les modèles exposés ! songea Sambatelli. Cela constituerait de toute façon une excellente publicité pour lui. Enchanté, il fendit la foule pour se poster au centre de la boutique, dominant ses hôtes d'une bonne tête et demie, et se soumit avec complaisance au rite du cliché souvenir.

Toutefois, avec une telle affluence, la présence d'un ou deux employés supplémentaires n'aurait pas été un luxe. Il chercha des yeux un éventuel renfort mais ne découvrit, dans l'enfilade de l'arrière-boutique, que ses ouvriers affairés autour des établis, à scier, raboter, tailler, polir, ciseler, poncer. Inutile de les perturber dans leur travail.

– Tiens, où est passé Prina ? demanda-t-il à la cantonade.

Noyé dans la cohue, l'un des apprentis lui répondit néanmoins, d'un signe du menton désignant la porte du fond, qui donnait sur l'escalier de l'immeuble.

– Il est encore là-haut ? A cette heure-ci ? s'étonna Sambatelli.

Gennaro Prina, son meilleur ébéniste, son bras droit, vivait avec sa mère au dernier étage de l'immeuble, dans un modeste trois-pièces. Agé de cinquante-cinq ans, il avait travaillé avec le père de Cesare, jadis, et faisait plus ou moins partie de la famille. Cependant, l'atelier avait beau lui verser un salaire des plus corrects, Prina se retrouvait régulièrement à court d'argent, entre sa mère qui dépendait de lui, son ex-femme qui lui extorquait une pension alimentaire digne d'une milliardaire américaine, et ses quatre enfants qui, bien qu'adultes depuis des lustres, s'obstinaient à poursuivre des études aussi ruineuses qu'interminables.

Dans l'entrebâillement de la porte du fond, apparut soudain un petit homme aux cheveux gris, aussi chétif que Sambatelli était monumental.

– Gennaro ! hurla le géant roux avec un tel enthousiasme que trente appareils photo tressautèrent dans les mains de leurs propriétaires respectifs.

A voir la mine de son employé, Cesare comprit tout de suite qu'il se passait quelque chose d'anormal. D'un pas furtif, Prina se glissa parmi les touristes pour rejoindre son patron :

– Cesare... je suis remonté tout à l'heure à l'appartement, j'avais oublié mes lunettes... J'ai frappé à la porte... ma mère n'a pas répondu.

Mme Prina et son fils, qui vivaient seuls, avaient mis au point un système pour éviter d'être dérangés par des importuns. Comme la vieille dame ne sortait jamais, elle « gardait » l'appartement, et Gennaro n'avait qu'à frapper quand il désirait rentrer le soir ou en cours de journée. Il utilisait une sorte de code – un certain nombre de coups – dont personne n'avait connaissance, pas même Cesare. Terrorisée par les drogués qui sévissaient dans le quartier, entre les dealers de la piazza Navona et ceux du Campo dei Fiori, Mme Prina s'enfermait à triple tour, en verrouillant après le départ de son fils. Celui-ci ne possédait pas de clé de l'appartement. Cela n'eût servi à rien : d'une part, la vieille dame était toujours là, et d'autre part elle cadenassait la porte avec une chaîne de sûreté intérieure.

– Eh bien, hasarda Cesare, elle ne t'aura pas entendu. Elle devait écouter la radio ou faire la vaisselle.

– C'est ce que j'ai pensé. Alors je suis redescendu

à l'atelier, sans m'inquiéter. Mais, il y a quelques minutes, j'ai eu vraiment besoin de mes lunettes. Je suis remonté... J'ai frappé de toutes mes forces, j'ai appelé... Rien.

– Tu veux que je monte voir avec toi ?

– Oui, si ça ne t'ennuie pas... A vrai dire, je t'attendais. Toi, tu devrais pouvoir enfoncer la porte, acheva le petit homme en considérant la carrure imposante de son patron.

Cinq minutes plus tard, en haut des marches, Cesare tambourinait à toute volée sur le battant de bois sombre. Aucune réaction. Il patienta un instant puis, sur un signe de Gennaro Prina, il prit son élan et catapulta la masse de ses cent dix kilos contre la porte.

Celle-ci céda dès le premier assaut. La chaîne de sûreté n'était pas mise, ni les verrous enclenchés.

Dans le minuscule vestibule, Assunta Prina, quatre-vingt-sept ans, était étendue sur le carrelage. Sans doute une crise cardiaque, songea Cesare, qui rectifia aussitôt. Non, aucun infarctus ne pouvait avoir provoqué cette mare de sang autour du halo de cheveux blancs, ni ces blessures à la tête.

L'ambulance venait de partir pour l'institut médico-légal. D'après les premiers examens du médecin légiste, arrivé dans l'appartement quelques minutes après la police, Assunta Prina était morte environ deux heures plus tôt, soit aux alentours de 8 h 30 ou 9 heures du matin, et il s'agissait d'un assassinat.

Cesare Sambatelli avait congédié ses employés pour la journée et fermé son magasin afin de permettre aux carabiniers de circuler plus facilement.

Les premières dépositions n'avaient rien donné : hormis les allées et venues de Gennaro, en quête de ses lunettes, personne n'avait rien remarqué.

Pour l'heure, le petit homme aux cheveux gris, effondré, était tassé sur une chaise de l'arrière-boutique, face à l'officier de police qui l'interrogeait. Il semblait hébété, incapable d'affronter la situation. Cesare, de son côté, errait entre les établis, un plateau de café à la main. Du coin de l'œil, il surveillait le déroulement des opérations, prêt à intervenir au cas où un policier oserait presser de questions le malheureux Prina. Gennaro était sans défense, il avait besoin qu'on le soutienne – du moins Sambatelli voulait-il s'en persuader. Il ne se rendait pas compte que l'inspecteur Centurini, chargé de l'enquête, lui accordait déjà une rare faveur en l'autorisant à assister à ce premier entretien. Légalement, rien n'aurait empêché l'inspecteur de renvoyer Cesare chez lui et d'emmener Prina au commissariat.

Il est vrai que les deux hommes se connaissaient. Sans avoir les moyens de s'offrir les meubles et trumeaux de la maison Sambatelli, Claudio Centurini, qui habitait le quartier, s'arrêtait de temps en temps devant la boutique et échangeait quelques phrases avec le géant roux.

– Reprenons, dit le policier à Prina. La dernière fois que vous avez vu votre mère vivante, c'était au moment de descendre à l'atelier, vers 8 h 45.

– Pas « vers », mais « à » 8 h 45, corrigea Prina. Je vais travailler tous les matins à la même heure. Ensuite, comme je vous l'ai expliqué, je me suis aperçu que j'avais oublié mes lunettes – je les ai depuis peu de temps, je ne me suis pas encore habitué – et je suis remonté à l'appartement, à 9 h 30 environ. J'ai frappé selon le signal convenu, mais ma mère n'a pas répondu.

– Oui, vous m'avez parlé de ce code. Personne d'autre que vous ne le connaissait ?

– Non, personne, pas même mes propres enfants. C'était un signal très simple : trois coups, puis un seul, puis deux. Comme ça, ma mère était sûre que c'était moi. Sinon, elle n'ouvrait pas.

– Bien. Et ensuite ?

– J'ai pensé qu'elle n'avait pas entendu et je n'ai pas insisté. Un peu plus tard, vers 10 heures, cette absence de lunettes m'a gêné pour un travail de précision. Je suis donc remonté, j'ai encore frappé... et toujours rien. Là, j'ai eu peur... et, comme Cesare devait arriver vers ce moment-là, j'ai décidé de l'attendre pour qu'il m'aide à enfoncer la porte.

– Il était à peu près 10 h 15, indiqua Cesare.

– Et, monsieur Sambatelli, vous nous avez téléphoné à 10 h 20, compléta l'inspecteur. La chronologie me paraît claire. Ce qui l'est moins, c'est le mobile. Je suppose que Mme Prina, une personne âgée qui ne sortait jamais de chez elle, n'avait pas d'ennemis ?

– Non, bien sûr, répondit Gennaro. De plus, ma mère est... ma mère était... vraiment gentille... Une vieille dame très douce, tout à fait inoffensive... Et... elle était valide, mais si frêle, si fragile...

Il ne chercha pas à retenir les larmes qui commençaient à ruisseler sur son visage.

– Je vois, acquiesça le policier. Ecoutez, nous allons en rester là tant que je n'ai pas le rapport d'autopsie. Dites-moi simplement si l'appartement contenait des objets de valeur, ou une somme importante en espèces, bref quelque chose qui indiquerait le crime d'un rôdeur.

Gennaro Prina ouvrit des yeux surpris :

– Oh non, inspecteur. Ma mère et moi, nous ne possédions pas grand-chose... et très peu d'argent à la maison.

– Bon. Lorsque les experts en auront fini avec l'appartement, nous irons voir sur place et vous me signalerez si quelque chose a disparu. Cela nous donnera peut-être une piste.

Claudio Centurini s'était exprimé avec conviction afin de dissimuler ce qui lui posait problème depuis le début : rôdeur ou non, le battant ne montrait aucune trace d'effraction, en dehors de l'intervention musclée de Sambatelli. La vieille dame avait donc elle-même ouvert la porte à son assassin. Or elle n'ouvrait jamais qu'à son fils, comme celui-ci venait de le reconnaître.

Dans son bureau du commissariat, le lendemain du meurtre, l'inspecteur Centurini relut le rapport d'autopsie à l'intention de son adjoint, Aldo Valente :

– De multiples fractures au crâne, dues à une dizaine de coups assenés à l'aide d'un instrument contondant d'à peu près cinq centimètres de diamètre... Un objet en bois, d'après les fibres qu'on a récupérées dans le cuir chevelu. On ne l'a pas retrouvé, ni dans l'appartement ni dans l'atelier.

– Un objet en bois, répéta Valente. Comme par hasard. Prina est ébéniste.

– Méfions-nous cependant des coïncidences. Je continue... Deux coups supplémentaires ont été portés à la gorge, dont l'un a atteint la carotide et entraîné la mort en une quarantaine de secondes, le sang ayant cessé d'alimenter le cerveau. La victime avait sans doute déjà perdu conscience à cet instant... Le médecin parle d'un acte d'une sauvagerie inouïe.

– On a constaté des sévices sexuels ?

– Non. Assunta Prina était habillée pour la journée, sous-vêtements, robe, et on ne l'a pas violentée... La mort a eu lieu entre 9 heures et 9 h 30. Ce qui nous ramène au point de départ : matériellement, son fils a eu la possibilité de l'assassiner.

Valente consulta le dossier étalé sous ses yeux : Prina affirmait avoir quitté sa mère à 8 h 45 et être revenu une première fois vers 9 h 30, sans qu'elle donne signe de vie. Cela cadrait avec l'heure du meurtre : exactement entre ces deux moments.

– Nous n'avons aucun témoin, reprit Centurini. Sans compter que Prina peut très bien être remonté entre-temps à l'appartement. Dans l'atelier, les employés ne font pas attention aux va-et-vient des uns et des autres. D'autant plus que, à cette heure-là, ils ont été débordés par l'arrivée d'un car de touristes japonais... Prina a eu dix fois l'occasion d'aller tuer sa mère sans que personne s'en aperçoive.

– Et la serrure de la porte ?

– Les techniciens nous confirment l'absence d'effraction, répondit Centurini. Bien sûr, n'importe quel cambrioleur pourrait être passé au préalable pour relever l'empreinte et fabriquer un double de la clé, mais il se serait heurté à un obstacle : la chaîne de sécurité, à l'intérieur de l'appartement. Or celle-ci n'a pas été forcée. Elle était ouverte, comme les verrous, lorsque Sambatelli a enfoncé la porte... Et le meurtrier s'est contenté de claquer le battant derrière lui en partant.

– Donc, pas de fausse clé... Un double, peut-être ?

– Ça ne résoudrait pas la question de la chaîne... Quant à un double, il n'en existe pas. Il n'y a qu'une seule clé, que Mme Prina gardait par-devers elle, dans l'appartement.

On l'avait retrouvée dans la poche de sa robe.

– Et le fameux code secret, les coups frappés à la porte ?

– C'est là que le bât blesse, remarqua l'inspecteur. Prina se déclare absolument certain que nul autre que lui ne le connaissait... Il ne comprend pas que, en disant cela, il se désigne lui-même comme le coupable.

– Oui, mais il n'a pas de mobile.

– En principe, non. Assunta Prina s'entendait bien avec son fils ; par ailleurs elle ne disposait d'aucune fortune personnelle et n'avait souscrit aucune espèce d'assurance vie. Elle touchait une modeste retraite, c'était tout. Sa mort ne « rapporte » rien à Gennaro. Mais on peut tout imaginer, une dispute entre la mère et le fils... Certes, Gennaro n'a pas le physique d'un assassin, il est presque aussi frêle que sa mère. Malheureusement, nous ne pouvons pas ne pas tenir compte de cette histoire de code.

– Et s'il mentait lorsqu'il prétend être le seul à le connaître ? objecta Valente. S'il cherchait à protéger quelqu'un ? L'un de ses enfants, par exemple ?

– En un sens, j'aimerais mieux. Parce que, dans l'état actuel de l'enquête, si les techniciens ne découvrent rien d'autre, nous allons être obligés de l'arrêter. Sous l'inculpation de meurtre.

Un élément plaida en faveur de l'innocence de Prina : selon lui, un bijou avait disparu – le collier de grenats de sa mère, habituellement conservé dans un placard de la salle à manger –, ainsi que 100 000 lires (500 francs) en billets de banque, somme qui lui servait de réserve pour aller faire ses courses. Cependant, tout en accréditant la thèse du crime crapuleux, cela n'expliquait pas l'énigme du code. Par ailleurs, l'existence de ce bijou et de cet argent ne reposait que sur le témoignage de Prina, autrement dit sur rien, puisque personne ne pouvait le confirmer.

Mais surtout, ce qui fut fatal à l'ébéniste, ce fut le rapport des techniciens de la police : ils n'avaient pas relevé dans l'appartement d'autres empreintes que celles d'Assunta Prina et de son fils. Cela, ajouté à un faisceau de présomptions déjà accablant, scella le destin de Gennaro.

On l'arrêta dans la matinée du lundi 16 septembre, dix jours après le drame.

Au commissariat, Claudio Centurini n'avait pas coutume d'interdire sa porte. Aussi, l'après-midi de ce même 16 septembre, vit-il débouler dans son bureau un Sambatelli en proie à la plus vive agitation. Après une seconde d'hésitation, l'inspecteur se résigna à le recevoir. Désormais, Prina se trouvait entre les mains de la justice et son sort ne dépendait plus de lui, mais on ne savait jamais. Peut-être Sambatelli avait-il des informations à lui communiquer ? Le policier avait accompli son devoir : étant donné les circonstances, il n'aurait pas pu ne pas procéder à l'arrestation de son unique suspect. Pourtant, cette affaire lui semblait trop limpide pour être vraie.

Ayant pris place dans un fauteuil, le géant roux le remercia de lui accorder cette entrevue puis, les règles de la bienséance étant respectées, il attaqua de front :

– Vous allez bientôt me le relâcher, j'espère ?

– Ce n'est pas de mon ressort, monsieur Sambatelli. Il appartiendra au juge d'en décider.

– Mais ce pauvre Gennaro est innocent ! Il ne ferait pas de mal à une mouche...

– Monsieur Sambatelli, expliqua patiemment le policier, je n'ai pas à entretenir de conviction personnelle, mais à établir des faits. Et les faits sont là, malheureusement pour votre ami. Quant à apporter la preuve de la culpabilité, cela incombe à la justice, et non pas à la police. Nous sommes en Italie, ici, pas chez les Anglo-Saxons... Maintenant, si vous avez quelque chose à déclarer, je vous écoute volontiers.

– Je voudrais aider Gennaro. Par exemple, la question du mobile ne tient pas. Pourquoi Gennaro aurait-il assassiné sa mère ? D'une part, il lui était très attaché ; et d'autre part, si, pour une raison extraordinaire, il avait souhaité sa mort, eh bien, disons crûment qu'elle était âgée et en assez mauvaise santé. Il n'avait qu'à patienter.

– C'est exact. Seulement, la situation financière de Prina était précaire. Il pouvait avoir besoin d'argent, très vite, sans attendre.

– Mais elle n'avait pas un sou ! Et, même en mettant les choses au pire, il ne l'aurait pas tuée pour un simple collier de grenats ! D'ailleurs, elle le lui aurait donné, ce collier, s'il le lui avait demandé. Assunta adorait son fils, elle n'aurait jamais refusé de lui rendre service. Ils étaient très proches.

– A propos, connaissez-vous le reste de la famille ?

– L'ex-femme de Gennaro, à peine. Quant à ses quatre enfants, ils ne venaient jamais dans l'immeuble. C'était Gennaro qui allait les voir chez eux, en banlieue. Ils se contentaient de lui soutirer de l'argent.

Donc, raison de plus pour qu'ils ignorent le fameux code, songea le policier. On en revenait toujours là... En silence, il scruta Cesare Sambatelli.

– Assunta Prina et son fils recevaient-ils des amis ? interrogea-t-il enfin. Même rarement ?

– Je ne crois pas. De temps en temps, ils m'invitaient à monter boire un café chez eux, le samedi après le déjeuner. C'était tout.

En effet, c'était ce qu'avait répondu Prina. Pauvre Prina, qui ne se rendait pas compte que le policier essayait de l'aider... Car Centurini avait envisagé diverses hypothèses : Prina donnant le code à un médecin, un ami, un livreur, un démarcheur – n'importe qui, du moment que quelqu'un d'autre que lui ou sa mère pouvait connaître la combinaison. A partir de là, tout devenait possible : pour une raison quelconque, cette tierce personne indiquait les chiffres à quelqu'un d'autre, qui à son tour... Si Prina ou sa mère avaient révélé leur code ne fût-ce qu'à une seule personne, il suffisait que celle-ci le répète à autrui, et la liste des suspects potentiels s'allongeait à l'infini.

Mais non. Quatre fois le policier lui avait posé la question, et quatre fois Prina avait rétorqué : « Oh non, inspecteur. Seuls ma mère et moi connaissions la combinaison. C'était un secret. »

Centurini avait tenté l'impossible pour empêcher Prina de se nouer lui-même la corde autour du cou. Il était même retourné à l'appartement avec Aldo

Valente, son adjoint, pour voir si, en frappant très fort sur la porte, on risquait d'être entendu. Après tout, quelqu'un, dans le couloir ou dans la cage d'escalier, aurait pu surprendre le nombre de coups habituellement frappés par Prina... Pourtant, l'expérience n'avait pas abouti. Les Prina étaient les seuls occupants du dernier étage et, depuis l'escalier, on n'entendait rien.

Alors, de deux choses l'une. Ou Prina avait tué sa mère, pour un motif non encore élucidé, et, stupidement, il ne voyait pas que la question du code, jointe à l'absence d'alibi, l'accusait. Ou bien il était innocent – ce qui ne résolvait pas l'énigme du code –, tellement innocent qu'il n'avait menti sur aucun point. Auquel cas cette affaire défiait la logique.

Centurini s'apprêtait à mettre un terme à cette conversation qui, finalement, ne lui avait rien appris, lorsque Sambatelli, dont les pensées avaient dû rejoindre les siennes, remarqua :

– Inspecteur, Gennaro n'est pas idiot. S'il avait assassiné sa mère, il raconterait partout qu'il a donné ce satané code à la moitié de Rome.

Le cabinet de Paolina Bossodi se situait sur l'autre rive du Tibre, près de la piazza Cavour, dans un immeuble de la fin du XIXe siècle qui respirait la paix, l'ordre, la tranquillité bourgeoise – tout le contraire de l'effervescence du quartier du Panthéon. Une Lancia dernier cri freina brutalement pour se garer en double file devant la haute porte cochère. Le conducteur – un grand barbu roux à la carrure impressionnante – en jaillit et, insensible aux protestations des autres automobilistes, s'engouffra dans le hall.

Un mois après le début de l'instruction, Cesare Sambatelli s'était adressé à l'avocate pour qu'elle assure la défense de Gennaro Prina. Jusqu'alors, le prévenu, qui n'avait pas les moyens de s'offrir mieux, avait bénéficié de l'assistance judiciaire sous la forme d'un jeune avocat commis d'office que Sambatelli avait aussitôt jugé incompétent. Résolu à remuer ciel et terre pour faire libérer son employé et ami, le dynamique Cesare s'était renseigné auprès de certains de ses clients pour qu'on lui indique le meilleur pénaliste possible. Différents noms avaient été mentionnés, dont, à plusieurs reprises, celui de Paolina Bossodi. Assez réticent à l'idée de confier une telle mission à une simple femme, il avait changé d'avis quand, dès leur premier rendez-vous, elle avait repris point par point les éléments de l'affaire en mettant en lumière ce qui condamnait Prina et ce qui, le cas échéant, pourrait le sauver. Il espérait simplement que le résultat se révélerait à la hauteur de ses honoraires. C'était lui qui assumait les frais, et Prina n'avait pas eu son mot à dire.

En la revoyant pour la troisième fois, trônant derrière son bureau de verre fumé, il songea que cette grande femme maigre et sèche, à la cinquantaine austère, ne lui était pas sympathique. Mais peu importait. Après tout, le véritable meurtrier d'Assunta n'était peut-être pas antipathique, à première vue. Car Cesare ne doutait toujours pas de l'innocence de son protégé.

– Si je vous ai demandé de venir, commença l'avocate, c'est que les nouvelles ne sont pas bonnes.

– Ne me dites pas que Gennaro a fini par avouer un crime qu'il n'a pas commis !

– Non, de ce côté-là, rien à craindre : il continue à

clamer son innocence. Le problème, aujourd'hui, vient de son ex-femme. Elle va être citée par l'accusation. A charge, bien entendu. Elle déclare que Prina la battait et que c'est pour cette raison qu'elle a obtenu le divorce, avec la garde des quatre enfants.

– Elle ment. Jamais ce pauvre Gennaro...

– Elle ne ment pas, hélas, rétorqua l'avocate. Elle a apporté toute une batterie d'expertises médicales. Trois médecins corroborent ses affirmations. Et elle va essayer de se venger de son ex-mari en le présentant comme une brute, un être irascible.

– Enfin, vous l'avez vu, il est tout fluet...

– Oui, mais il reste assez fort pour frapper une femme.

– Admettons... Quel rapport avec notre procès ?

– L'image de l'accusé. Il sera facile, pour l'accusation, de démontrer qu'un homme qui frappait son épouse peut très bien avoir tué sa propre mère dans un accès de colère. Ils n'ont pas de mobile, pas de preuve, mais ça, c'est très mauvais. Cela peut tenir lieu de mobile, précisément.

Comme l'avait prévu l'avocate, le témoignage de l'ex-femme de l'accusé pesa lourd dans la balance de la justice. Inculpé du meurtre de sa mère, sans préméditation, Gennaro Prina se vit condamné le 12 février 1987 à onze ans d'emprisonnement, quinze mois après son arrestation. Sans attendre, Paolina Bossodi interjeta appel et cette fois eut gain de cause. Le 11 janvier 1988, la cour d'appel, considérant que la culpabilité de Prina n'était pas établie de manière satisfaisante, décida de sa remise en liberté. L'ouvrier ébéniste avait purgé vingt-huit mois de prison.

Relâché, Prina retrouva le chemin de l'atelier. Incapable de retourner vivre dans l'appartement du drame, il emménagea dans un immeuble du voisinage et, peu à peu, reprit son existence routinière. Ses relations avec ses enfants s'étaient distendues, ceux-ci ayant choisi le camp de leur mère lors du procès.

Depuis cette date, Cesare Sambatelli avait plusieurs fois croisé l'inspecteur Centurini en allant acheter son journal sur le Corso. N'étant plus tenu par le secret de l'enquête, le policier lui dit un jour :

– Qu'on ait innocenté Prina, c'est bien. Mais, pour un crime aussi mystérieux, le principal suspect – en l'occurrence, l'unique suspect – n'est jamais tout à fait « innocent » aux yeux des gens tant qu'on n'a pas identifié le vrai coupable.

– Sans arme du crime, sans indices, sans empreintes, sans témoins, ce genre d'affaire ne doit pas être évident.

– Et ne parlons pas de ce maudit code...

Depuis deux ans et demi, le policier cherchait en vain une explication rationnelle.

Au mois de juin 1988, se produisit dans le nord de Rome un fait divers a priori sans rapport avec la mort d'Assunta Prina. Deux jeunes gens d'une vingtaine d'années, Gianni Veniero et Carlo Sirelli, avaient commis un viol en menaçant leur victime avec un couteau, et celle-ci les avait dénoncés. Arrêtés et inculpés d'abus sexuel avec violence, ils furent condamnés à trois ans de détention.

En prison, Sirelli, sans doute désireux de jouer les héros devant les autres, fit allusion à un meurtre qu'il aurait perpétré avec la complicité de Veniero.

La date, les détails correspondaient à ce que la presse nommait le « mystère Prina ». L'un des compagnons de cellule de Carlo Sirelli ayant alerté les autorités, la rumeur ne tarda pas à parvenir aux oreilles de l'inspecteur Centurini. Le policier se hâta d'interroger Sirelli, lequel, avec non moins de hâte, nia toute participation au crime.

Depuis près de trois ans qu'il s'employait à élucider cette énigme, Centurini avait une certitude : l'explication logique existait forcément.

Et d'abord, pouvait-on imaginer un lien entre Prina et Sirelli ?

Quand il pénétra dans le magasin de Sambatelli, le premier réflexe de Gennaro Prina, en apercevant le policier, fut de sursauter et de se figer, terrifié, paralysé, comme si le cauchemar allait recommencer. Il fallut que Cesare lui assure qu'il ne risquait rien, que l'inspecteur n'était pas revenu l'arrêter, pour que le petit homme aux cheveux gris consente à suivre Centurini dans l'arrière-boutique, où les autres employés les laissèrent seuls.

– Je suis là juste pour vous demander un renseignement, précisa d'emblée l'inspecteur. Ces deux noms vous disent-ils quelque chose : Gianni Veniero et Carlo Sirelli ?

– Attendez... Oui, je me souviens. Mais c'était il y a longtemps, bien avant la mort de ma mère.

– Vous pouvez me raconter ?

– C'étaient des camarades de faculté de l'un de mes fils. Ils étaient au chômage. Mon fils pensait que je pourrais les aider à trouver un emploi ; à cette époque-là, Cesare recrutait des apprentis. Mon fils, Sandro, m'a parlé d'eux plusieurs fois, c'est comme ça que je me rappelle leur nom. Pour finir, j'ai accepté de les rencontrer. Nous avons pris un verre dans un café, avec Sandro... Pourquoi ? Ils ont fait quelque chose de mal ?

– Peu importe. Continuez.

– Il ne s'est rien passé de particulier. Je leur ai expliqué le métier d'ébéniste dans ses grandes lignes, j'ai parlé du salaire... Mon fils nous a quittés, il avait un rendez-vous ailleurs. Je suis resté avec eux à parler du magasin. Ils étaient gentils. On a plaisanté, on a bu du whisky ; trop, sans doute. Et puis ils m'ont dit que l'ébénisterie, c'était un travail trop manuel pour eux. Ils m'ont remercié et ils sont partis. Je ne les ai jamais revus. Sandro les a perdus de vue, lui aussi.

– Réfléchissez, c'est capital... Leur avez-vous donné la combinaison du code ?

– Oh, Seigneur, non ! Pourquoi aurais-je fait une chose pareille ?

Retour à la case départ, songea le policier. Et pourtant, non. C'était impossible. D'une manière ou d'une autre, Prina avait indiqué le code aux deux jeunes gens. Fatalement.

Ce n'était qu'une hypothèse, mais Centurini s'y accrocha comme à une vérité indiscutable. Lorsqu'il alla questionner Gianni Veniero dans sa prison, l'inspecteur n'essaya pas de le ménager. Après avoir dressé un bilan détaillé des soupçons qui pesaient sur lui et son camarade, il conclut sur l'indulgence probable du tribunal en cas d'aveux spontanés :

– Hormis le viol pour lequel on vous a condamnés voici quelques mois, vos casiers judiciaires sont vierges. Vous êtes jeunes, tous les deux, et au chômage. Si vos avocats réussissent à démontrer que vous n'avez pas prémédité le meurtre de Mme Prina, les jurés ne s'acharneront pas sur vous... Que s'est-il passé ? Vous étiez sous l'emprise de la drogue ?

– Mais non ! se récria Veniero. D'ailleurs, ni Carlo ni moi ne sommes jamais allés chez cette Mme Prina. Vous n'avez aucune preuve contre nous.

L'inspecteur prit une inspiration et lâcha sur le ton de l'évidence :

– Oh, si... Le code, pour frapper à la porte. Gennaro Prina m'a tout raconté.

Veniero le fixa droit dans les yeux, sembla peser le pour et le contre, puis s'enquit :

– Pourquoi maintenant ? Je veux dire : pourquoi a-t-il attendu si longtemps pour en parler à la police ?

Centurini hésita. S'il répondait, il risquait de tout gâcher. Et il y avait trois ans qu'il guettait ce moment.

– Les motivations de Gennaro Prina ne regardent que la police, dit-il enfin. Ce que je veux, c'est votre version des événements. Allez-y. Vous avez pris un verre avec lui, et il vous a indiqué son code... Je vous écoute.

– Mais son code, il a dû le donner à des dizaines de gens ! Ça ne prouve rien !

– Malheureusement, si. Il ne l'a donné qu'à vous.

L'inspecteur bluffait, tout en se sachant sur la bonne voie.

Après un nouveau silence méditatif, Veniero se résigna à expliquer :

– Au deuxième whisky, Prina était ivre. Il n'avait pas l'habitude de boire, il ne tenait pas l'alcool. Après le départ de son fils, on a continué à bavarder avec lui. A un moment, on a parlé des codes électroniques, dans les immeubles modernes, et Gianni a dit que le sien s'écrivait 312 et que c'était simple à retenir. Alors Prina a remarqué : « C'est drôle, comme coïncidence. Trois, un, deux, c'est le nombre de coups que je dois frapper pour que ma mère m'ouvre la porte. » C'est tout. Après, on a discuté d'autre chose.

Centurini réprima un sursaut. Il voyait se dessiner la vérité sous ses yeux. Sous l'effet de l'alcool, Prina en avait trop dit – et puis il avait oublié.

– Pour ne rien avoir prémédité, on n'a rien prémédité, poursuivit Veniero. Cette histoire nous était complètement sortie de la tête, jusqu'au jour où on a eu besoin d'argent. On a repensé à Prina : on était au courant de tout, l'adresse, les horaires de travail... et le code. Gianni s'en souvenait par cœur, puisque c'était le même que le sien. Alors on a décidé de tenter notre chance. On est venus un matin, avec un sac de sport et un gros barreau de chaise. On ne voulait pas faire de mal à la vieille dame, juste l'intimider.

– Vous voulez dire que vous avez « choisi » votre victime uniquement parce que vous connaissiez le code ? releva Centurini.

– Oui... On se doutait bien qu'elle ne roulait pas sur l'or. Mais c'était toujours bon à prendre, et puis on ne risquait rien : à son âge, elle ne pouvait pas se défendre. Et, plus tard, elle ne pourrait pas dire nos noms à la police, puisqu'elle ne nous avait jamais rencontrés... Non, on ne voulait pas la tuer... Seulement, quand elle nous a ouvert, elle a eu peur et s'est mise à crier. On lui a ordonné de se taire mais elle a continué de plus belle... Alors on a frappé, Gianni et moi. Tous les deux. Avec le barreau de chaise... Quand on a vu qu'elle ne respirait plus, on a fouillé l'appartement, et on n'a trouvé qu'un collier sans intérêt et un peu d'argent. On est repartis très vite.

Pour une somme dérisoire, Assunta Prina avait été assassinée d'une façon atroce. Et pour s'être confié à des inconnus, Gennaro Prina avait causé la mort de sa mère.

Confronté aux déclarations de Veniero, Carlo Sirelli renonça à nier. La cour, estimant que les deux complices portaient une part égale de responsabilité, mais sans préméditation et avec circonstances atténuantes, les condamna à une peine de quatorze ans de réclusion, le 25 mai 1989.

Quelques jours plus tard, deux passants s'arrêtèrent devant le kiosque à journaux du Corso, à la hauteur de l'église San Marcello. Le premier, un géant roux, fulminait contre le second, un petit homme aux cheveux gris :

– Quand je pense au mal qu'on s'est donné, l'avocate et moi ! Sans compter Centurini, qui ne demandait qu'à croire à ton innocence et qui a tout fait pour qu'éclate la vérité... Tu ne pouvais pas lui parler de ces deux types, non ?

– Mais non, pourquoi ? Je les avais oubliés.

– Enfin, tu... tu as failli faire échouer l'enquête ! Et tu aurais pu rester des années... là-bas.

– J'étais innocent, répliqua le petit homme. C'était tout ce que je savais.

Isabelle di Natale

La Poudre aux yeux

L'agent spécial Paul Willard entrait pour la première fois dans l'enceinte silencieuse de la bibliothèque du Congrès à Washington. Arrivé la veille de Salt Lake City, il n'était pas venu dans la plus grande bibliothèque du monde pour consulter un ouvrage rare. Sa visite n'avait aucun lien avec la lecture. Il souhaitait seulement examiner de près un document en rapport avec une affaire criminelle des plus déconcertantes.

Après qu'il eut donné son nom à l'accueil et rempli une petite fiche, il fut rejoint par un conservateur qui se présenta et l'invita à le suivre. Une épaisse moquette étouffait le bruit de leurs pas et c'est dans un parfait silence qu'ils empruntèrent un long couloir. Le conservateur avançait si lentement que Willard, refoulant son impatience, devait contrôler le mouvement de ses muscles pour suivre le rythme. Plus que tout, il craignait d'apparaître comme une brute policière égarée sous les plafonds solennels d'un temple de la culture. Enfin, les deux hommes parvinrent à une salle peu éclairée, aux murs tendus d'un tissu sombre, où étaient disposées plusieurs tables pourvues d'une vitrine en verre épais et d'un éclairage latéral. Le conservateur se dirigea vers une encoignure, coupa l'alarme au moyen d'une clé spéciale et ouvrit l'une des vitrines. Un seul objet, accompagné d'une longue notice explicative, y était présenté.

– Vous avez là le plus ancien document imprimé de l'histoire des Etats-Unis d'Amérique, indiqua le conservateur. On l'appelle *Le Serment du citoyen.* Au XVIIe siècle, chaque immigrant devait prononcer ce serment à son arrivée. Pièce exceptionnelle... C'est le seul exemplaire qui ait été conservé jusqu'à aujourd'hui.

Willard se pencha sur la petite feuille de papier jauni.

– Je suppose qu'il vaut une fortune?

– 1,5 million de dollars.

– C'est une somme. Son authenticité est établie?

L'agent spécial sentit que sa question provoquait chez son accompagnateur des pensées qui lui étaient peu favorables.

– Il a été expertisé par les meilleurs spécialistes, fit son interlocuteur avec une réserve d'homme bien élevé.

Willard considéra encore un instant le précieux papier, remercia le conservateur de son obligeance et se laissa reconduire jusqu'à la sortie.

Tandis que le policier descendait les marches du bâtiment, un vague sourire s'esquissait sur ses lèvres. Tout ceci, pensait-il, aurait pu être comique si deux personnes n'avaient perdu la vie dans des circonstances atroces.

L'affaire avait commencé six mois plus tôt dans la tranquille capitale de l'Utah, Salt Lake City.

Le 15 octobre 1985, Robert Peroni était arrivé comme chaque matin à 6 h 40 au Fairway Building où se trouvaient les bureaux de la grande bijouterie qu'il dirigeait avec son père. Celui-ci se présentait généralement à la même heure. Au lieu de monter directement, comme il le faisait d'habitude, Robert Peroni décida d'attendre son père dans le hall. Quelques minutes plus tard, un homme d'aspect ordinaire pénétra dans l'entrée et appela l'ascenseur. Une vingtaine de seconde s'écoulèrent, puis Gianfranco Peroni parut, salua son fils, et les trois hommes entrèrent dans l'ascenseur dont les portes venaient de s'ouvrir.

Robert Peroni remarqua que l'inconnu portait un paquet au nom de Steve S. Dansen. Ce qui était bizarre, c'est que l'homme avait appuyé sur le bouton du cinquième étage alors que le bureau de Dansen se trouvait au sixième. Mais sur le moment il n'y prêta pas attention.

A 8 h 10, Steve Dansen, en arrivant à son bureau, avait ramassé le paquet laissé à son intention devant sa porte. Quelques secondes plus tard, une violente explosion secouait le building. Le bureau de Steve Dansen venait d'être dévasté par une bombe qui avait projeté dans toute la pièce de nombreux morceaux de métal et le destinataire gisait, la poitrine déchiquetée, dans une mare de sang.

L'immeuble fut rapidement isolé par la police et les trois cents personnes qui y travaillaient au moment de l'attentat furent toutes interrogées, mais, au terme de ce long et fastidieux travail, on ne pouvait retenir que deux témoignages.

Tout d'abord, celui de Robert Peroni. Il put donner une description de l'homme qui portait le paquet destiné à Dansen :

– Il paraissait âgé de trente ou trente-cinq ans... mesurait environ un mètre soixante-douze... corpulence un peu supérieure à la moyenne... je pense qu'il devait peser dans les 80 kilos... Cheveux châtain foncé, soigneusement peignés... il avait aussi une barbe de quelques jours... peut-être une fine moustache mais je n'en suis pas sûr. Il portait un blouson de sport... un de ces vêtements de lycéens, avec une lettre dans le dos et des manches marron.

Le second témoin s'appelait Maggie Stone. Elle travaillait dans un bureau situé juste en face de celui de Dansen. Quand elle était arrivée ce matin-là, à 6 h 50, elle avait remarqué en sortant de l'ascenseur un homme qui se tenait au bout du couloir. Elle ne l'avait encore jamais vu et il n'avait pas l'air d'être un agent de nettoyage.

– Il était surprenant de découvrir un inconnu à cet endroit à une heure aussi matinale. Cela m'a inquiétée. En approchant de la porte de mon bureau, j'ai remarqué une boîte en carton devant la porte de Dansen. Cela aussi était anormal. Si le paquet avait été déposé la veille au soir, les femmes de ménage l'auraient rangé à l'intérieur du bureau en procédant au nettoyage. Il avait donc été apporté ce matin très tôt. Dansen et moi, nous nous rendions souvent service mutuellement. Quand l'un de nous deux s'absentait, l'autre se chargeait de recevoir les paquets, c'est pourquoi mon premier mouvement a été de me pencher pour prendre la boîte, mais j'ai vu que le colis lui était adressé, qu'il s'agissait de quelque chose de personnel. Il n'y avait ni timbre, ni tampon de la poste, ni étiquette d'expédition. Seulement les mots « A l'intention de Steve Dansen », tracés au marqueur noir. En voyant cela, j'ai changé d'avis et je me suis redressée. Pendant ce mouvement, j'ai relevé la tête et j'ai vu que l'inconnu fixait sur moi un regard intense. Je suis vite entrée dans mon bureau et j'ai fermé la porte à double tour.

– Pouvez-vous décrire cet homme ?

– Je ne l'ai aperçu que fugitivement et d'assez loin... Il m'a semblé qu'il avait de petits yeux et des joues pleines. C'est tout ce que j'ai remarqué.

– Que s'est-il passé ensuite ?

– Un peu après 8 heures, je m'apprêtais à sortir quand il y a eu une terrible explosion. Une partie du mur s'est effondrée. Je me suis retrouvée sur le sol, recouverte par les panneaux du plafond. Je ne comprenais pas ce qui arrivait. De l'autre côté du mur je percevais une plainte, un gémissement, comme celui d'un enfant qui pleure. Après m'être dégagée, je suis sortie dans le couloir et j'ai trouvé Dansen sur le sol, en sang. Il avait une profonde blessure à la poitrine et une autre à la tête. Il est mort quelques minutes plus tard.

– A-t-il dit quelque chose ?

– Non, il était déjà inconscient.

Cela faisait vingt-cinq ans que Salt Lake City n'avait pas connu d'attentat à la bombe. Les enquêteurs appliquèrent les consignes prescrites par les manuels de l'école de police. Ils procédèrent à un relevé minutieux des lieux de l'attentat et se mirent à la recherche de tous les fragments décelables de l'engin explosif. Ils en étaient encore au travail préliminaire lorsqu'une deuxième explosion se produisit dans la ville.

Une jeune femme du nom de Mary West, qui rentrait chez elle vers 9 h 30 après une promenade matinale, avait découvert devant la porte de son garage un paquet adressé à son mari. Elle l'avait placé sous son bras et quelques secondes plus tard il avait explosé, provoquant l'effondrement du toit du garage et tuant la jeune femme sur le coup. Comme la maison était située à l'écart, dans un quartier où les habitations étaient espacées, le drame ne fut découvert que deux heures plus tard.

La police considéra comme hautement improbable que deux attentats à la bombe se soient produits presque en même temps à Salt Lake City sans qu'il y ait un lien entre eux. Dès lors, le chef de la police pensa qu'il valait mieux faire appel à quelqu'un d'expérimenté dans ce genre d'affaires, un spécialiste du terrorisme, et l'agent spécial Paul Willard fut sollicité pour diriger l'enquête.

Dès qu'il fut sur place, il entreprit de comparer les débris des engins recueillis après les explosions. On pouvait en déduire que dans les deux cas il s'agissait d'une bombe artisanale confectionnée au moyen d'un tuyau rempli de poudre noire dite « sans fumée ». La mise à feu se faisait au moyen d'un commutateur au mercure alimenté par des piles. Mais seule la bombe qui avait tué Dansen comportait des morceaux de ferraille fixés avec un ruban adhésif autour du tuyau sur plusieurs couches.

– Ces bombes, conclut Willard lors d'une réunion de travail, ont été confectionnées par le même homme. Les composants sont identiques. Mais ce n'est pas un tueur professionnel. Chaque fois que j'ai enquêté sur un attentat en relation avec le crime organisé, l'engin était composé d'un faisceau de cinq ou six bâtons de dynamite... La dynamite est un explosif plus puissant et plus sûr que la poudre noire.

Ce n'était pas du tout l'avis du shérif Peter Stefanson pour qui le sang-froid du criminel et l'efficacité de ses bombes indiquaient qu'on avait affaire à un professionnel. Le deuxième meurtre fournissait d'ailleurs une piste qui allait dans ce sens.

Il paraissait évident que ce n'était pas Mary qui avait été visée mais bien son époux, Gregory West. Or cet homme dirigeait une société d'investissement qui connaissait depuis quelques mois de graves difficultés. Elle avait perdu plusieurs millions de dollars dans des spéculations hasardeuses sur les places asiatiques et certains clients, que l'on soupçonnait d'être en relation avec le crime organisé, y avaient laissé beaucoup de plumes.

Willard était d'accord avec le shérif sur un point : il fallait s'intéresser à la société d'investissement. On avait très vite découvert que Steve Dansen en avait été le vice-président jusqu'à une période récente. Il se pouvait que quelqu'un qui avait perdu de grosses sommes dans de mauvaises opérations en ait tenu Dansen et West pour responsables.

Les autres enquêteurs partageaient cette analyse et toute l'équipe était sur le point de se lancer sur cette piste quand survint une troisième explosion qui changea les données du problème.

Il était environ 14 heures, le 16 octobre, quand une bombe explosa dans la voiture de sport de Mike Hartmann, historien et spécialiste bien connu des documents anciens. Mais, cette fois, l'engin ne fit que blesser sa victime.

Sur son lit d'hôpital, Hartmann déclara au policier venu l'entendre, un jeune inspecteur du nom de Harry Maddox, qu'il venait d'entrer dans sa voiture quand quelque chose était tombé du siège. Une explosion l'avait aussitôt projeté sur la chaussée, au milieu de la rue. Il souffrait d'une blessure à la poitrine et de multiples contusions.

Le lendemain, Maddox retourna à l'hôpital et recueillit d'autres renseignements :

– Ces derniers jours, j'ai eu l'impression d'être suivi par un pick-up marron dont l'aile avant droite était endommagée. Je n'ai pas relevé le numéro d'immatriculation mais je me souviens qu'il comportait un « S », un « U » et deux « 3 ».

Ces déclarations ne manquèrent pas d'alerter les enquêteurs. Il apparaissait en effet que, d'après le fichier informatisé des immatriculations, aucun pick-up marron ne correspondait aux lettres et aux chiffres indiqués. D'autre part, l'examen de la voiture établissait que l'engin avait explosé sur le tableau de bord et non pas près du siège.

De ce fait, Hartmann passait du statut de victime à celui de suspect numéro un. Willard obtint un mandat de perquisition de son domicile et de sa voiture.

Dans le véhicule, les policiers trouvèrent des fragments de papyrus, quelques autres documents historiques et un billet d'avion pour New York. Le coffre contenait du papier d'emballage, des gants en caoutchouc, un marqueur noir et un morceau de tuyau.

Une autre équipe, plus nombreuse, passa l'appartement du suspect au peigne fin dans l'espoir de trouver la preuve qu'il avait confectionné des bombes. Il n'y avait rien de tel, mais ils découvrirent dans un placard un blouson de sport avec un grand G dans le dos. Ce genre de vêtement étant répandu, il ne constituait pas un indice à proprement parler mais, s'ajoutant à d'autres éléments, il pouvait être utile aux policiers.

Le 18 octobre au matin, Maddox se présenta à nouveau dans la chambre de Mike Hartmann. Cette fois, il commença par lui dire que ses déclarations pourraient être retenues contre lui et il poursuivit par cette tranquille affirmation :

– Nous avons bon espoir d'établir que c'est vous qui avez tué Steve Dansen et Mary West.

Puis il ajouta, sur le ton de la confidence :

– Nous avons trouvé chez vous le blouson avec une lettre dans le dos...

Les appareils médicaux qui suivaient l'état du blessé se mirent aussitôt à donner des signes alarmants. Les deux médecins qui assistaient à l'entretien intervinrent en priant l'inspecteur de quitter immédiatement la chambre et de ne plus revenir à l'hôpital.

Ce fut le dernier entretien que la police put avoir avec Hartmann. Mais il restait d'autres moyens de faire progresser l'enquête.

Maddox présenta à Robert Peroni les photos de huit hommes. Le bijoutier les examina lentement une par une, essayant devant chaque portrait de solliciter sa mémoire. Devant l'une d'elles, son regard se fit plus attentif et il la tendit au policier. C'était celle de Hartmann.

Le même jeu de photos fut présenté à Maggie Stone, mais elle ne reconnut personne.

Il existait un doute au sujet du blouson. Peroni avait parlé de « manches marron », or celui de Hartmann avait des manches grises. Mais quand on le plaça dans le demi-jour de l'entrée de l'immeuble vers 6 h 45, les manches prirent une teinte marron.

La police découvrit également un témoin, une femme qui connaissait le suspect et se rappelait l'avoir aperçu dans le centre-ville le jour des premières explosions. Il portait un blouson avec une lettre dans le dos.

Pour l'attentat qui avait coûté la vie à Mary West, un garçon de onze ans, domicilié dans le voisinage, avait fourni une information intéressante. La veille, au retour d'une soirée passée chez un camarade, il avait aperçu devant la maison des West un minivan de couleur mordorée qui s'était engagé dans l'allée conduisant au garage, avait fait demi-tour et était reparti.

Or, Hartmann possédait un véhicule de ce type et de cette couleur, et d'autres témoins l'avaient vu ce même jour au volant de son minivan.

– Nous savons que c'est lui, déclara Paul Willard lors d'une réunion de travail des enquêteurs, mais ce que nous ne comprenons pas, c'est le mobile de ces deux homicides. Gregory West nous a affirmé qu'il n'avait jamais entendu parler de Hartmann auparavant. D'ailleurs, celui-ci n'a aucune relation ni avec la société d'investissement ni avec la famille de West.

– En revanche, il en avait avec la première victime, intervint Maddox. Steve Dansen était un passionné de documents historiques, il s'intéressait beaucoup à l'histoire des Mormons. Récemment, Hartmann lui avait vendu une lettre du XIXe siècle pour la somme de 40 000 dollars. J'ai interrogé les associés de Dansen. Il semblerait que Hartmann ait été en pourparlers avec lui au sujet d'un lot de documents mormons qu'il désirait vendre pour la somme de 185 000 dollars. La livraison devait être effectuée le 15 octobre, le jour même de la mort de Dansen.

– Il y a peut-être eu un différend à propos de cette vente, mais pourquoi aller jusqu'au meurtre? demanda Willard.

– Il est peu probable que Dansen ait joué un mauvais tour à Hartmann. C'était un homme très religieux. Dans sa congrégation, tout le monde l'admirait pour sa droiture et sa générosité. Mais, d'un autre côté, Hartmann est lui aussi un Mormon pratiquant. Comme Dansen, il a quatre enfants et il bénéficie de l'estime générale aussi bien pour sa vie privée que pour sa réputation professionnelle. Chaque fois que l'on évoque sa culpabilité, on s'attire une réaction incrédule, et même hostile.

– A mon avis, reprit Willard, c'est du côté des documents historiques qu'il faut chercher. Il en fait commerce depuis plusieurs années, des sommes importantes sont en jeu, cela a pu entraîner des conflits d'intérêts.

– Par quoi commence-t-on ? demanda un inspecteur.

– Nous allons demander un mandat pour effectuer une seconde perquisition au domicile de Hartmann, répondit Willard.

Il l'obtint sans difficulté. Cette fois, les enquêteurs s'intéressèrent à la bibliothèque, aux documents, aux papiers personnels et aux carnets utilisés par Hartmann dans son négoce.

Dans le bureau, les rayonnages de la bibliothèque couvraient tout un mur et contenaient de nombreux ouvrages d'histoire, mais aussi des livres sur la chimie des encres, sur les papiers et sur les techniques d'impression. Un titre retint l'attention des enquêteurs : *Les Grands Faussaires et les faux célèbres.* Les policiers apprirent plus tard qu'il s'agissait d'un « classique » que possédaient tous ceux qui s'occupaient, en tant que professionnel ou collectionneur, de documents anciens.

Plusieurs cartons furent remplis de papiers et mis sous scellés. Ils permirent aux enquêteurs d'établir la liste des documents vendus par le suspect et de retrouver leur origine.

Dans une boîte-archives appartenant à Hartmann, on trouva une enveloppe en papier kraft qui portait le tampon d'un atelier de gravure et une inscription manuscrite : Alfred Haley.

Qui était cet homme ?

Il n'était pas difficile de se rendre à la boutique du graveur pour lui poser la question. Les policiers apprirent ainsi que ce client avait commandé et pris livraison d'une plaque d'impression.

– De quoi s'agissait-il ?

– Aucun souvenir. Mais nous prenons une photo de chaque document avant de graver la plaque, c'est une règle dans la profession. Les clichés ne sont pas classés mais si vous voulez les regarder, l'un d'eux vous dira peut-être quelque chose.

Au terme de plusieurs heures d'une recherche accablante d'ennui, l'un des inspecteurs trouva le négatif d'un très ancien billet à ordre, en blanc. Or il se souvenait que, d'après les pièces saisies, Hartmann avait négocié des billets identiques, attribués à un pionnier nommé Bridger. Il en avait vendu *seize* au prix de 5 000 dollars l'unité, alors que, jusque-là, on ne connaissait que *deux* billets de Bridger.

Le cliché exhumé par l'inspecteur fournissait la preuve que Hartmann avait vendu comme des documents d'époque des billets à ordre imprimés en 1985 et portant une imitation de la signature de Bridger.

Une recherche systématique fut entreprise chez les graveurs de l'Utah. Toutes les factures au nom de

Haley furent saisies. L'une d'elles portait une empreinte de Hartmann.

Dans le même temps, d'autres policiers – qui recherchaient l'origine des piles et du commutateur au mercure utilisés dans les bombes – retrouvèrent dans un magasin proche du domicile de Hartmann la facture, établie au nom de Haley, de la vente d'un commutateur et deux boîtes de piles. L'adresse de l'acheteur correspondait à un terrain vague. Dans un autre magasin, une seconde facture attestait la vente d'un commutateur à « Haley ». Là encore, l'adresse donnée était celle d'un terrain vague.

– Nous avançons, déclara Willard à ses collaborateurs, mais nous ne savons toujours pas pourquoi il a tué Dansen et Mary West. Il est probable qu'il a placé une bombe chez West pour orienter l'enquête sur une fausse piste, la vengeance d'un épargnant lésé, et laisser dans l'ombre ses propres affaires avec Steve Dansen. Sans l'explosion accidentelle de la troisième bombe, il aurait sans doute réussi. Il reste à savoir pourquoi Hartmann en est venu à tuer Dansen. Celui-ci avait-il découvert que les documents qu'il lui avait vendus étaient des faux ?

A mesure que l'enquête progressait, les policiers voyaient s'ouvrir devant eux un univers nouveau, celui de la production de faux documents. Pour Hartmann, cela n'avait pas été une activité occasionnelle ou marginale mais un art auquel il semblait avoir consacré sa vie.

De nombreux exemples en apportaient la preuve. Pour 90 000 dollars, il avait vendu à un dentiste une édition originale de *L'Appel de la forêt* de Jack London. Ce qui faisait le prix de ce volume, c'était une dédicace de la main de l'auteur sur la page de garde.

On avait retrouvé le cliché de cette dédicace chez l'un des fournisseurs de Hartmann-Haley.

Environ un an avant les explosions, des ecclésiastiques mormons avaient cédé à Hartmann, en échange d'autres documents d'intérêt mineur, un recueil d'hymnes vieux de cent cinquante ans. Ce fascicule, que les collectionneurs appellent *L'Esprit de Dieu*, d'après le titre de l'un des chants qu'il contient, n'était estimé qu'à 2 000 dollars parce que la couverture manquait. Quelques semaines plus tard, Hartmann vendait un exemplaire semblable, mais intact, pour 10 000 dollars. D'où venait-il ? Personne ne put l'établir. On découvrit cependant un cliché de sa couverture.

Une part importante du commerce de Hartmann portait sur les titres de paiement anciens. Dans les premiers temps de la conquête de l'Ouest, pour remédier à la rareté de la monnaie officielle, certaines communautés avaient fait imprimer leurs propres billets. On en voyait réapparaître de temps à autre dans de vieilles malles oubliées au fond des greniers. Ces souvenirs des temps héroïques étaient très recherchés et quelques collectionneurs avaient payé des sommes élevées pour les acquérir auprès de Mike Hartmann.

Un graveur sur caoutchouc, qui avait confectionné pour lui des timbres de monnaies anciennes, se souvenait encore des exigences de son client. Il fallait que le timbre correspondît jusque dans les plus infimes détails au modèle qu'il fournissait.

C'est par ce moyen que Hartmann avait « découvert » des collections complètes de monnaies dont on ne connaissait jusqu'alors que des exemplaires dépareillés.

Mais l'étonnement des enquêteurs fut à son comble quand ils apprirent que, quelques mois avant les attentats, Hartmann avait fait l'acquisition à New York d'un document appelé *Le Serment du citoyen*, au prix de 25 dollars. Peu après, ce serment était acheté 1,5 million de dollars par la bibliothèque du Congrès.

Or, entre l'achat et la vente, Hartmann avait fait graver une plaque qui correspondait exactement à la feuille de papier que Paul Willard devait plus tard examiner à Washington. « Le plus ancien document imprimé de l'histoire des Etats-Unis d'Amérique » avait moins d'un an.

Les enquêteurs disposaient maintenant de multiples preuves que le nom de Haley n'était qu'un pseudonyme de Hartmann. Un jour, « Haley » avait passé une commande mais l'avait payée avec un chèque au nom de Hartmann. Une autre fois, un certain Harris avait fait graver une plaque en donnant le numéro de téléphone de Hartmann.

Il fallait pourtant aller plus loin car les documents vendus avaient été authentifiés par les meilleurs experts du pays.

Willard se rendit compte qu'à ce stade de l'enquête, il était indispensable de faire appel à un spécialiste capable d'effectuer un examen microscopique et une analyse chimique des documents. Il en connaissait un qui travaillait au laboratoire de police scientifique de l'Etat d'Arizona. Cet homme, John Beavin, intéressé par cette affaire qui sortait de l'ordinaire, se mit aussitôt au travail.

Sa méthode consista à rassembler les documents vendus par Hartmann et à les comparer avec d'autres pièces historiques du XIXe siècle dont l'authenticité ne faisait pas de doute. Si par ce moyen on établissait par exemple que l'encre était identique dans tous les documents du « lot Hartmann » et différente dans les autres cas, un sérieux doute pourrait affecter l'authenticité du premier lot.

Après un examen au microscope, Beavin constata que sur les documents de Hartmann l'encre présentait de fines craquelures qui lui donnaient un aspect de peau de lézard. Puis, à la radiographie, il s'aperçut que sur un certain nombre de pièces le flux de l'encre était toujours orienté dans le même sens, comme si on avait suspendu les documents pour les faire sécher. Aucune pièce authentique ne présentait l'une ou l'autre de ces deux caractéristiques.

Beavin avait lu dans un ouvrage ancien que l'on pouvait vieillir artificiellement les encres en les exposant à des vapeurs d'ammoniac ou d'hydroxyde de sodium. Il confectionna divers types d'encre et put vérifier que les deux substances chimiques, mais plus particulièrement l'hydroxyde de sodium, donnaient aux encres un aspect ancien. Cependant, aucune craquelure n'apparaissait. Il se souvint alors que, dans certaines recettes d'encre, il était recommandé d'ajouter du sucre ou de la gomme arabique pour donner plus d'épaisseur au liquide.

Lorsqu'il introduisit ces additifs dans les encres, l'exposition à l'hydroxyde de sodium produisit un vieillissement accompagné de craquelures. Beavin fut dès lors convaincu d'avoir retrouvé la recette de Hartmann.

Un autre phénomène caractérisait les documents de Hartmann. En présence de rayons ultraviolets, ils renvoyaient un curieux reflet bleu. Une série d'expériences démontra que ce reflet apparaissait chaque fois qu'un papier était traité à l'hydroxyde d'ammonium ou au moyen d'une solution faible d'hypochloride de sodium.

Il était clair que tous les documents vendus par Hartmann étaient des faux. Tantôt ils étaient entièrement faux, tantôt le faussaire s'était contenté d'ajouter une date, un nom, une signature, une mention quelconque qui décuplait la valeur de la pièce. Pendant six ans, il avait pu mener à bien son douteux commerce sans éveiller le moindre soupçon.

A ce stade de l'enquête, certains experts en documents historiques demeuraient persuadés que les accusations de la police n'étaient pas fondées et relevaient d'une volonté acharnée de prouver la culpabilité du suspect.

L'avocat de Hartmann demanda que son client et la femme de celui-ci soient soumis au détecteur de mensonge. Après l'épreuve, les résultats semblaient indiquer qu'au moment des attentats Hartmann se trouvait chez lui en compagnie de son épouse.

Mais Willard, Maddox et les autres enquêteurs ne s'inquiétaient pas. Ils savaient qu'ils disposaient désormais de suffisamment de preuves pour faire condamner Hartmann. Ils venaient d'ailleurs de comprendre pourquoi Dansen avait été tué.

Hartmann avait acquis auprès d'un célèbre marchand de documents anciens, Arnold Kohn, un grand rouleau de papyrus du Ier siècle. Puis il l'avait découpé en plusieurs morceaux et avait vendu ceux-ci séparément en les présentant comme des pièces ayant appartenu à la collection McLellin, bien connue des spécialistes. L'un des acheteurs n'était autre que Dansen. Or celui-ci, très lié à Arnold

Kohn, s'apprêtait à lui demander d'expertiser le morceau de papyrus. Si cela s'était produit, le marchand n'aurait pas manqué de reconnaître l'origine de la pièce, et la supercherie de Hartmann aurait éclaté au grand jour.

Steve Dansen avait dû confier à Hartmann son intention de faire expertiser le papyrus par Kohn.

C'est ce que semblait confirmer le témoignage d'un homme qui, au cours d'un rendez-vous avec Dansen, quelques jours avant l'attentat, avait vu Hartmann entrer dans le bureau. Dansen, le visage grave et sans faire les présentations d'usage, s'était excusé auprès du témoin avant de s'isoler avec Hartmann dans la pièce voisine. La conversation entre les deux hommes paraissait tendue. Le visiteur avait entendu Dansen dire avec force : « Vous ne pouvez le dissimuler ! »

Le plus étrange dans cette affaire, c'est que personne ne savait ce que Hartmann avait fait de la somme considérable – on l'estimait à près de 2 millions de dollars – que lui avait rapporté son commerce indélicat. Dans la période qui précédait les attentats, il avait des dettes et implorait ses créanciers de lui accorder un délai.

A partir des éléments recueillis par l'équipe de Paul Willard, des poursuites furent engagées contre Hartmann en janvier 1986 pour faux, fraude et homicides. Au cours de la même année, les preuves contre l'accusé furent présentées devant un juge. Les nombreuses expertises et le caractère scientifique du dossier rendaient la procédure lente et compliquée mais, en janvier 1987, constatant qu'il ne parviendrait pas à se disculper, Hartmann décida de plaider coupable en échange de l'assurance d'éviter la peine capitale.

Le juge exprima son regret de ne pouvoir le condamner à mort. Il considérait que les deux attentats commis méritaient cette sanction. A défaut, il recommandait que l'accusé soit maintenu en prison pour le restant de ses jours.

Par bien des aspects cette affaire demeure mystérieuse. A qui était destinée la troisième bombe ? Où était passé l'argent de Hartmann ? Enfin, les techniques utilisées pour fabriquer des faux qui paraissaient authentiques aux meilleurs experts sont encore pour une grande part un secret que Hartmann se garde bien de divulguer.

Sa personnalité est plus mystérieuse encore. Selon son entourage et ses amis, ce n'était pas un homme qui paraissait capable de commettre un meurtre. Ses manières chaleureuses, ses propos mesurés s'accordent mal avec la violence intérieure que traduisent les attentats sanglants qu'il a commis.

Paul Willard voyait l'homme tout autrement. Dans un entretien avec un journaliste, il disait que, pour lui, Hartmann était un psychopathe qui pouvait tuer sans le moindre remords :

– N'oublions pas qu'en posant la bombe chez les West, il aurait très bien pu tuer des enfants. Cela ne le troublait pas le moins du monde. Il ne voyait que son intérêt immédiat. Dans sa pratique commerciale, il savait discerner avec une grande acuité les désirs de ses clients et il s'employait à stimuler le désir d'appropriation des collectionneurs. Il reportait des rendez-vous, faisait languir ses interlocuteurs et finalement leur fournissait ce qu'ils recherchaient, au prix fort. Il était passé maître dans l'art d'appâter ses victimes. Il avait réussi à allier une somme extraordinaire de connaissances historiques et un savoir-faire technique exceptionnel. Mais son point faible, c'était une trop grande confiance en lui-même. Qui d'autre que lui aurait porté un vêtement aussi voyant en allant poser une bombe ?

Après un moment de silence, Willard ajoutait :

– Je me demande si, dans le fond de sa prison, il n'éprouve pas la secrète satisfaction d'être considéré comme le plus grand faussaire de tous les temps.

Christian Molinier

Le Diable de Sicile

A 1 heure du matin, le mardi 10 janvier 1984, deux hommes se faisaient face dans le hall d'un hôtel vétuste de la via Principe di Villafranca, dans le centre de Palerme. Le premier, Duccio Damiani, un client de l'établissement, était assis dans l'unique canapé, à feuilleter des quotidiens pour tromper son ennui. Habitant Catane, ce représentant en vaissellerie haut de gamme – cristaux, porcelaines – se rendait quatre ou cinq fois par an dans la capitale sicilienne. Depuis des années, il descendait toujours au même endroit et demandait qu'on lui réserve si possible la même chambre. Un mobilier aussi somptueux que fatigué rappelait que l'hôtel avait connu des jours meilleurs.

– Ils ne devraient plus tarder, maintenant, lança-t-il sans lever les yeux de son journal.

Des amis palermitains avaient promis de passer le chercher à son hôtel entre 1 heure et 1 h 30 pour l'emmener dans une boîte de nuit.

De l'autre côté du bureau de la réception, son vis-à-vis acquiesça :

– C'est sûr. A cette heure-ci, les embouteillages de la via Maqueda sont terminés depuis longtemps.

Orazio Contini, l'antique portier de nuit de l'antique établissement, prenait son métier à cœur : affable envers les habitués, il aimait parler de la pluie et du beau temps. Sur le revers de sa veste bleu marine, le vieil homme arborait une minuscule paire de clés dorées, comme dans les hôtels les plus prestigieux.

A droite de Damiani, la porte de l'ascenseur de l'hôtel s'ouvrit en grinçant, et un homme d'une quarantaine d'années en surgit, jeta un regard circulaire dans le hall puis fit un pas en arrière. Intrigué, Damiani consulta du regard le portier.

– C'est le client de la chambre 127, lui expliqua celui-ci.

Une minute plus tard, l'inconnu ressortit de l'ascenseur, un attaché-case à la main. Il s'approcha du bureau de la réception, le contourna, et à partir de cet instant Duccio Damiani, pétrifié, se crut en proie à une hallucination : ouvrant sa mallette, le client de la chambre 127 se saisit d'un revolver qu'il braqua sur Orazio Contini en aboyant des ordres dans un italien teinté d'accent étranger. Il n'avait accordé qu'un vague coup d'œil au représentant. Ce dernier, sous le choc, n'eut pas le temps de voir la réaction du portier. En moins d'une seconde, il avait plongé sur le côté du canapé pour se réfugier sous un guéridon. De là, il pouvait apercevoir l'agresseur. Celui-ci avait rangé son arme et brandissait à présent un couteau, avec lequel il frappa le vieil homme au bas-ventre.

Orazio Contini poussa un gémissement et essaya de se diriger vers une porte au fond du hall, qui donnait sur la buanderie. Le couteau à la main, son agresseur le rattrapa en trois enjambées.

Damiani en profita pour s'enfuir. Les jambes tremblantes, il se rua vers l'escalier – plus sûr que l'ascenseur – et, montant quatre à quatre, se précipita dans sa chambre, où il s'enferma à double tour avec une seule idée : prévenir la police, réclamer du secours.

Il n'avait rien compris à ce qui venait de se produire. Une certitude, néanmoins : Contini et lui étaient en danger. Mais pourquoi ? L'homme était-il fou ? Voulait-il tenter un hold-up ? C'était absurde, surtout dans ce type d'hôtel. S'agissait-il d'un ennemi personnel de Contini ? Encore plus absurde, quand on connaissait le vieux portier.

Pas le temps de s'interroger. Il fallait agir. Damiani s'empara du téléphone et composa le numéro de la police... pour n'entendre qu'un silence obstiné au bout du fil. Dans sa panique, il avait oublié l'essentiel : ici, pour obtenir l'extérieur, il fallait l'intermédiaire du standard. Or le standard était situé derrière le bureau de la réception.

Que faire ? Sortir de sa chambre pour aller tambouriner chez des voisins ? Trop risqué : on n'entendait aucun bruit dans le couloir, mais l'homme le guettait peut-être. Après tout, il était le seul témoin de l'agression.

De plus en plus terrorisé, Damiani se résigna à la solution la plus raisonnable. Poussant tant bien que mal une lourde commode d'acajou devant la porte, il se barricada. Et attendit.

Soudain, la sonnerie du téléphone le fit sursauter. Des heures s'étaient écoulées, lui sembla-t-il. Mais en réalité sa montre n'indiquait que 1 h 40. Il décrocha en s'efforçant de garder son calme.

– Duccio ? Qu'est-ce que tu fabriques ?

C'était la voix de Nando Fonte, l'un des amis qui devaient le rejoindre dans le hall.

– D'où appelles-tu ? questionna aussitôt Damiani.

– D'en bas, évidemment ! Par le poste du hall. Tu viens ? Ça fait dix minutes que je t'attends...

– Où est le portier ?

– Je l'ignore.

– Il y a quelqu'un avec toi ? Je veux dire : un inconnu, armé...

– Mais non ! Tu rêves, ou quoi ? Qu'est-ce qui se passe, Duccio ?

– Je t'expliquerai plus tard. Téléphone à la police depuis le standard. Je descends.

A l'arrivée des carabiniers, Damiani et Fonte savaient déjà à quoi s'en tenir. Les deux hommes étaient entrés dans la buanderie, au fond du vestibule, puis, en revenant sur leurs pas, dans l'appentis situé sous l'escalier. Là, ils avaient découvert le cadavre du portier, étendu sur le sol dans une mare rougeâtre. La gorge tranchée, le vieil homme s'était vidé de son sang. Derrière lui, le coffre-fort de l'hôtel, où l'on conservait les objets de valeur des clients, était grand ouvert.

Damiani répondit aux questions des policiers dans la salle à manger.

– Je dirais : environ quarante ans. Taille moyenne, cheveux châtain foncé. Un imperméable gris ou couleur mastic... Je n'ai pas bien vu le revolver... Tout s'est passé si vite... L'attaché-case est noir, modèle courant. Et je crois me souvenir qu'il portait des gants, mais je ne peux rien garantir.

– Des signes particuliers ? Un détail ?

– Son accent. Il parlait un italien bizarre, ce n'est pas sa langue maternelle. Allemand, peut-être.

– Vous l'aviez déjà rencontré ?

– Non. Mais le pauvre Orazio m'a dit qu'il occupait la chambre 127. En tout cas, il n'avait pas l'air de se méfier de lui.

Les premières investigations n'apportèrent que de piètres résultats. Le couteau s'était bien sûr volatilisé, tout comme son propriétaire. Dans la chambre 127, les carabiniers ne trouvèrent rien – strictement rien : penderie, placards avaient été vidés des effets personnels du mystérieux client. Plus tard, les analyses effectuées sur place devaient révéler que l'individu avait effacé toute trace d'empreintes sur les meubles, les robinets ou les poignées de porte.

Il s'était inscrit l'avant-veille sous le nom de Hans Schaffen, résidant en Allemagne de l'Ouest ; il avait donné une adresse à Wiesbaden. L'hôtel n'ayant exigé aucun papier d'identité, ces informations étaient à prendre avec circonspection. L'homme n'avait pas commis l'imprudence de régler la moindre facture par chèque ou par carte bancaire. D'ailleurs, il n'avait rien réglé.

Les employés et les clients de l'établissement ne purent que confirmer le signalement fourni par Damiani. C'est-à-dire peu de chose.

Dans la matinée du 11 janvier, le commissaire Gianfranco Ramperte, chargé de l'enquête, analysa les faits :

– Il s'agit d'un hold-up calculé avec minutie. L'homme arrive le 8 janvier, repère les lieux et les habitudes, puis, quand il se sent prêt, il passe à l'action. Il nettoie sa chambre pour ne laisser aucun indice et attend un moment où il ne risque pas de croiser grand monde dans le hall. En sortant de l'ascenseur, il vérifie. Il n'y a là que le vieux portier ainsi qu'un client à l'aspect inoffensif. La présence de Damiani ne le gêne pas. Il sait ce qu'il a à faire. Et il le fait.

– Ce qu'il veut, c'est le coffre-fort, compléta l'inspecteur Carmelo Ussunara. Dans un premier temps, il intimide le portier avec un revolver, puis il le blesse avec son couteau. Toujours sous la menace du couteau, il lui arrache la clé. Une fois le coffre-fort vidé de son contenu, il tue le portier. De sang-froid. Tout ça pour... combien ?

– Environ 700 000 lires (3 500 francs), d'après le propriétaire de l'hôtel. Ce n'est pas cher payé pour la vie d'un homme.

– Il se sent tellement sûr de lui qu'il ne s'occupe même pas de Damiani, remarqua Ussunara.

– Parce qu'il va très vite. Et surtout parce que Damiani prend ses jambes à son cou. S'il n'avait pas bougé, je ne pense pas que notre homme lui aurait fait grâce. C'est pourquoi j'ai fortement conseillé à Damiani de rentrer chez lui, à Catane. Je ne tiens pas à ce qu'il tombe sur le meurtrier dans les rues de Palerme. Un mort, c'est déjà suffisant.

– Il t'a aidé, pour le portrait-robot ?

– Oui, répondit Ramperte, et les gens de l'hôtel également, mais leurs descriptions demeurent très floues. Quant à « Hans Schaffen, Wiesbaden », je n'y crois pas beaucoup. Notre homme n'est pas stupide, il ne va pas donner son nom et son adresse là où il projette un braquage.

Le commissaire marqua une pause pour considérer sans enthousiasme les quatre murs qui l'entouraient : un petit bureau, dans un petit poste de police, au centre d'un petit pays.

– J'ai alerté la police ouest-allemande, reprit-il. Le soi-disant Schaffen s'étant conduit en vrai professionnel, il s'agit sans doute d'un récidiviste. Les Allemands sont en train d'examiner leurs fichiers.

Carmelo Ussunara acquiesça, avant d'objecter :

– Que le prétendu Schaffen soit de nationalité allemande, ça reste à prouver. Si tes témoins parlent de son accent « allemand », rien ne l'empêche d'être autrichien ou suisse alémanique. Ou même luxembourgeois.

– Une chance qu'il n'ait pas l'accent espagnol. On aurait eu pratiquement toute l'Amérique latine... J'ai contacté Interpol, pour l'ensemble des pays germanophones. Moins l'Allemagne de l'Est, évidemment. En tout cas, ça ne va pas être facile, avec une piste aussi ténue...

– Et rien ne nous permet de savoir s'il vit dans la région ou s'il est de passage, ajouta Ussunara. *Sa unni ci lucinu l'uocchi*, conclut-il.

Originaire du centre de la Sicile, l'inspecteur affectionnait les proverbes en dialecte local, tandis que son chef, natif de Palerme, s'il en comprenait à peu près le sens littéral, se perdait généralement dans leur signification.

– « Celui-là, il sait où lui brillent les yeux », traduisit Ramperte. Ce qui veut dire... ?

– Que lui seul sait qui il est et où il habite.

Le vendredi 20 janvier, dix jours après le meurtre d'Orazio Contini, un semblant d'agitation régnait à l'*Albergo dei Viaggiatori* d'Alcamo, à cinquante kilomètres à l'ouest de Palerme. Deux serveuses préparaient les tables du petit déjeuner sous l'œil distrait de Giuseppe Bertoldi, le portier de nuit. Son service allait s'achever dans une demi-heure et, après un bon cappuccino, il rentrerait dormir chez lui.

Il sursauta à peine lorsque la porte vitrée de la salle à manger s'ouvrit à la volée, pour livrer passage à un homme d'une quarantaine d'années, muni d'un attaché-case noir. Sans doute un client pressé d'avaler son café matinal, songea-t-il.

Avant que Bertoldi ait eu le temps de réagir, l'intrus pointait un revolver sur les deux serveuses. D'un geste, il fit signe à Bertoldi de les rejoindre à l'entrée de la pièce. Puis, sous la menace du revolver, il obligea le portier à attacher les deux femmes sur une chaise. Pour ce faire, il lui tendit des fils électriques.

– Vite, ordonna-t-il quand Bertoldi eut fini. La clé du coffre, maintenant.

Il s'exprimait avec un accent étranger. Allemand.

– Il n'y en a pas, assura le portier. C'est un système chiffré, je ne connais pas la combinaison.

– Si, forcément, riposta l'homme, imperturbable.

Toujours aussi calme, il rangea son revolver dans sa mallette. Après quoi, il saisit dans la poche de son imperméable un couteau qu'il appuya contre les côtes du portier.

– Vite ! répéta-t-il.

Affolé, Bertoldi renonça à lutter et conduisit son agresseur dans le bureau du secrétariat. Aucun espoir d'être secouru : en dehors des deux serveuses ligotées dans la salle à manger, à cette heure personne ne se trouvait au rez-de-chaussée. Lorsqu'il eut ouvert le coffre – au moyen d'une clé qu'il conservait sur lui –, le portier regarda, impuissant, son agresseur en transférer le contenu dans sa mallette. Une somme modique, en vérité, à peine 300 000 lires.

L'inconnu referma sa mallette et agita la clé du coffre sous les yeux de Bertoldi :

– Tu m'as menti. Ce n'est pas bien.

Et, joignant le geste à la parole, il le frappa au cou, du tranchant de la lame. Une seconde plus tard, il avait quitté l'hôtel. Par la grande porte.

Bertoldi ne dut son salut qu'à la précipitation de son agresseur : le couteau avait glissé en surface sans toucher l'artère. Ce fut lui qui avertit la police, avant même d'aller délivrer les deux serveuses.

Le mercredi 15 février, la réceptionniste d'un petit hôtel de Trapani, à une soixantaine de kilomètres de là, se vit attaquée aux alentours de 23 h 30 par un inconnu qui l'obligea à lui remettre le contenu du coffre et de la caisse de l'établissement. L'homme la menaça d'abord d'un revolver, puis d'un couteau. Il ne la blessa pas, ne porta pas la main sur elle. Comme Damiani, comme Bertoldi, elle signala à la police qu'il parlait un italien correct mais teinté d'accent germanique.

Pendant ce temps, Interpol continuait ses recherches. En vain. Comme l'avait prédit le commissaire Ramperte, on n'avait pas trouvé trace du moindre « Hans Schaffen » dans les fichiers.

Trois semaines plus tard, à Castelvetrano, quatre-vingts kilomètres plus loin en suivant la route de la côte, une touriste américaine eut la désagréable surprise de découvrir un intrus au pied de son lit, alors qu'elle regagnait sa chambre vers minuit, au dernier étage de son hôtel. L'homme avait dû passer par le toit en terrasse et ne s'attendait visiblement pas à la rencontrer. Lorsqu'il avait brandi un couteau, elle n'avait pas hésité à lui tendre toute sa fortune : un bracelet en or et des traveller's chèques. Furieux, il l'avait giflée :

– Les traveller's, c'est inutilisable.

Terrorisée, elle avait assisté au saccage de la chambre. L'agresseur avait renversé les meubles, brisé les miroirs et répandu le contenu des armoires sur le sol. Puis il l'avait giflée une seconde fois avant de s'esquiver par la fenêtre. Le temps qu'elle prévienne la police et le personnel de l'établissement, il avait disparu.

– Si maintenant il laisse des témoins derrière lui, observa Gianfranco Ramperte, c'est qu'il a de moins en moins peur d'être dénoncé. En d'autres termes, il a de plus en plus confiance en lui.

– Tu penses que, dorénavant, il va cesser de tuer ? s'étonna Carmelo Ussunara.

– Je ne sais pas. Et toi ?

– Non, répliqua l'inspecteur. *Spina ca nun ti pungi, suvia cuomu la sita* (« Epine qui ne te pique pas, suave comme la soie »). Ça signifie qu'on peut se montrer inoffensif envers certaines personnes mais dangereux pour d'autres. Moi, je note que les meurtres ou tentatives de meurtre concernent des hommes, et que notre pseudo-Schaffen a tendance à épargner les femmes.

Ramperte ne partageait pas l'opinion de son subordonné :

– Nous avons affaire à un meurtrier hors du commun, moitié tueur en série, moitié rat d'hôtel, qui ne répond à aucune logique, malgré les apparences. S'il ne commet pas d'erreur, il va nous falloir un temps fou pour l'identifier. Il a un signalement digne de monsieur Tout-le-Monde et, pour ne rien arranger, il se déplace sans arrêt...

– ... le long des grands axes routiers, acheva Ussunara. Comme des centaines de milliers de Siciliens tous les jours.

Deux touristes belges, Jacques et Marie-Hélène Sartel, s'étaient lancés à la découverte des temples d'Agrigente. Tous deux retraités, anciens professeurs d'italien à Liège, ils avaient emmené avec eux leur petite-fille, Caroline, âgée de onze ans.

Le soir du jeudi 22 mars, M. et Mme Sartel remontaient dans leur chambre après avoir dîné au restaurant de l'hôtel. Caroline était allée se coucher un peu plus tôt, dans une chambre contiguë à la leur. Au moment où ils introduisaient la clé dans la serrure, un individu surgit devant eux à l'angle du couloir, braquant un revolver dans leur direction. Sans comprendre ce qui leur arrivait, ils se retrouvèrent poussés à l'intérieur de leur chambre. L'agresseur alluma la lumière, ferma le battant derrière lui et, revolver au poing, enjoignit posément :

– L'argent et les bijoux. Vite.

Les époux Sartel échangèrent un regard. Leur petite-fille dormait de l'autre côté de la cloison. Pourvu que le voleur continue d'ignorer sa présence...

En silence, de peur de réveiller Caroline, Jacques Sartel remit sa montre et son portefeuille à l'étranger; il avait remarqué son accent germanique.

– Voilà. C'est tout ce que j'ai en espèces. Environ 200 000 lires.

Pour sa part, Marie-Hélène Sartel se défit de son collier, de son alliance et d'une bague d'opales. Ses mains tremblaient.

– C'est tout ce que nous avons, répéta Jacques

Sartel. Vous pouvez fouiller la chambre si vous ne me croyez pas.

Il eut la stupeur de voir le malfaiteur ranger son arme, avant de lui répliquer :

– Non, pas la peine. Je vous fais confiance.

N'ayant pas lu les journaux, il n'était pas au courant des exploits du personnage. L'espace d'un instant, il songea que peut-être l'homme était moins dangereux qu'il ne le paraissait, que peut-être son arme n'était pas chargée. Mais, de toute façon, il se refusait à prendre le moindre risque.

Ce fut ce moment que choisit Caroline pour ouvrir la porte de communication entre les deux chambres. Vêtue de son pyjama, la petite fille s'avança vers eux :

– Je vous ai entendus rentrer. Je cherche partout mon album de photos, vous ne l'auriez pas aperçu ? Oh, pardon ! Qui est-ce ? demanda-t-elle à sa grand-mère en désignant l'intrus.

Marie-Hélène Sartel, figée, se sentit incapable d'articuler un mot.

– Un ami, répondit Jacques Sartel en s'exhortant au calme. Retourne te coucher. Je passerai te voir tout à l'heure pour ton album.

En prononçant ces paroles, il jouait le tout pour le tout. Soit le voleur empochait son butin et repartait par où il était venu, soit il interdirait à la petite fille de quitter la pièce, de crainte qu'elle ne donne l'alarme.

Ce fut une troisième solution qui prévalut. D'un geste, l'homme fit signe à Caroline de sortir, puis, quand elle eut regagné sa chambre, inconsciente de ce qui se passait, il se tourna vers les Sartel :

– Elle est très mignonne. J'aime beaucoup les enfants. Moi, j'ai un fils de deux ans, il vit à Mayence. Je m'appelle Werner Durrenberger. Je suis né en Allemagne de l'Est... Ce soir, j'ai envie de parler. Vous m'êtes sympathiques. Je vais vous raconter ma vie. Mais avant, il faut que je dîne. J'ai faim.

Il avait pris place dans un fauteuil. De nouveau, les Sartel échangèrent un coup d'œil : oui, l'homme était dangereux. Un fou dangereux. Recouvrant son sang-froid, Marie-Hélène téléphona à la réception et, de sa voix la plus naturelle, commanda un plateau-repas. L'employée refusa tout d'abord, les cuisines venant de fermer. Marie-Hélène parlementa avec l'énergie du désespoir et finit par obtenir gain de cause.

Lorsqu'on eut apporté le plateau, « Durrenberger » se servit une bière, posa son verre sur ses genoux, par-dessus sa mallette, et entama un sandwich avant de reprendre son récit :

– Il y a quatre ans, j'ai réussi à passer à l'Ouest pour chercher du travail. Là, j'ai rencontré ma future femme, une Sicilienne...

Pour les Sartel, le cauchemar ne faisait que commencer. Il allait durer trois quarts d'heure. Trois quarts d'heure pendant lesquels le tueur ne cessa de parler sans les quitter des yeux.

Soudain, il s'interrompit au milieu d'une phrase, marmonna un « au revoir », se dirigea vers la porte du couloir et sortit en refermant sans bruit derrière lui. Jacques et Marie-Hélène Sartel mirent plusieurs secondes à se rendre compte qu'ils étaient enfin libres.

Les renseignements fournis par les Sartel, plus précis que ceux des précédents témoins, permirent à la police d'affiner le portrait-robot du criminel. Quant au récit détaillé de « Werner Durrenberger » –

complaisamment émaillé de noms, de dates, de lieux –, il se révéla aussi faux que l'identité du prétendu « Hans Schaffen ». Vérifications faites auprès d'Interpol et des polices italienne et ouest-allemande, le commissaire Ramperte put conclure :

– Ce n'est qu'un tissu de mensonges, du début à la fin.

Le mois d'avril vit deux nouveaux exploits de celui que la presse surnommait le « rat d'hôtel sanglant » : l'un dans la banlieue d'Agrigente, l'autre à Marsala. Tous deux avaient pour cadre des hôtels. Dans le premier cas, le veilleur de nuit y laissa la vie : l'artère fémorale sectionnée par le couteau du meurtrier, il se vida de son sang avant que quelqu'un ait pu intervenir. Dans le second, la victime n'eut pas plus de chance. Il s'agissait d'un client attaqué dans sa chambre. On le retrouva dans sa baignoire, la gorge tranchée comme le vieil Orazio Contini.

A Palerme, le commissaire Ramperte se montra encore plus pessimiste que de coutume.

– Chaque fois, remarqua-t-il, le butin récolté est maigre : quelques centaines de milliers de lires ou des bijoux sans grande valeur. C'est moins l'argent qui l'intéresse que le plaisir de terroriser des innocents. Et de les tuer, le cas échéant.

– Il doit être *assatanassatu*, suggéra Ussunara : « ensatanisé ». Possédé du démon, si tu préfères.

De fait, on pouvait presque se le demander. Pour la police, il était impossible de savoir si ce criminel atypique tuait parce qu'on tentait de lui résister, s'il préférait ne pas s'en prendre aux femmes, comme le pensait Ussunara, ou s'il obéissait à d'autres motifs en choisissant d'assassiner ou non. Sa prédilection pour les hôtels demeurait une énigme, et là se situait la principale difficulté de l'enquête : en déménageant d'une ville à l'autre, le tueur itinérant se rendait insaisissable.

Quatre mois après le premier meurtre, l'homme retourna à Agrigente pour assassiner la réceptionniste d'un motel – une femme, pour la première fois – selon un scénario identique à celui du hold-up de Palerme. Et, comme d'habitude, pour une somme d'argent dérisoire.

– Son portrait-robot s'étale dans tous les journaux, dit Ramperte, on ne parle que de lui, et maintenant il revient sur ses pas !

– Il nous nargue, conclut Ussunara. *Lu sceccu zuoppu si godi la via* : « L'âne boiteux jouit du chemin. » Ça signifie...

– ... qu'il va faire durer la « plaisanterie » le plus longtemps possible.

Grazia Misilmeri méritait son prénom. Brune aux yeux bleus, la démarche dansante, elle ne pouvait faire un pas dans la rue sans provoquer les sifflements admiratifs de la gent masculine. Dans la ville de Gela, où elle assurait la comptabilité d'un hôtel trois étoiles, l'annonce de ses fiançailles, quelques semaines plus tôt, avait provoqué un véritable traumatisme collectif.

Le soir du samedi 19 mai, la jeune fille regagnait son logement de fonction, au dernier étage de l'établissement, quand un inconnu d'une quarantaine d'années, muni d'un attaché-case noir, s'interposa au moment où elle entrait dans son appartement. Grazia entrevit l'éclat métallique d'une arme à feu. Avant même de prendre conscience du danger, elle se retrouva propulsée dans son living-room.

L'homme claqua le battant derrière eux. Il n'avait pas prononcé une syllabe.

– Il n'y a rien à voler ici, commença Grazia. Et d'ailleurs, Concetto, mon fiancé, doit arriver d'une seconde à l'autre.

– Tant mieux. On va l'attendre ensemble.

La jeune fille avait dit vrai. Moins d'une minute plus tard, la sonnette de l'entrée carillonnait. Revolver au poing, l'intrus ouvrit à Concetto Bolizzi. Rejoignant sa fiancée, sous la menace de l'arme, Bolizzi évalua la situation.

– Des amis nous attendent pour dîner, affirma-t-il. Si nous ne sommes pas chez eux d'ici un quart d'heure, ils vont s'inquiéter. Et ils viendront nous chercher. Ils habitent à l'étage en dessous.

Grazia approuva d'un hochement de tête. Bolizzi mentait : ces amis n'avaient jamais existé. Mais elle avait deviné ce qu'il voulait tenter.

– Pas de problème, répondit l'homme. Vous n'avez qu'à leur téléphoner pour prévenir que vous annulez.

Sous le coup du soulagement, Grazia faillit éclater d'un rire nerveux. L'agresseur venait de tomber dans le piège. Elle ou Concetto n'avaient qu'à former le numéro d'urgence de la police et, une fois en ligne, communiquer le nom et l'adresse en tâchant de se faire comprendre à demi-mot.

Malheureusement, l'individu n'était pas si naïf. S'emparant du téléphone, il le tendit à la jeune fille :

– Vous, lui ordonna-t-il. Vous allez me donner le numéro, et ensuite je vous passerai l'appareil.

Impossible de ruser. Il fallait indiquer des chiffres plausibles, avec le préfixe habituel. Saisie d'une inspiration, Grazia dicta un numéro, que l'homme composa sur le cadran avant de lui remettre le combiné.

– Allô ? lança-t-elle. C'est Grazia... Concetto et moi, on est désolés, on ne peut pas venir vous voir ce soir, on a un empêchement... Oui... A demain, alors.

Elle raccrocha. Le numéro était celui de ses parents, qui ne l'attendaient pas chez eux, ni ce soir-là ni le lendemain. Sa mère avait paru surprise à l'autre bout du fil. Pourvu qu'elle comprenne qu'il se passait quelque chose d'anormal...

Mme Misilmeri et son époux comprirent, en effet, et décidèrent de se rendre sur place sans perdre de temps.

Il ne leur fallut que vingt minutes pour atteindre l'appartement de Grazia, à l'hôtel, mais ils n'y trouvèrent que Concetto Bolizzi. Le jeune homme n'avait pas pu empêcher l'homme de kidnapper Grazia. Il avait déjà averti la police.

Tout comme Duccio Damiani à Palerme, il avait eu la chance que le meurtrier le tienne pour quantité négligeable.

Sous la menace du revolver, Grazia avait emprunté l'ascenseur pour descendre au parking de l'établissement. L'agresseur et sa victime ne croisèrent pas âme qui vive, c'était l'heure du dîner. Ils montèrent dans la Fiat de Grazia, qui s'installa au volant pendant que l'homme prenait place sur le siège passager.

– Où allons-nous ? questionna-t-elle.

– Tu verras bien. Démarre.

Obéissant aux instructions de son ravisseur, Grazia s'éloigna du centre de Gela. Jusqu'à présent, elle avait noté l'accent allemand de son interlocuteur.

Mais maintenant, elle venait d'opérer le rapprochement. Elle avait lu des articles dans la presse, et elle savait désormais qu'elle avait affaire au tueur de Palerme. Son seul espoir était que, d'après une interview du commissaire Ramperte, l'homme faisait – quelquefois – grâce à ses victimes. En tout état de cause, il avait épargné Concetto. Etait-ce bon signe ?

Ils roulèrent jusqu'à un petit hôtel de la périphérie de Gela, où l'homme l'emmena dans une chambre du rez-de-chaussée. A l'évidence, il en était locataire : le concierge le salua sans faire de difficulté pour lui remettre la clé.

Une fois la porte refermée, il obligea la jeune fille à se déshabiller. Et ce qui devait arriver arriva.

Grazia préféra ne pas compter le nombre de fois où l'homme abusa d'elle. Une seule chose l'obsédait : s'en sortir vivante.

Lorsqu'il s'estima satisfait, il resta allongé à côté d'elle. Et il parla. Longtemps. Il expliqua qu'il se nommait Hermann Graf, qu'il était né en Autriche et qu'il avait épousé une Sicilienne qui vivait à Ragusa, à quatre-vingts kilomètres de Gela.

– Il faut que j'aille la retrouver, lâcha-t-il brusquement. Si je rate mon train, elle va se demander ce que je fabrique.

Il s'était exprimé sur un ton préoccupé, comme un mari volage s'offrant un agréable délassement avec une rencontre de passage, sans commune mesure avec la gravité de la situation, et Grazia pensa que cette remarque anodine signifiait sa condamnation à mort.

Mais non. L'homme se rhabilla, vérifia le contenu de sa mallette et se dirigea vers la porte :

– Ne me dénonce pas.

En recevant l'appel de Grazia Misilmeri, la police de Gela alerta le commissaire Ramperte, à Palerme, que l'on put joindre à son domicile. Sur son ordre, on envoya des policiers en civil à la gare de Gela, aux quais des départs ; au même moment, d'autres policiers en civil investirent la gare centrale de Ragusa, aux arrivées. Rien ne prouvait que ce trajet Gela-Ragusa n'était pas un nouveau mensonge mais Ramperte avait insisté : impossible de négliger une telle piste.

Les policiers firent irruption dans la gare de Gela après le départ du train. Ceux de Ragusa, en revanche, virent descendre d'un wagon un homme aux cheveux châtains d'une quarantaine d'années, porteur d'une mallette noire.

Ni Schaffen ni Durrenberger ni Graf, l'homme s'appelait Friedrich Pachino. Ses papiers d'identité, confirmés par les rapports d'Interpol, indiquaient qu'il n'était ni allemand ni autrichien, mais suisse alémanique comme sa mère, et qu'il bénéficiait en outre de la nationalité italienne, son père étant sicilien. Célibataire, il avait vécu en Suisse jusqu'en décembre 1983, date à laquelle il s'était établi à Ragusa, où il travaillait comme livreur dans un magasin appartenant à des cousins de son père. Apparemment, ceux-ci ne s'étaient pas émus qu'il leur fausse compagnie durant des mois, pas plus qu'ils n'avaient lu les journaux ou entr'aperçu les portraits-robots ; du moins l'affirmèrent-ils.

A Palerme, Ramperte et Ussunara commencèrent l'interrogatoire.

Sur un signe de son supérieur, Carmelo Ussunara attaqua le premier :

– Vous voyagez toujours armé d'un revolver et d'un couteau de cuisine ?

– Je n'ai rien à me reprocher. C'est pour ça que je me suis laissé interpeller sans résistance.

– Le nom de Grazia Misilmeri vous dit-il quelque chose ?

– Ah oui. C'est une prostituée. J'ai passé une partie de la nuit avec elle.

– Jacques et Marie-Hélène Sartel ?

– Oui. Des Belges très gentils. Je les ai rencontrés par hasard dans un hôtel et ils m'ont invité à dîner.

– Giuseppe Bertoldi ?

– Connais pas.

– Orazio Contini ?

– Non plus.

– Il est vrai que M. Contini n'est plus en état de témoigner contre vous. Tout comme d'autres, d'ailleurs.

Ussunara se tut afin de laisser Ramperte prendre la relève. Ce dernier, qui consultait un épais dossier, repoussa sa chaise pour se tourner enfin vers Pachino :

– A en croire la police helvétique, on ne saurait parler de vocation tardive en ce qui vous concerne. Premier hold-up à main armée et première condamnation dès l'âge de quatorze ans. Deuxième braquage, deuxième condamnation : à seize ans. Troisième... Je continue ? Avec un palmarès aussi chargé, on risque d'y passer des heures.

– Oui, j'ai fait de la prison. Mais c'est de l'histoire ancienne. J'ai payé ma dette.

– Les intérêts peut-être, mais pas le capital. D'après mes collègues suisses, vous n'êtes pas coupable de meurtre ou de tentative de meurtre dans leur pays. Mais on ne peut pas en dire autant depuis votre arrivée en Sicile. Et encore, je passe sur les prises d'otages, le viol et les cambriolages.

– Je n'ai rien à me reprocher, répéta Pachino.

– Dans ce cas, priez pour que les psychiatres vous déclarent irresponsable.

Hélas pour lui, les spécialistes en jugèrent autrement. Si le quotient intellectuel de Pachino ne se hissait pas à des hauteurs vertigineuses, il entrait toutefois dans la catégorie « moyenne ». Et, plus grave en l'occurrence, on ne détectait pas chez lui de tendance psychotique. En un mot, on pouvait le considérer comme responsable de ses actes et, en tant que tel, il se vit condamné à la réclusion à perpétuité.

Néanmoins, aucun expert ne sut expliquer pourquoi Pachino éliminait certains témoins tout en laissant la vie à d'autres, ni pourquoi il n'avait inauguré sa carrière d'assassin qu'après son arrivée en Sicile. De même, qu'il eût commis l'erreur de prévenir Grazia Misilmeri qu'il comptait monter dans le train de Ragusa cadrait mal avec son habituelle prudence. Selon l'inspecteur Ussunara, toujours imbattable sur la question des *assatanassati* – les « ensatanisés » –, cela restait conforme à la logique du personnage. Le commissaire Ramperte, quant à lui, médita sur deux coïncidences troublantes : Ragusa, la ville où Pachino s'était laissé capturer, était le berceau de sa famille paternelle. Et, en Suisse, il avait passé la majeure partie de son enfance dans des hôtels, où son père exerçait la profession de réceptionniste.

Isabelle di Natale

Rancune

Depuis bien des années déjà, Charles Erwin était considéré comme l'homme le plus riche du Mississippi. A soixante-dix ans, alors qu'il aurait pu passer des jours paisibles entre le bord de sa piscine et un terrain de golf pour millionnaires, il continuait à travailler parce que c'était ce qu'il avait toujours fait depuis sa jeunesse et qu'il n'éprouvait pas le bcsoin de modifier son mode de vie.

Le matin, il quittait vers 8 heures son domicile de Woodland Hill – un domaine résidentiel situé dans un faubourg de Jackson – et ne rentrait que l'après-midi entre 16 h 30 et 17 heures.

Pendant ce temps, sa femme Laurette s'occupait de la maison avec l'aide d'une gouvernante. Une fois par semaine, elle recevait des amies à déjeuner et échangeait avec elles de savoureuses indiscrétions, d'un intérêt purement local mais néanmoins piquant.

Tous deux menaient une vie régulière, tranquille, heureuse. Jusqu'au mardi 26 juillet 1988. Ce jour-là, Charles Erwin rentra chez lui vers 16 h 45. Trouvant la maison vide, il pensa que sa femme était allée faire une course et reviendrait bientôt. Le matin, elle n'avait évoqué aucune obligation particulière pour cet après-midi.

Comme à son habitude, il monta dans sa chambre au premier étage, ôta son costume – qu'il appelait son « déguisement d'homme d'affaires » –, enfila un jean et un sweater et s'allongea sur son lit. Il s'accordait chaque jour ce repos qui le libérait de la tension de la journée et lui redonnait une sorte de fraîcheur pour aborder la soirée.

Quand il se leva, une heure plus tard, sa femme n'était toujours pas rentrée. Erwin décrocha le téléphone et composa le numéro de la gouvernante :

– Dites-moi, Claudia, est-ce que Madame vous a dit ce qu'elle comptait faire cet après-midi ?

– Non, Monsieur. Madame a reçu ses amies à déjeuner, nous sommes mardi, ensuite elles ont joué au bridge jusqu'à deux heures et demie et après le départ de ces dames nous avons rangé. Je suis partie à trois heures.

– Elle ne vous a pas dit si elle avait l'intention de sortir ?

– Non, Monsieur.

Erwin remercia la gouvernante mais, avant de raccrocher, il lui demanda qui était venu déjeuner et appela aussitôt l'une des amies de sa femme :

– Désolé de vous déranger, Joan, je cherche à joindre Laurette... j'ai pensé qu'elle était peut-être chez vous...

– Non, Charles, elle n'est pas ici. Nous avons déjeuné chez vous avec Caroline et Amanda...

– Vous ne savez pas si elle devait faire une visite cet après-midi ?

– Pas que je sache. Elle est sans doute partie faire

une course... Allez, vous la retrouverez bientôt. Si Bill pouvait s'inquiéter de moi comme vous vous inquiétez de Laurette !

Charles Erwin tourna un moment dans la maison en essayant de penser à autre chose. Dix ans plus tôt, il avait été gravement malade. Pendant huit mois, Laurette s'était occupée de lui avec un dévouement qui avait encore accru l'attachement qu'il éprouvait pour elle après tant d'années de vie commune. Depuis un an, c'était Laurette qui était atteinte par la maladie. Elle avait pu avoir un malaise...

Il entreprit une visite complète de leur grande demeure mais ne trouva que des pièces vides. Alors – il était déjà 19 heures –, il décida d'appeler la police.

C'est juste après son appel, en se dirigeant vers la porte d'entrée, qu'il découvrit, posée sur le guéridon du vestibule, une feuille de papier qu'il n'avait pas remarquée jusqu'ici.

Il s'agissait d'un message tapé à la machine qui annonçait, d'une manière maladroite et indigente, que Laurette Erwin avait été enlevée et serait rendue contre une rançon. La suite, assez confuse, mentionnait une entreprise dont Erwin avait été l'actionnaire principal. Il s'agissait de Picture of the Year, une petite société dont l'activité consistait à réaliser des photos de classe. Elle avait une importance mineure dans son empire, qui était constitué surtout de participations dans les assurances et l'industrie pétrolière.

La demande de rançon dressait une liste de douze personnes qui, selon les termes vagues de la lettre, « avaient été impliquées dans la société » et avaient perdu de l'argent dans une période où l'entreprise avait été mal gérée. On exigeait d'Erwin qu'il rembourse ces personnes sans leur dire à quoi correspondait ce versement. La somme totale atteignait presque un million de dollars.

La missive se terminait par cette formule : « Vous avez dix jours pour effectuer le paiement. »

Erwin tenait encore le papier à la main quand les policiers sonnèrent à sa porte. Eux aussi furent interloqués par cette demande de rançon inhabituelle.

– Il y a quelques années, expliqua Erwin, j'ai vendu cette société à un groupe d'investisseurs dont vous avez les noms sur la feuille, mais ils s'y sont pris de telle manière qu'ils ont conduit l'entreprise au bord de la faillite. Comme j'avais conservé des parts, je leur ai fait un procès. La justice m'a rendu le contrôle de la société et a ordonné que je sois dédommagé car, entre-temps, la quasi-totalité du matériel – appareils photo, agrandisseurs, ordinateurs – avait mystérieusement disparu. Ce conflit est resté dans le cadre habituel des relations d'affaires et n'a jamais pris un tour personnel.

– Il est peu probable que ces douze personnes se soient liguées pour vous demander une rançon, mais il y a manifestement parmi elles quelqu'un qui vous en tient grief. En toute logique, seules ces douze personnes peuvent espérer tirer profit de l'enlèvement de votre femme.

L'inspecteur rendit la feuille de papier à Erwin et ajouta :

– Avez-vous l'intention de payer la rançon ? En avez-vous la possibilité ?

– Oui, j'ai les moyens de verser cette somme. Ce

qui me préoccupe, c'est que Laurette souffre d'une maladie intestinale qui l'oblige à prendre un remède chaque jour. Si elle ne le fait pas, elle risque de se déshydrater et de mourir en très peu de temps.

Les policiers avaient une autre raison de s'inquiéter. L'un d'eux avait décelé une petite tache de sang sur le seuil de la maison.

Le soir même, le FBI fut alerté et la nouvelle, encore secrète, de l'enlèvement fut transmise au maire de Jackson, qui donna immédiatement des consignes aux médias pour que, dans l'intérêt de la victime, on retarde le plus possible la divulgation d'informations sur ce rapt.

Dès le lendemain matin, les policiers interrogèrent les voisins d'Erwin, ainsi que les livreurs qui venaient régulièrement dans le quartier, pour savoir s'ils avaient remarqué, le jour de l'enlèvement, ou au cours des semaines précédentes, quelque chose d'anormal : une personne inconnue, un véhicule suspect, des allées et venues inhabituelles.

Un facteur se souvint avoir aperçu au mois d'avril, soit trois mois auparavant, une fourgonnette blanche immatriculée en Floride. Un voisin était sûr qu'un véhicule identique avait stationné à un croisement dans le quartier à une date qu'il ne retrouvait pas avec précision. Et, à peine deux jours avant le rapt, un technicien avait vu une fourgonnette blanche garée près de la maison des Erwin.

Pendant que les policiers recherchaient des témoignages et des indices, Charles Erwin négociait avec les banques. Sa fortune de 200 millions de dollars lui permettait de rencontrer auprès des banquiers une pleine compréhension de son malheur.

Avant que le délai de dix jours soit écoulé, il avait

expédié aux douze bénéficiaires un chèque correspondant au montant indiqué dans la demande de rançon.

Puis, il apparut à la télévision pour annoncer que le nécessaire avait été fait. Dans des termes émouvants, il suppliait les ravisseurs de ne faire aucun mal à sa femme.

Après cela, deux semaines s'écoulèrent dans une attente angoissée. Le silence des ravisseurs était désespérant. Enfin une lettre arriva. Elle avait été postée cinq jours plus tôt à Atlanta, selon ce qu'indiquait le cachet postal, et contenait un court message de Laurette qui, d'une écriture à peine lisible, implorait son mari de céder aux exigences des ravisseurs, faute de quoi elle serait enfermée et abandonnée toute seule dans le sous-sol d'une maison. La lettre se terminait par ces mots : « Je t'en prie, sauve-moi », suivis par la signature de Laurette.

Erwin, et les enquêteurs avec lui, était déconcerté par cette lettre. N'avait-il pas obéi aux instructions des ravisseurs ? Que voulaient-ils de plus ?

Dans les jours qui suivirent, les chèques qu'il avait envoyés commencèrent à revenir, les bénéficiaires refusant l'argent. Trois seulement s'en abstinrent, mais la police vérifia rapidement qu'ils ne pouvaient en aucun cas être impliqués dans l'enlèvement.

Il y avait tout lieu d'être perplexe. Comme le fit remarquer un enquêteur, c'était la première fois dans l'histoire du crime que les auteurs d'un rapt renvoyaient la rançon. Et pourtant, le coupable se trouvait nécessairement parmi les douze noms. On avait beau retourner le problème dans tous les sens, il était impossible qu'il en soit autrement. En même temps, aucun des douze noms ne conduisait à un suspect. Il s'agissait d'hommes d'affaires respectables, déjà âgés, au passé irréprochable. Tous disposaient d'un alibi.

D'autres semaines passèrent. L'enquête piétinait. On avait mis les pharmacies sous surveillance mais les deux personnes qui achetèrent le médicament qu'utilisait Laurette souffraient de la même maladie et avaient une ordonnance en bonne et due forme.

Lorsque arriva la fin du mois de septembre, les amis des Erwin aussi bien que les policiers acquirent la conviction que Laurette – soit par manque de médicament, soit par la volonté de ses ravisseurs – n'était plus en vie.

Charles apparut à nouveau à la télévision. Il promit une récompense de 100 000 dollars à toute personne qui lui permettrait de retrouver sa femme vivante. Ce fut en vain. Les ravisseurs restaient muets.

Les enquêteurs commencèrent alors à soupçonner que l'enlèvement n'avait peut-être pas pour objectif d'obtenir une rançon mais plutôt de faire subir à Erwin un supplice prolongé. C'était peut-être une vengeance et il fallait reconsidérer toute l'affaire sous cet angle. Ils reprirent donc la liste des douze hommes. L'un d'eux avait-il un motif particulier d'en vouloir à Charles Erwin ?

Ils eurent un long entretien avec l'homme d'affaires pour mieux connaître les détails du conflit relatif à Picture of the Year. Chaque nom fut passé en revue et, finalement, l'attention se porta sur Neville Easton, un avocat de soixante-quatre ans qui demeurait à Tampa, en Floride. Il disposait certes d'un alibi, mais il avait aussi de bonnes raisons de ne pas porter Erwin dans son cœur.

– L'affaire de Picture of the Year, indiqua ce dernier aux policiers, ne lui a laissé que la chemise sur le dos. Lorsque j'ai repris le contrôle de l'entreprise, il a cru devoir me faire un procès en prétendant qu'il avait été mal informé, lors de la vente initiale, des faibles chances de succès de la société. Il a perdu et a été condamné à me verser 150 000 dollars. En conséquence de ce jugement, la plus grande partie de ses biens a été saisie. Il est passé très près d'une ruine complète.

– Cet épisode se situe à quelle époque ? demanda un inspecteur.

– Il y a un peu moins de deux ans, en octobre 1986.

– Le problème, fit remarquer l'enquêteur, c'est qu'il fait partie de ceux qui ont renvoyé leur chèque et, d'autre part, il a un alibi. Il se trouvait en Floride au moment de l'enlèvement. Mais peut-être faut-il aller regarder cet alibi d'un peu plus près ?

Deux agents du FBI, Martin Bock et Scott Lentis, qui avaient effectué les premières vérifications, se rendirent à Tampa, bien décidés cette fois à aller au fond des choses.

En début de soirée, ils trouvèrent Neville Easton seul à son bureau. Cet homme de taille moyenne, mince, aux yeux bleus et aux cheveux blancs, vêtu avec une élégance discrète, correspondait parfaitement à l'idée qu'on pouvait se faire d'un notable dans une petite ville du Sud.

Il les accueillit sans exprimer de surprise et ne montra aucune réticence à redire à ses visiteurs ce qu'il leur avait expliqué précédemment :

– Je vous confirme que je me trouvais bien ici, à Tampa, le 26 juillet. Ce jour-là, j'ai rendu visite à une jeune femme qui... m'accorde ses faveurs en échange d'une rétribution, si je puis dire... Lorsque j'ai voulu lui remettre la somme convenue, je me suis aperçu que j'avais oublié l'argent au bureau. J'ai donc téléphoné à un employé pour qu'il me l'apporte.

– Cet employé, c'est bien Adam Searles ?

– Lui-même.

– Pouvez-vous nous donner le nom de la jeune femme ?

– Messieurs, je vous ai déjà dit, à votre première visite, pourquoi c'était impossible. Cette personne mène une vie honorable... Je ne veux pas nuire à sa réputation.

– Bien, c'est votre choix.

Bock et Lentis remontèrent dans leur voiture et se rendirent chez Searles.

En les voyant, l'employé, qui tenait un livre à la main, plissa légèrement les yeux derrière ses lunettes comme s'il observait un objet lointain, mais c'est sans inquiétude apparente qu'il répondit à leur question avec son accent du Sud :

– Je n'ai rien à ajouter à ma première déposition. Ce jour-là, monsieur Easton m'a téléphoné. Il m'a demandé si je voulais bien lui apporter à une certaine adresse du sud de la ville une enveloppe contenant de l'argent, que je trouverais dans un tiroir de son bureau. C'est ce que j'ai fait.

– Quelle est cette adresse ?

– C'était un drugstore. Monsieur Easton m'attendait dehors. Je n'en sais pas plus.

– Votre témoignage est précieux, monsieur Searles. Excusez-nous d'être venu à une heure si tardive.

Le lendemain, les deux agents fédéraux décidèrent de concentrer leurs investigations sur la fourgonnette blanche. Toutes les locations et toutes les ventes de fourgonnettes en Floride pendant les douze derniers mois furent passées au crible.

Ils apprirent ainsi que, au mois d'avril, Easton s'était rendu par trois fois à La Nouvelle-Orléans pour y louer une fourgonnette. En deux occasions, il s'agissait d'un véhicule de couleur blanche.

On pouvait légitimement se demander pourquoi l'avocat avait éprouvé la nécessité de louer un véhicule utilitaire trois fois dans le même mois. Et précisément en ce mois d'avril où, coïncidence troublante, une fourgonnette blanche avait été remarquée à proximité du domicile des Erwin.

Le fichier des immatriculations livra, lui aussi, une information importante : au mois de juin, Adam Searles avait acheté une fourgonnette à Saint-Petersburg, une localité voisine de Tampa.

Une nouvelle rencontre avec l'employé s'imposait. Les policiers garèrent leur voiture de façon à pouvoir surveiller l'entrée du logement de Searles. Quand ils le virent pénétrer dans l'immeuble, ils lui emboîtèrent le pas.

Searles venait à peine de refermer la porte sur lui quand la sonnette fit entendre son carillon. En ouvrant, il découvrit les deux policiers dans l'encadrement, et les regarda d'un air tranquille, presque exaspérant de placidité. Il recula d'un pas, les policiers franchirent le seuil.

– Vous ne nous avez pas tout dit, monsieur Searles, fit Bock avec un sourire.

– Mais si...

– Réfléchissez bien.

– Je ne vois vraiment pas...

– Et la fourgonnette ?

– La fourgonnette ?

– Oui, ne faites pas l'innocent. Vous en avez bien acheté une ?

– En effet. Mais je ne vois pas le rapport avec votre affaire ?

– Vous ne voyez pas le rapport, vraiment ? Eh bien expliquez-nous pourquoi vous avez besoin d'une fourgonnette alors que vous disposez déjà d'une voiture pour vous rendre à votre bureau.

– C'est simple... C'est tout simple... En fait, c'est monsieur Easton qui m'a demandé de l'acheter. Il m'a donné la somme nécessaire et, à vrai dire, cette fourgonnette lui appartient.

– A vrai dire, Adam, vous êtes un employé exceptionnellement complaisant.

Tandis qu'une légère rougeur envahissait le visage de Searles, les deux policiers s'en allèrent en laissant la porte ouverte.

Une fois dans la voiture, Scott Lentis reprit comme pour lui-même :

– Oui, exceptionnellement complaisant... et peut-être aussi exceptionnellement menteur...

Et Bock, qui lui aussi pensait tout haut, dit de son côté :

– Il faut qu'on en sache un peu plus sur Neville Easton.

Le matin suivant, les deux agents fédéraux frappèrent à la porte du shérif. L'homme connaissait bien sa ville de Tampa, où il habitait depuis toujours. Il savait faire oublier son état de policier pour provoquer des confidences qui paraissaient se dissoudre comme des bulles de savon dans l'air tiède de la Floride mais qu'il enregistrait avec soin. Et ce qu'il n'apprenait pas lui-même, c'est sa femme Liz qui le recueillait pour lui, car rien n'échappait à cette petite femme vive, toujours disponible pour une conversation dont un tiers faisait les frais.

– Je connais Neville depuis longtemps, dit le shérif. A une époque, nous nous fréquentions beaucoup. Nous avons souvent joué au golf ensemble. Et puis sa femme est morte, voici quinze ans... un cancer du foie, je crois. Elle a terriblement souffert. Ils avaient deux fils qui sont partis vivre ailleurs, l'un en Californie, l'autre à Boston. Neville a été très affecté par la disparition de sa femme. Pendant à peu près un an, il n'a fait que travailler. Le soir, il fermait son bureau et rentrait chez lui. Pendant les week-ends, il ne bougeait pas de sa maison. Ensuite, il a repris goût à la vie, on l'a vu avec de jolies personnes, beaucoup plus jeunes que lui.

– A-t-il une liaison actuellement ?

– Je ne crois pas. Jusqu'à l'année dernière, il y avait quelque chose entre lui et Julia McBride, qui était d'ailleurs mariée. Elle a divorcé depuis et en même temps ses relations avec Neville ont évolué vers une simple amitié. Ils se rencontrent encore régulièrement.

Informaticienne dans un cabinet comptable, Julia McBride, âgée de trente-deux ans, habitait une jolie maison en bois sur la baie de Tampa. Quand elle leur ouvrit la porte, les deux agents fédéraux virent une jeune femme au physique agréable, vêtue d'un pantalon de toile et d'un chemisier. Un petit chat gris se frottait contre ses pieds nus.

– Madame McBride ? FBI, dit Martin Bock en présentant son insigne. Pouvez-vous nous accorder un instant ? Nous enquêtons sur l'enlèvement de Laurette Erwin.

– Entrez, répondit-elle sans le moindre trouble.

Les deux hommes s'assirent dans des fauteuils en osier verni de style caraïbe pendant que la jeune femme s'installait sur le canapé, avec le chat.

– Nous savons, commença Lentis d'un air préoccupé, que vous êtes proche de Neville Easton. Si vous disposez d'informations susceptibles d'être utiles à l'enquête, il serait sage de nous les communiquer. Vous ne serez pas inquiétée.

– Je dois dire, messieurs, que je m'attendais à votre visite...

Après un bref silence pendant lequel elle les regarda en paraissant réfléchir, elle continua :

– Au début du mois d'août, Neville est venu me voir et, avant de partir, il m'a dit qu'il me demanderait bientôt un petit service. Je n'avais pas la moindre idée de ce que cela pouvait être. Quelques jours plus tard, il m'a téléphoné pour me fixer un rendez-vous dans un motel isolé, sur la côte. Quand je suis arrivée, il a sorti de sa serviette une grande enveloppe d'où il a tiré une plus petite qui portait un cache demandant de ne pas regarder l'adresse. Tout cela avait un petit air de roman d'espionnage qui m'a amusée. Mais Neville, lui, ne donnait pas l'impression de jouer. Au contraire, il était on ne peut plus sérieux. Il m'a dit qu'il me donnerait 500 dollars si je voulais bien me rendre par avion à Atlanta pour y poster cette lettre... Comme ça, sans me fournir d'explication... J'ai supposé qu'il s'agissait d'une affaire concernant son cabinet. Les avocats ont parfois recours à des procédés un peu tortueux. J'ai donc pris l'avion pour Atlanta, j'ai posté la lettre et, à mon retour, Neville m'a remis la somme promise. Ensuite, j'ai assez vite oublié cet épisode auquel je n'accordais pas grande importance. Mais quelques jours plus tard, j'ai fait le rapprochement, quand les journaux, à propos de l'enlèvement de madame Erwin, ont titré *La lettre d'Atlanta*...

Block et Lentis assurèrent la jeune femme qu'elle avait eu raison de leur dire spontanément ce qu'elle savait et ils repartirent vers le centre-ville.

Ils avaient l'impression que cette visite leur avait permis de progresser d'un grand pas. Les pièces du puzzle s'emboîtaient à merveille. Il s'agissait maintenant de démolir l'alibi de Neville Easton et pour cela il fallait convaincre Searles d'en dire plus.

Ils sonnèrent une nouvelle fois chez lui et posèrent les mêmes questions que précédemment. Ferme, calme, l'employé de Easton maintint sa version. Du moins jusqu'à ce que Lentis lui dise :

– Ecoutez, Adam, nous savons que Easton est impliqué dans l'affaire Erwin. Ce n'est pas un vol à la roulotte, c'est un crime crapuleux, un crime très grave. Si vous continuez à le protéger, vous serez poursuivi comme complice. Vous n'avez pas l'air de vous rendre compte que cela représente une vingtaine d'années derrière les barreaux.

– Puisque vous êtes sûr que Easton est coupable, pourquoi ne l'arrêtez-vous pas? Et d'ailleurs qu'avez-vous contre lui?

– Nous avons de quoi le coincer, en particulier une certaine fourgonnette blanche... Toute la question est de savoir si nous l'arrêtons seul ou si nous vous coffrons tous les deux. Réfléchissez bien, Adam, il se peut que vous ne dormiez pas chez vous demain soir, c'est tout à fait possible...

Searles éprouva le besoin de se servir un whisky. Il but une gorgée, fixa longuement le fond du verre, but une autre gorgée et, finalement, comme un homme qui se lance à l'eau, il dit en se tournant vers les policiers :

– C'est bon, qu'est-ce que vous voulez savoir ?

– La vérité, Adam, dit Martin Bock, simplement la vérité. Nous n'avons pas cru un mot de ce que vous nous avez déclaré jusqu'ici.

– Oui, c'est vrai, j'ai menti. C'est Easton qui m'a demandé de vous raconter cette histoire. Il me l'a demandé comme un service personnel et je n'ai pas pu refuser, non seulement parce que c'est mon employeur, mais parce qu'il m'a tiré d'affaire il y a quelques années. J'étais au bout du rouleau, sans argent, sans travail, sur le point d'être mis à la porte de mon logement. Lui m'a fait confiance. C'est difficile à oublier. Ce témoignage, c'était une façon de rembourser une partie de ma dette morale. Vous comprenez ?

– Donc, le 26 juillet, vous n'avez pas vu Easton ?

– Non.

Bock et Lentis laissèrent Searles en tête à tête avec sa bouteille de whisky. Ils venaient de faire un second pas décisif. Les problèmes de conscience d'un faux témoin ne les intéressaient pas.

Le 11 octobre 1988, Neville Easton traversait un parking pour rejoindre sa voiture quand il se trouva brusquement face à deux hommes. Il tourna la tête, un troisième se tenait derrière lui.

– Monsieur Easton ? FBI. Veuillez nous suivre.

Une voiture s'arrêta à la hauteur du groupe et Neville Easton fut emmené vers une destination que sa profession d'avocat lui permettait de deviner.

Il fut inculpé d'extorsion de fonds en relation avec le rapt de Laurette Erwin, mais ne fut pas poursuivi pour l'enlèvement lui-même puisqu'on n'avait aucun moyen d'étayer cette accusation et que la victime n'avait jamais reparu.

Le lendemain, les hommes du FBI fouillèrent de fond en comble sa maison et son bureau. Ils mirent la main sur deux revolvers, sur une photographie aérienne de Jackson où la maison des Erwin était entourée d'un cercle rouge et surtout sur une antique machine à écrire, une Underwood fabriquée en 1920, dont les caractères semblaient correspondre à ceux de la demande de rançon.

Malgré ces indices accablants, Easton proclamait son innocence. Il fit appel à toutes ses connaissances juridiques pour retarder le plus longtemps possible son extradition vers le Mississippi. Mais, à la fin du mois de janvier 1990, il fut conduit sous bonne escorte à Jackson où il dut faire face à un jury.

Là, il commit l'erreur de vouloir se défendre lui-même. Il avait contre lui les témoignages de Julia McBride et d'Adam Searles, les armes, la machine à écrire, la photographie aérienne, les bordereaux de location de la fourgonnette blanche et aussi le témoignage d'un pompiste de Jackson qui certifiait l'avoir aperçu au volant d'un véhicule de ce type la veille du rapt.

Dans une longue harangue, il prétendit que les témoins se trompaient, faisaient des confusions de date ou avaient changé leur déposition parce que le

FBI les avait intimidés, et il clama une fois de plus son innocence.

Le 7 février, le jury le déclara coupable d'extorsion de fonds et, deux mois plus tard, le juge le condamna à dix-neuf ans de prison.

Emmené par les gardes, il quitta la salle d'audience d'un pas hésitant, le dos voûté, comme si, en franchissant la porte, il entrait dans sa dernière demeure. A son âge, une peine aussi longue signifiait qu'il finirait sa vie dans une cellule austère et inconfortable et que, pour lui, les années à venir ne seraient qu'une lente et silencieuse agonie.

Christian Molinier

Par le tuyau

En 1988, le poste de police de la petite ville d'Überlingen, au bord du lac de Constance, occupait une modeste maison particulière entourée d'un petit jardin. L'atmosphère indolente des stations balnéaires régnait dans ce local. Tout particulièrement en hiver car, durant la saison froide, la petite équipe de policiers devait se contenter de verbaliser les infractions au Code de la route et d'interpeller les animaux errants.

Lorsqu'il voulait s'adresser aux autorités, le visiteur franchissait un portail, escaladait quelques marches et trouvait, à droite dans l'entrée, la porte toujours ouverte du bureau d'accueil.

C'est dans ce havre de paix que le sergent Arnold Bauer – un colosse à l'air perpétuellement endormi – reçut le 18 janvier un certain Kurt Meisner, trente-six ans, plombier au chômage depuis cinq ans, venu signaler la disparition d'une amie.

Il résultait des déclarations de Meisner que Mme Angelika Büchner, âgée de soixante-douze ans, n'avait plus donné de ses nouvelles depuis le mois de décembre.

– Depuis quel jour ?
– Le 11 décembre.
– Qu'est-ce qui vous permet d'être aussi précis ?
– Ce jour-là, je l'ai conduite à la gare de Friedrichshafen où elle devait prendre le train pour aller voir une amie à Hambourg et depuis elle ne s'est plus manifestée.

Bauer rangea le formulaire qu'il venait de remplir et sur lequel il avait noté le signalement de Mme Büchner, son adresse ainsi que les circonstances de sa disparition. Il laissa l'ex-plombier s'éloigner et décida de commencer l'enquête immédiatement.

Angelika habitait au rez-de-chaussée d'une petite résidence qui comportait neuf appartements sur trois niveaux. Dans l'intention d'interroger les voisins, le sergent sonna à plusieurs portes mais, en ce milieu d'après-midi, il n'y avait personne. Au deuxième étage, chez Lea et Franz Grünn, il perçut, derrière la porte, un bruit de chaise qu'on déplace. Un vieillard sec et droit lui ouvrit. Lorsqu'il fut informé de l'objet de sa visite, il fit entrer le sergent. Dans le salon, le policier remarqua une photographie encadrée, un vaste paysage de neige sur lequel se détachait un soldat en uniforme de la Wehrmacht.

– Vous regardez la photo ? C'était près de Kharkov en 1942. L'année suivante, j'ai été fait prisonnier avec l'armée de von Paulus dans la poche de Stalingrad. C'est comme ça que j'ai appris le russe. Angelika Büchner connaît bien la Russie, elle aussi. Mieux que moi. Sa famille était établie à Iaroslav depuis deux générations. Sa mère et elle ont pu partir en 1978, et elles se sont installées ici grâce à l'indemnité du gouvernement, une grosse indemnité. Sa mère est morte en 1983, elle avait quatre-vingt-quinze ans.

– L'absence de Mme Büchner ne vous inquiète pas ?

– Elle a l'habitude de s'absenter, d'aller rendre visite à des parents, et puis Meisner nous a dit qu'il l'avait conduite à la gare de Friedrichshafen. Elle est allée à Hambourg...

– Vous connaissez bien Meisner ?

– Oui, il vient souvent dans l'immeuble. Il est très ami avec Angelika. Il habite près d'ici avec sa femme et ses trois enfants. L'année dernière, Angelika lui a acheté une Mercedes pour qu'il l'emmène se promener... Elle a horreur de la marche à pied, à cause de sa corpulence.

– Quand l'avez-vous vue pour la dernière fois ?

– La veille de la Saint-Nicolas, le 5 décembre.

– Et depuis, plus de nouvelles ?

– Non, aucune.

– Vous a-t-elle parlé de ce voyage à Hambourg ?

– Non.

– Est-ce que quelqu'un possède les clés de son appartement ?

– Non, personne... Enfin, je ne pense pas.

Bauer considéra qu'il en savait assez. Il remercia le vieux soldat en lui serrant la main et descendit directement au rez-de-chaussée. La porte de Mme Büchner était fermée à clé, mais cela n'arrêtait pas un homme plein de ressources inemployées comme le sergent. Il sortit un objet qui ressemblait à un couteau de poche. Cet instrument, auquel on donne le nom anodin de « parapluie » dans le jargon du métier, lui avait été offert par son instructeur à l'école de police, qui le tenait lui-même d'un voleur professionnel de grand talent. Manié avec la compétence requise, il permettait d'ouvrir toutes les serrures, y compris les verrous de sûreté. Aussi la porte d'Angelika ne résista-t-elle pas longtemps.

Bauer tourna le bouton et poussa tout doucement le battant. La première chose qu'il aperçut fut une pantoufle verte devant la porte du salon. Il distingua ensuite sur le sol de l'entrée une tache sombre d'une couleur indéfinissable, entre le marron et le noir.

Le sergent recula d'un mouvement vif, referma la porte à double tour et retourna au plus vite au poste de police. Il monta directement au premier étage où se trouvait le bureau de l'adjoint au chef de la police, l'inspecteur Julius Becker.

C'était un homme de taille moyenne dont le visage rose était surmonté d'une tignasse blanche. Il avait fait toute sa carrière au bord du lac de Constance et devait partir à la retraite dans deux ans. Pour l'heure, il étudiait les statistiques mensuelles des accidents de la route sur son secteur.

– Chef ! Je pense que nous avons un meurtre !

– Bon Dieu ! Tu en es sûr !

Le sergent raconta ce qu'il avait vu, en ajoutant :

– Nous ne sommes pas vraiment équipés pour cette enquête, il faudrait peut-être appeler le bureau des affaires criminelles à Stuttgart.

L'inspecteur jeta sur le bureau le document qu'il tenait à la main, se leva et dit après un temps de réflexion :

– D'accord, mais on ne va faire venir que les techniciens. Pour ce qui est de l'enquête, je m'en charge personnellement.

Il se dirigea vers le perroquet où pendait son manteau et ajouta :

– Mais d'abord, il faut s'assurer qu'il y a bien eu meurtre. De quoi aurait-on l'air s'il s'avérait que la bonne dame se promène avec son amie au bord des canaux de Hambourg ?

Le sergent ne répondit rien. C'était la première fois qu'il devait s'occuper d'une affaire criminelle et quelque chose lui disait qu'il en était de même pour l'inspecteur.

– Nous allons commencer par examiner les lieux du crime présumé, dit ce dernier avec une pointe d'ironie.

– J'espère pour elle qu'elle se trouve à Hambourg, répliqua le sergent, mais à mon avis, à l'heure qu'il est, elle n'est plus en état de se promener.

Devant la porte d'Angelika, Bauer fit à nouveau usage de son « parapluie ». Pendant que le sergent restait sur le seuil, l'inspecteur retira ses chaussures et s'avança sur la pointe des pieds dans l'appartement en contournant la tache sombre de l'entrée. Il découvrit d'autres indices inquiétants mais pas de cadavre.

– C'est étrange, marmonna-t-il en remettant ses chaussures, tu m'as bien dit qu'elle était très grosse ?

– D'après le signalement de Meisner, elle devait peser près de cent kilos.

– Comment est-il ce Meisner ?

– Gros, lui aussi, pas grand, mou.

– Dans ce cas, il a dû avoir un complice. Tu as déjà essayé de transporter un cadavre de cette corpulence ?

– Jamais.

– Je peux t'assurer que ce n'est pas une mince affaire.

– Alors c'est bien un meurtre ?

– Ça m'en a tout l'air... Tu as vu ses plantes ? Elles sont toutes mortes. Jamais une femme comme Angelika Büchner, qui prend soin de son intérieur, ne partirait de chez elle sans s'assurer que quelqu'un s'en occupe.

Le lendemain, une escouade de quinze techniciens arriva de Stuttgart dans deux voitures et un minibus. Ils apportaient un matériel perfectionné.

En fin de journée, le responsable de l'équipe avait dactylographié dans le minibus un rapport qu'il tendit à Julius Becker en lui disant :

– Prenez-en connaissance, il faut que nous soyons partis dans une demi-heure.

Après une description détaillée de la disposition de l'appartement, on pouvait lire :

Dans la cuisine, une casserole sur le réchaud contenait de la choucroute moisie. Les fruits placés dans une corbeille sur la table étaient pourris. La nourriture du réfrigérateur était avariée.

Dans la salle de bain, nous avons trouvé un verre avec une brosse à dents et divers produits d'hygiène corporelle. La machine à laver contenait du linge qui avait été lavé mais non essoré.

Dans le placard étaient rangés six paquets contenant des cadeaux destinés à être offerts à des enfants pour la Saint-Nicolas. Ceci semble indiquer que Mme Büchner a disparu à la date du 6 décembre ou dans les jours qui ont précédé.

Dans l'entrée, le sol et les murs portent des taches de sang de type A +. Elles datent d'environ cinquante jours.

Des traces du même sang conduisent de l'entrée jusqu'à la baignoire. Elles attestent qu'un corps humain a été tiré depuis l'entrée jusqu'à la salle de bain.

Dans cette pièce, nous avons décelé de nombreuses traces d'acide chlorhydrique, notamment sur la glace, sur le carrelage du sol, ainsi que sur les robinets, dans le siphon et dans le tuyau d'évacuation de la baignoire.

La quantité d'acide utilisée peut être estimée à au moins dix litres.

En conclusion, il apparaît qu'une personne de groupe sanguin A + a perdu une certaine quantité de sang dans l'entrée, a été traînée jusqu'à la salle de bain, a été dissoute au moyen de l'acide dans la baignoire et s'est écoulée par le tuyau d'évacuation.

– Ridicule ! s'exclama l'inspecteur. Une femme de cent kilos ne passe pas par le tuyau d'une baignoire !

Il se représenta mentalement l'énorme masse de graisse qu'avait dû être le corps d'Angelika, la compara au diamètre du tuyau et continua :

– *Unmöglich, Herr Doktor!* Absolument impossible !

Cette conviction ne perturba en rien le scientifique qui répondit avec une tranquille assurance :

– Nous connaissons notre métier. Il est parfaitement possible, si l'on dispose d'une quantité suffisante d'acide et du temps nécessaire, de dissoudre la chair, les os, les cheveux et même les dents d'un cadavre, fût-il très gros. Cela donne une sorte de gelée qui peut s'évacuer.

Dès le départ des techniciens, Julius Becker, le sergent et deux autres policiers se précipitèrent au domicile de Meisner pour l'arrêter.

– Nous avons besoin de vérifier certains détails, annonça l'inspecteur.

Et il enferma le suspect dans une cellule du poste de police.

Après quoi, il eut un bref entretien avec le sergent.

– Ça fait longtemps qu'il est au chômage. Il n'a pas le sou. Il est même sûrement couvert de dettes. Il s'agit de savoir comment il comptait s'y prendre pour s'emparer de l'argent d'Angelika. Ainsi nous aurons le mobile.

– Je vais vérifier sa situation financière.

Le lendemain, en milieu de matinée, les deux policiers furent en mesure d'interroger Meisner.

– Monsieur Meisner, commença l'inspecteur, nous avons remarqué une chose curieuse. Depuis la Saint-Nicolas, vos finances se sont beaucoup améliorées. Vous avez remboursé une dette de 8 000 Marks qui courait depuis deux ans et votre compte postal, qui était à zéro depuis longtemps, présente actuellement un solde de 12 000 Marks.

Se tournant vers le sergent, il ajouta :

– Pour un chômeur de longue durée, il se débrouille plutôt bien ! Mais sa gestion est tout de même surprenante. Il a récemment changé de voiture... Il a vendu la Mercedes que lui avait offerte Mme Büchner pour faire l'acquisition d'une BMW neuve, malgré le fait qu'il a encore 20 000 Marks de dettes.

Puis s'adressant de nouveau à l'ex-plombier :

– Expliquez-nous cette soudaine prospérité, monsieur Meisner !

– C'est très simple, j'ai gagné 60 000 Marks à la roulette au casino de Baden-Baden. Un coup de chance. J'ai cessé de jouer aussitôt.

– A quelle date ce coup de chance s'est-il produit ?

– Je ne me souviens pas exactement... vers le début du mois de décembre.

– Au début du mois de décembre, voyez-vous cela !

Le sergent téléphona au casino. On lui certifia qu'aucun client n'avait gagné 60 000 Marks en un soir en décembre.

Mis en demeure de s'expliquer, Meisner répondit :

– Je ne vous ai jamais dit que c'était en un seul soir. J'ai gagné cette somme en une semaine environ.

Et il ajouta d'un air modeste :

– Les détails ne sont pas mon fort.

Pourtant, quand il s'agissait du départ d'Angelika, il donnait une quantité de détails ahurissante :

– Elle portait une robe gris perle avec une veste d'un gris plus foncé et une écharpe jaune à motifs roses. Elle avait un manteau en loden marron. En prévision de ce voyage, elle avait acheté une valise à roulettes.

– Dans quel magasin ?

– Je ne sais pas.

– Comment, vous ne savez pas ? C'est certainement vous qui l'y avez conduite. Elle ne pouvait transporter seule un colis si encombrant ?

– Oui, c'est moi qui l'ai emmenée en voiture, mais j'ai oublié dans quel magasin c'était.

– Vous confirmez que vous l'avez accompagnée à la gare de Friedrichshafen le 11 décembre ?

– Certainement !

– Elle allait à Hambourg ?

– Oui.

– Nous avons vérifié et il se trouve que, le 11 décembre, on n'a vendu aucun billet pour Hambourg à la gare de Friedrichshafen.

– Personnellement, je ne l'ai pas vue acheter le

billet. Elle m'a simplement dit qu'elle allait à Hambourg chez son amie Frieda Zürn. Comme je n'avais pas trouvé de place de stationnement, je l'ai laissée devant l'entrée principale... Après tout, elle s'est peut-être rendue en zone Est ou en Russie. Elle parlait souvent d'y retourner.

– Avez-vous déjà utilisé de l'acide chlorhydrique, monsieur Meisner ?

– Oui, bien sûr !

– Pourquoi « bien sûr » ?

– On s'en sert couramment en plomberie. Cela permet de détartrer les baignoires et les lavabos, de désinfecter les tuyaux et de les déboucher.

– Vous en avez chez vous ?

– Naturellement. J'ai nettoyé ma salle de bain avec.

– Et celle d'Angelika Büchner également ?

– Oui, elle me l'avait demandé.

– Mais vous en avez mis partout !

– Je n'ai pas fait bien attention.

– Vous savez que c'est un produit dangereux ?

– Ah bon ?

Becker fit un signe au sergent :

– Remets-le au frais !

Au retour de Bauer, l'inspecteur lui fit part de sa perplexité :

– N'importe qui d'autre aurait déjà avoué ! Il y a le sang, l'acide, l'argent ! Et il ment comme il respire ! Le problème, c'est que si nous n'obtenons pas quelque chose de plus, il ne sera pas condamné. Nous n'avons pas de cadavre, pas d'arme du crime, nous ne savons même pas comment Angelika a été tuée.

Quelques heures plus tard, un nouvel interrogatoire apporta un élément nouveau, mais il n'allait pas du tout dans le sens que les policiers espéraient.

Quand Meisner fut introduit dans la pièce, Becker lui jeta d'emblée :

– L'histoire du casino, ça ne tient pas ! Nous avons présenté votre photo aux physionomistes, aucun ne vous a reconnu. En fait, vous n'avez jamais mis les pieds à Baden-Baden. Alors d'où vient l'argent ?

L'ex-plombier eut une expression de lassitude.

– Il m'a été donné par Angelika. Elle m'a remis deux chèques en blanc, signés par elle. J'ai simplement rempli le montant avec son autorisation.

L'inspecteur crut qu'il tenait Meisner. Le suspect avait dû imiter la signature de la victime et l'expertise allait bientôt le confirmer.

Ce fut le contraire qui se produisit. Après avoir comparé les deux chèques avec des documents bancaires d'Angelika, les experts conclurent de manière catégorique à l'authenticité des signatures sur les chèques.

Becker n'y comprenait plus rien. La vieille femme était-elle devenue sénile ? Avait-elle été menacée par Meisner ? Avait-elle peur de lui ? Y avait-il autre chose de plus obscur ?

Il se rendit chez Lea et Franz Grünn.

– Est-ce que Mme Büchner vous a donné l'impression de craindre Meisner ? demanda-t-il à Lea.

– Pas du tout. Elle l'aimait beaucoup. Elle le considérait un peu comme son petit-fils.

– D'habitude, quand elle s'absentait, confiait-elle les clés de son appartement à quelqu'un ?

– A Mlle Litt, je pense. Au premier.

Mathilda Litt avait quarante-six ans. La première chose que vit Becker en entrant chez elle, ce fut les plantes vertes. Il y en avait partout. Certaines en forme de boules étaient placées sur des guéridons, d'autres, en haut des meubles, déversaient des cascades de feuilles jusqu'au sol, d'autres encore avaient de longues feuilles élégantes qui s'évasaient harmonieusement. Dehors, devant la fenêtre, des bacs d'argile débordaient d'une végétation profuse.

Après quelques mots de présentation, l'inspecteur lui fit confirmer que Angelika lui confiait parfois ses clés avant de partir en voyage.

– Quand elle partait pour plus de trois jours, mais cette fois, elle ne m'a rien dit.

– Elle a peut-être oublié ?

– C'est très peu probable.

– Elle s'entendait bien avec Meisner ?

– Oui, elle l'aimait beaucoup.

– Elle l'aimait... de quelle façon ?

– Qu'est-ce que vous allez chercher ? Elle avait de l'affection pour lui, c'est tout.

– Est-ce qu'elle avait toute sa tête ?

– Bien sûr ! Elle était même encore très vive d'esprit, je peux vous l'assurer.

– Savez-vous qui était son médecin ?

Mathilda Litt communiqua à l'inspecteur le nom du Dr Hans Hartling dont le cabinet était situé dans le quartier.

Quand le médecin put recevoir Becker, au retour de sa vacation à l'hôpital, il se montra des plus catégoriques :

– Elle était en parfaite santé. Je passais la voir une fois tous les quinze jours pour une visite de routine mais elle se portait à merveille. Il est vrai qu'elle avait un excès de poids important... Elle aurait dû peser trente kilos de moins... mais son cœur était solide. Non, vraiment, elle était en bonne forme pour son âge.

– Et sa tête ?

– Très lucide. Mme Büchner était saine de corps et d'esprit et surtout elle aimait la vie. Elle était contente de son sort. Avec de telles dispositions, elle aurait pu vivre encore vingt ans, ou plus, à condition de perdre un peu de poids.

– Vous faisait-elle des confidences sur sa vie privée ?

– Elle parlait volontiers. A mon avis tout était parfaitement clair dans son existence.

– Une passion cachée ?

– Certainement pas.

Une fois revenu au poste de police, Becker ne put qu'exprimer sa perplexité au sergent Bauer. Puisque Angelika avait signé volontairement les chèques en blanc – s'il en avait été autrement, elle aurait téléphoné à la banque pour faire opposition – on ne comprenait pas pourquoi Meisner l'avait tuée. Cela allait même contre ses intérêts puisqu'il ne figurait pas sur son testament.

– La seule chose que nous ayons contre lui, c'est l'acide chlorhydrique.

– Justement, je suis allé voir sa femme, dit le sergent. Elle a confirmé qu'il avait bien nettoyé la baignoire à l'acide, chez lui. Mais il a pris beaucoup de précautions : gants, masque, etc.

– Il a menti une fois de plus. Le problème, c'est qu'une femme ne peut témoigner contre son mari.

– Elle m'a dit aussi qu'il ne lui donnait jamais

d'argent. Tout passait dans la voiture. Elle a l'air satisfaite qu'il ne soit plus là.

– Malheureusement, il va s'en sortir. Nous n'avons aucune preuve et même le mobile ne tient pas. Pourtant je suis sûr qu'il l'a tuée. Mais nous ne saurons jamais ni comment ni pourquoi, et quand nous le croiserons dans les rues d'Überlingen, il pourra se moquer de nous.

Kurt Meisner fut cependant inculpé et incarcéré à Friedrichshafen. « Il aura au moins fait quelques mois de prison », se disaient les policiers.

Deux semaines plus tard, Franz et Lea Grünn recevaient une carte postale de Hambourg : « Merveilleux séjour. Amitiés. Angelika. »

La semaine suivante, ce fut Mathilda Litt qui eut des nouvelles, de Duisbourg : « Mon voyage se prolonge. Je ne m'en lasse pas. Pouvez-vous prendre le courrier dans ma boîte à lettres ? »

Puis d'autres occupants de l'immeuble reçurent à leur tour des cartes postales. L'une d'elles venait de Palma de Majorque. Toutes étaient signées « Angelika ».

L'inspecteur recueillit ces cartes qui, bien entendu, n'étaient pas de la main de Mme Büchner, ni de celle de Meisner. Sur chacune d'elles, l'écriture était différente. Becker les tendit au sergent :

– Meisner aurait-il un complice ?

– Pourquoi ce complice se serait-il donné la peine d'aller jusqu'en Espagne ? Et pourquoi aurait-il modifié son écriture sur chaque carte ?

– Tu as raison, ce n'est pas un complice.

Brusquement, une autre idée lui vint :

– Téléphone à la maison d'arrêt de Friedrichshafen. Je veux savoir combien de détenus ont été libérés depuis l'arrivée de Meisner, du moins parmi ceux qui ont été dans la même cellule que lui ou en contact avec lui.

Le sergent décrocha le combiné et, au terme de la conversation, remit à l'inspecteur une liste de sept noms.

Becker se frotta les mains :

– Faux témoignages ! On va les mettre sur la liste des personnes recherchées.

Deux semaines plus tard, sur les sept codétenus de Meisner, quatre furent retrouvés et deux seulement admirent avoir envoyé une carte postale à la demande de Meisner. L'un était allé à Palma de Majorque, l'autre à Duisbourg. Il leur était difficile de nier. Meisner leur avait dit : « Quand vous serez dehors, envoyez une carte postale. Ils seront obligés de me libérer. On ne retrouvera jamais le corps. »

Malgré tout, lorsque le jour du procès arriva, Becker ne se montrait pas optimiste. Certains experts attestaient qu'un corps humain avait *probablement* été dissous au moyen d'acide chlorhydrique dans la baignoire d'Angelika Büchner mais il était impossible d'affirmer qu'il s'agissait d'Angelika elle-même ni que c'était Meisner qui l'avait tuée. D'autres experts paraissaient douter qu'on puisse dissoudre un corps de 100 kilos dans une baignoire, sans exclure formellement cette hypothèse.

Dans ces conditions, l'ex-plombier allait probablement être acquitté.

L'accusé lui-même en était convaincu. Et l'avocat général, devant un dossier si mal étayé, se contenta de demander une peine de six ans d'emprisonnement pour homicide.

Aussi le jury causa-t-il une surprise générale en

estimant que Meisner était coupable de meurtre avec préméditation et en le condamnant à la réclusion à perpétuité.

L'inspecteur Becker en éprouva une sorte de soulagement, auquel se mêlait toutefois un vague mécontentement. Finalement, il devait bien admettre qu'il avait échoué dans son enquête et qu'il ne saurait jamais comment Meisner avait tué Angelika, ni pourquoi.

Christian Molinier

Les Invités du samedi soir

Le lundi 25 août 1986, l'inspecteur Waddle regagna avec une demi-journée d'avance le commissariat de Newark-on-Trent. En principe, ses vacances d'été ne s'achevaient qu'au soir de ce même lundi, mais, comme il était rentré à Newark dans la matinée, autant faire un tour au bureau après le déjeuner, avait-il songé, quitte à retourner chez lui dans l'après-midi pour aider femme et enfants à défaire leurs valises.

En revenant plus tôt que prévu, Stephen Waddle n'obéissait à aucun motif particulier, n'était en proie à aucune inquiétude, ne suivait les injonctions d'aucun rêve prémonitoire. Au mois d'août plus encore que durant le reste de l'année, Newark, petite cité mi-commerçante mi-touristique située à deux cents kilomètres au nord de Londres, s'endormait dans la léthargie de ces vieilles villes d'Angleterre où il ne se passe jamais rien, excepté quelquefois un festival de musique ancienne ou une foire consacrée aux traditions populaires locales.

Simplement, le policier voulait s'assurer qu'il ne s'était rien produit d'extraordinaire durant ses quinze jours de congé, et, lorsqu'il poussa la porte de son bureau, aux alentours de 14 heures, il estima que la probabilité s'élevait à 99 %.

Ce chiffre diminua de moitié dès qu'il remarqua l'expression de l'inspecteur Lucille Baimbridge. Du même âge que lui – trente-cinq ans –, blonde, les cheveux très courts, le visage à demi dissimulé par une paire de lunettes qui lui donnait des faux airs de professeur d'université, Lucille était pour Waddle, plus encore qu'une collègue, une coéquipière. La plupart du temps, les deux policiers étaient réunis en tandem sur les mêmes affaires. Ils se connaissaient depuis l'école de police, s'entendaient bien – Lucille Baimbridge était la marraine du fils aîné de Waddle –, mais surtout leur supérieur hiérarchique, le superintendant Frazer, avait décrété une fois pour toutes qu'ils se complétaient : l'esprit méthodique de Lucille tempérait le côté « fonceur » de Waddle, trait de caractère qui, à l'inverse, évitait à son équipière de se perdre dans l'analyse.

Cet après-midi-là, affalée contre son bureau, face à celui de Waddle, elle torturait à deux mains un malheureux élastique qui ne lui avait rien fait.

– Salut, Stephen, j'espère que tu as passé de bonnes vacances, tu ne devais pas reprendre ton service seulement demain ? lança-t-elle tout d'une traite.

Sans lui laisser le loisir de répondre, elle tira trop fort sur l'élastique, qui céda dans un claquement sec, lui cinglant deux doigts au passage. Avec un soupir, elle consulta sa montre.

– Quatre jours, trois heures et quarante-deux minutes, commenta-t-elle d'un air sombre.

– De quoi parles-tu ?

– Il y a quatre jours, trois heures et quarante-deux minutes – non, presque quarante-trois, maintenant – que j'ai arrêté de fumer. Je ne compte pas les secondes, ça ferait mesquin.

– Je vois, compatit Waddle, notant en effet la disparition du brouillard qui estompait les contours de la pièce en temps ordinaire. Courage, ajouta-t-il, ce sont les premiers jours les plus pénibles.

– J'ai lu dans un magazine que le sevrage n'était pas si terrible, pourvu que le fumeur repenti ne subisse pas de stress. Jusqu'ici, ça marche. Rien de spécial pendant ton absence... Sois gentil, raconte-moi tes vacances, ça m'aidera à oublier la nicotine.

Une demi-heure plus tard, au terme d'une conversation à bâtons rompus, la jeune femme avait recouvré sa bonne humeur.

Le téléphone ne sonna que vers 15 heures, moment où l'inspecteur Baimbridge regretta plus que jamais ses cigarettes, et où l'inspecteur Waddle, avec quelques heures d'avance sur son service, renonça à rentrer chez lui pour ranger ses valises.

La ferme des Faunthrope comportait un bâtiment d'habitation datant d'une soixantaine d'années, une grande étable et quelques annexes de moindre importance, ainsi que les vestiges d'une grange au bord de la route. Le tout, entouré de trois ou quatre hectares de prairies et de vergers, se situait à une dizaine de kilomètres de Newark en direction de Nottingham, la capitale du comté.

C'était Frank Faunthrope, le fils des fermiers, qui avait téléphoné à la police en début d'après-midi :

– J'essaie de joindre mes parents depuis hier soir. Ils ne répondent pas, ce n'est pas normal.

– Etes-vous passé les voir? avait demandé le sergent de garde.

– Non, je vis à cinquante kilomètres de chez eux, à Derby. Si vous pouviez envoyer quelqu'un vérifier qu'il ne leur est rien arrivé... Ils ne sont plus tout jeunes et ce silence m'inquiète. Leur ferme est juste à l'entrée du village de Chevey, on ne peut pas se tromper.

Prévenue par radio, une voiture de patrouille s'était présentée chez les Faunthrope vingt minutes plus tard.

Vers 15 heures, les policiers avaient alerté le commissariat de Newark. Evan Faunthrope et sa femme Ada, respectivement âgés de soixante-douze et soixante-dix ans, avaient été retrouvés dans leur cave, bâillonnés et ligotés sur une chaise. Et morts depuis plusieurs heures.

Lucille Baimbridge, suivie de Stephen Waddle, examina la salle de séjour pendant que le médecin légiste et les techniciens descendaient à la cave. Pour le moment, on n'avait pas relevé de traces d'effraction sur les portes ou les fenêtres.

La pièce principale du bâtiment d'habitation respirait le confort et la propreté : murs blancs, meubles cirés, carrelage immaculé. Sur le poste de télévision, des portraits encadrés : des enfants et des adolescents sur des photos en noir et blanc, quelques autres sur des clichés en couleur. Sans doute les enfants et petits-enfants des Faunthrope. Le manteau de la cheminée accueillait lui aussi des souvenirs familiaux : deux jeunes mariés adoptant une pose solennelle sur une photo datant des années 1940, des bébés en barboteuse, un adolescent en costume de communiant, une petite fille avec des nattes blondes et un jeune garçon qui lui ressemblait, en uniforme de scout. Dans un cadre ovale, un chat tigré aux yeux d'agate, qui avait dû être la mascotte de la maison.

– Toute une existence résumée en quelques images, murmura Lucille. C'est poignant.

Ce qu'elle remarqua également, ce fut la profusion de napperons et garnitures qui recouvraient les tables, buffets et accoudoirs de fauteuils : non pas d'affreuses toiles d'araignée au crochet, mais de fines dentelles, légères comme un souffle, dont chaque motif – des fleurs stylisées – avait demandé des heures de travail. Et des doigts de fée.

– De vrais chefs-d'œuvre à la mode d'autrefois, apprécia-t-elle.

– C'était l'époque où les femmes ne pouvaient pas devenir policiers, observa Waddle. Il fallait bien qu'elles s'occupent, les pauvres... On va à la cave ?

Après un détour par les chambres, les deux inspecteurs descendirent au sous-sol.

Le Dr Raines, haute silhouette couronnée de cheveux roux, les reçut au centre d'une étroite pièce éclairée à l'électricité, parmi des cageots de pommes et des amas de cartons et de vieux meubles. Il désigna d'un geste du menton les deux corps recroquevillés sur leur siège, contre le mur du fond, à gauche de la chaudière :

– Ils sont probablement morts asphyxiés. On leur a enfoncé des chiffons dans la bouche avec une telle force qu'ils se sont étouffés ; les bâillons leur ont arraché une partie des lèvres. Le décès peut aussi être dû à de nombreuses fractures crâniennes, pour l'homme comme pour la femme. On les a frappés avec une extrême violence... Je vous préciserai tout cela après les examens complémentaires.

– A quand remonte le décès ? questionna Waddle.

– A samedi soir, je pense. L'autopsie nous donnera des indications plus détaillées.

– Le crime a donc eu lieu il y a près de quarante-huit heures, nota Lucille Baimbridge.

– Inutile de passer tout le secteur au peigne fin, opina Waddle. En l'espace de deux jours, les assassins ont eu largement le temps de quitter la région.

– Les assassins ? Tu crois qu'ils sont plusieurs ? s'étonna Lucille.

– Deux au moins. Sinon, comment une seule personne aurait-elle pu maîtriser à la fois Evan et Ada Faunthrope ? Ou alors, il aurait fallu les menacer d'une arme à feu. Et encore...

– Pas si vite ! N'oublie pas qu'ils avaient plus de soixante-dix ans !

– En effet, intervint le Dr Raines, mais ils étaient apparemment robustes et en bonne santé. Je partage l'avis de Stephen : les agresseurs étaient deux au minimum.

Waddle fit quelques pas dans la cave, contourna les cageots de fruits et examina les soupiraux, par lesquels filtrait la lumière de la fin d'après-midi. Ils étaient hermétiquement clos.

– Le drame s'est produit ici, reprit-il, mais les tueurs ont dû pénétrer dans la maison par la porte du rez-de-chaussée. Soit les Faunthrope les connaissaient, soit les intrus se sont présentés à eux sous un prétexte quelconque.

– Sans doute des rôdeurs en quête d'argent, compléta Lucille. Ils ont voulu faire avouer aux Faunthrope où ils cachaient leur magot et ils les ont torturés...

– En réalité, non, coupa le légiste. Justement, il

n'y a pas eu de torture à proprement parler. Les agresseurs ont ligoté et frappé leurs victimes, mais, si j'ose dire, c'est tout. Ils ont agi très vite. Nous n'avons pas affaire à des sadiques mais à des individus qui savaient ce qu'ils cherchaient.

Les deux inspecteurs échangèrent un regard.

– Il va donc falloir se renseigner sur l'état de la fortune des Faunthrope, conclut Waddle. A priori, la ferme paraît plutôt modeste, mais...

Au rez-de-chaussée, les enquêteurs avaient découvert l'arme du crime dans la salle de bains : une grosse branche d'arbre souillée de sang. Il incomberait au laboratoire de confirmer s'il s'agissait du sang des deux fermiers, mais les policiers avaient d'ores et déjà une certitude :

– Les chiffons qui ont servi à étouffer les Faunthrope leur appartenaient, expliqua l'un des techniciens. Nous avons trouvé les mêmes dans le placard de l'entrée.

– Si les tueurs ne les ont pas apportés à la ferme, dit Lucille, cela semble indiquer qu'ils ont improvisé, du moins en partie... Des objets de valeur ont-ils disparu ?

– Difficile de le savoir tant que les enfants Faunthrope n'auront pas dressé l'inventaire. En tout cas, les assassins ont pris tout l'argent. Les portefeuilles sont vides, tout comme les boîtes de fer-blanc de la cuisine, du genre de celles où on range la menue monnaie. Il ne reste plus un seul penny dans toute la maison.

Pendant que Waddle poursuivait ses investigations à l'intérieur de la ferme, sa coéquipière alla explorer la cour. La voiture des Faunthrope, un break vert sombre, était garée devant l'étable, à l'extrémité du chemin qui menait vers la route. Au-delà, derrière les ruines grisâtres de la grange, s'étendait le petit village de Chevey, blotti autour de son église à clocher carré. Dans un décor si paisible, on avait du mal à imaginer un drame.

Le ciel limpide du mois d'août faisait ressortir la blancheur des murs de la maison et l'éclat du parterre de roses jaunes en lisière du potager. Dans l'étable, une vache meugla d'une voix plaintive. Des fermes comme celle-ci, Lucille en avait vu des dizaines, dans son enfance, et sans doute les Faunthrope ressemblaient-ils trait pour trait aux paysans chez qui ses parents l'emmenaient acheter du lait et des œufs, autrefois. Des gens assurément moins « simples » que ne voulaient le croire les citadins, et pour qui l'existence se révélait souvent difficile, et le travail pénible. Dans ses souvenirs, aucun d'entre eux ne possédait de « magot », de pièces d'or dissimulées au fond d'une lessiveuse. Il se pouvait fort bien que l'on ait assassiné les Faunthrope pour – combien ? quelques livres en espèces ? – une somme dérisoire. Lucille secoua la tête et fouilla dans la poche de sa jupe. Pour se remonter le moral, rien de tel qu'une bonne... non. Pas de cigarette. D'ailleurs, elle n'avait pas emporté de paquet.

Avec l'accord de la police, l'un des cultivateurs du voisinage était en train de s'occuper des vaches. Quand il sortit de l'étable, il se dirigea vers la jeune femme :

– Voilà, j'ai fini de les traire. Il était temps... Je reviendrai demain matin pour les emmener au champ.

Kenneth Carnousie, un garçon d'une vingtaine d'années, vivait chez ses parents à l'entrée du village.

– Les Faunthrope avaient-ils d'autres animaux ? demanda Lucille.

– Non, sauf un chien et un chat que j'ai emmenés chez moi en attendant que les enfants Faunthrope viennent les récupérer. Si ça ne pose pas problème.

– Parfait, acquiesça-t-elle.

Le jeune homme prit dans sa poche de pantalon un petit paquet rouge et blanc dont elle devinait trop bien le contenu. Lorsqu'il lui proposa une cigarette, elle refusa d'un simple signe de la main. Dire « non » à haute voix lui coûtait encore.

– Vous connaissez bien leurs enfants ? s'enquit-elle tandis qu'il allumait son briquet.

– Oui. Ils sont trois, ils ont entre quarante et cinquante ans. Tous mariés, avec des enfants. Frank, l'aîné, travaille à Derby, comme ingénieur des chemins de fer. Kate, sa sœur, vit à Nottingham ; elle est vendeuse dans une boutique de soieries et de dentelles.

– Ah oui. Les dentelles que j'ai vues dans la salle de séjour...

– Vous voulez sans doute parler de celles que fabriquait Ada. Sa propre mère était dentellière mais le métier s'est perdu, ça n'intéressait plus personne. Et puis, il y a une dizaine d'années, les gens ont redécouvert les techniques anciennes. Ada s'y est mise, ou remise. Elle était douée. Elle vendait sa production dans le magasin de Kate. C'était un bon appoint, sur le plan financier, depuis que Evan et elle avaient pris leur retraite en tant que fermiers. Ils n'ont gardé que quelques vaches, le verger, le potager...

– Personne, parmi leurs enfants, n'a voulu reprendre l'exploitation ?

– Non. La crise, vous comprenez... Paul, le petit dernier, aurait bien voulu, mais sa femme a refusé. Trop dur, pas assez rentable, paraît-il. Maintenant, il habite à Derby, près de chez son frère. Il se tue à la tâche huit heures par jour dans une imprimerie, mais il est content, à ce qu'on m'a dit. Chacun son choix.

Il eût été difficile de ne pas percevoir une nuance d'ironie dans sa voix.

– A votre avis, qui aurait pu souhaiter la mort des Faunthrope ?

Kenneth Carnousie exhala une longue bouffée de fumée.

– Personne. Je ne comprends pas ce qui a pu se passer... Evan et Ada s'entendaient bien avec leurs voisins. Vous savez, dans un bourg comme le nôtre, tout le monde connaît tout le monde, et, fatalement, il y a de temps en temps des petites frictions, mais jamais rien de grave.

– Ce seraient donc des étrangers au village ? Des rôdeurs ?

– Oui, sauf que des rôdeurs, on n'en voit jamais par ici. Tout le monde laisse sa porte ouverte les trois quarts du temps, sans aucun problème.

Lucille Baimbridge hocha la tête. Cela expliquait l'absence d'effraction.

– S'il ne s'agit pas plus de familiers que de rôdeurs, objecta-t-elle, que nous reste-t-il ?

– Je ne sais pas. Tout ce que je peux vous dire, c'est qu'il y a peut-être un rapport avec ça.

Se retournant à demi, il désigna la grange en ruine, au bord de la route.

– Elle a brûlé le mois dernier, expliqua-t-il. Comme ça, en pleine nuit. Evan a appelé les pompiers. Ensuite, il a raconté que c'était un accident, que quelqu'un avait dû mal éteindre un mégot, mais – je ne dis pas ça parce que je suis fumeur – je n'y crois pas trop. Il aurait fallu être fou pour entrer dans une grange à foin avec une cigarette allumée. Et d'ailleurs, Evan et Ada ne fumaient pas. Je pense qu'Evan a parlé d'accident à cause de l'assurance.

– Ce serait donc un accident « volontaire » ? Mais qui ? Et pourquoi ?

– Ça, je me le demande... Tout ce que je sais, c'est que le lendemain, quand ils ont vu les dégâts, mes parents et les autres voisins ont dit que ce n'était pas normal. Seulement, d'un autre côté, qui aurait pu vouloir du mal aux Faunthrope ? Et puis maintenant, après ce qui est arrivé, on est bien obligé de se poser la question...

Si le témoignage du jeune Kenneth était riche d'enseignements, les recherches de Waddle et de ses hommes dans les différentes pièces de la maison ne se révélèrent pas moins fructueuses.

– Devine ce qu'on a découvert dans le lave-vaisselle ! s'écria un Waddle débordant d'enthousiasme, en rejoignant sa coéquipière au moment où Kenneth repartait chez lui. Des couverts et des assiettes ! Toute la vaisselle d'un repas ! Et, par chance, rien n'avait encore été nettoyé... Tu te rends compte ?

– Pas très bien. Où veux-tu en venir ?

– Lucille, il y a 90 % de chances pour qu'il s'agisse du dîner de samedi soir ! Le dernier repas des Faunthrope...

– Quelle preuve en as-tu ?

– Aucune pour le moment, admit Waddle, manifestement déçu par le scepticisme de sa collègue.

Mais l'autopsie nous indiquera si les restes d'aliments correspondent. Et si tel est le cas, c'est capital... Figure-toi qu'ils étaient quatre ! Quatre assiettes plates, quatre couverts, etc. Quelques heures ou quelques minutes avant leur mort, Evan et Ada Faunthrope ont reçu chez eux deux personnes...

– D'accord, si ton hypothèse est exacte. Mais rien ne te permet d'affirmer que ces deux invités soient les coupables.

Lorsque les deux inspecteurs regagnèrent Newark en début de soirée, la balance penchait plutôt en faveur de Lucille Baimbridge et de sa prudente réserve. A l'instant de leur départ, l'un des policiers les avait rattrapés :

– Regardez ce que j'ai déniché dans les pages du livre de comptes.

La lettre ne portait ni date ni signature. Le papier avait l'air neuf. Rédigé en grosses majuscules, sans doute afin de déguiser l'écriture, le message disait :

« Vous feriez mieux de nous donner l'argent, ou bien on ira le chercher. Une ferme, ça brûle vite. »

– L'incendie de la grange, le mois dernier, rappela Lucille.

Waddle, à qui elle avait répété les propos de Kenneth Carnousie, acquiesça :

– Si quelqu'un s'est amusé à extorquer des fonds aux Faunthrope, nos deux invités n'ont pas forcément un rapport avec le crime.

Le lendemain matin, date officielle du retour de Waddle au commissariat, les deux policiers firent un compte rendu détaillé à leur chef, le superintendant Frazer, qui les encouragea par ces mots :

– Continuez, vous vous débrouillez bien. Et n'oubliez pas les trois règles d'or d'une enquête réussie. Premièrement : vérifier...

– Deuxièmement : vérifier, ajouta Lucille.

– Troisièmement : vérifier, acheva Waddle.

Le soir de ce même mardi, ils purent commencer à procéder par élimination.

Comme l'avait pressenti Lucille Baimbridge, les Faunthrope ne disposaient pas d'une grande fortune personnelle. Leurs économies se limitaient à quelques milliers de livres, placées sur un compte bancaire rémunéré. Ils n'avaient pas souscrit d'assurance vie. Leurs enfants n'avaient pas à espérer d'eux un héritage mirifique.

Par ailleurs, leur fille, Kate, s'était rendue à la ferme dans la matinée pour constater que rien ne manquait. Ses parents ne possédaient pas d'objets de valeur. Seul l'argent liquide avait disparu.

– Mon père gardait toujours une cinquantaine de livres dans son portefeuille. Pas plus. D'une manière générale, il préférait régler par chèque.

Ni elle ni ses frères n'avaient la moindre idée de l'identité des deux convives du samedi soir. De même, les habitants du village ne purent répondre sur ce point. Ce soir-là, personne n'avait aperçu de voiture dans la cour des Faunthrope, pour la bonne raison qu'on ne pouvait pas voir grand-chose depuis la route. La police lança donc un avis de recherche demandant que les deux personnes concernées se fassent connaître, à des fins d'information.

D'après le rapport d'autopsie, Evan et Ada Faunthrope étaient morts en même temps, à quelques secondes près, étouffés par les chiffons enfoncés dans leur gorge sur une profondeur de près de trente centimètres. Les lésions crâniennes étaient antérieures de plusieurs minutes. Le décès avait eu lieu environ une heure après la fin du dîner, soit vers 23 heures. Et la composition du repas était identique aux restes découverts dans le lave-vaisselle.

– Si les deux invités ne sont pas les meurtriers, observa Lucille Baimbridge, ils ont vu les Faunthrope moins d'une heure avant leur mort... La coïncidence serait trop extraordinaire. En fin de compte, Stephen, tu avais raison. Les Faunthrope ont dîné en compagnie de leurs assassins.

– La probabilité n'est pas de 100 %, répliqua Waddle, beau joueur, mais d'au moins 95 %. On peut donc parier – à 100 % – que les mystérieux convives ne vont pas nous téléphoner pour nous dire leur nom.

Restait à déterminer si les coupables étaient les auteurs de la lettre anonyme, et là encore la réponse inspira à Waddle un « 95 % minimum ». En effet, à la banque, si le compte rémunéré ne laissait pas apparaître de mouvements anormalement importants, le compte chèques oscillait, quant à lui, entre de perpétuels découverts chaque fois épongés par une rentrée d'argent, immédiatement suivie d'un nouveau découvert, comme si, dès que les Faunthrope touchaient leur retraite, ils n'avaient rien de plus pressé que de dilapider leurs revenus. Où allait cet argent? Pas sur le compte d'épargne, en tout cas. Celui-ci n'était plus alimenté depuis des mois. Parfois même, les Faunthrope y puisaient pour renflouer le compte chèques. En d'autres termes, quelqu'un était en train de les ruiner lentement mais sûrement.

– Ils retiraient ces sommes en espèces, précisa le banquier, et naturellement nous n'avions pas à poser de question. Au total, cinq ou six mille livres ont dû se volatiliser de cette façon.

Une seule explication s'imposait : le chantage. Mais pour quel motif? Que pouvaient donc dissimuler deux modestes fermiers à la retraite, vivant depuis toujours dans un village où ils n'avaient pas d'ennemis?

– Pourquoi n'ont-ils pas averti la police? demanda l'inspecteur Baimbridge à son coéquipier.

Celui-ci répondit par une autre question :

– Lors de l'incendie de la grange, pourquoi n'ont-ils pas porté plainte?

Sur ces deux interrogations allait s'en greffer une autre, dès que les policiers eurent rappelé au téléphone les enfants des Faunthrope. Frank, Kate et Paul se montrèrent unanimes : jamais leurs parents n'avaient mentionné une quelconque histoire de chantage, jamais ils n'avaient évoqué des difficultés financières, jamais ils n'avaient décrit l'incendie de leur grange autrement que comme un accident. Comme s'ils s'étaient efforcés de couvrir ceux qui les persécutaient.

Pourquoi?

Dans la journée du jeudi 28 août, soit trois jours après la découverte du crime, les inspecteurs Baimbridge et Waddle procédèrent à la vérification des alibis. A en juger par les finances des Faunthrope, aucun des trois frères et sœur n'avait de mobile, mais les policiers appliquèrent néanmoins un principe cher au superintendant : contrôler, à toutes fins utiles.

Frank, l'aîné, celui qui avait alerté la police, avait dîné le samedi soir avec sa femme et ses enfants chez des collègues ingénieurs, à Derby. Il n'avait quitté ses amis qu'après l'heure du crime. En revanche, le cas de Paul et de Kate semblait moins clair.

Kate affirmait être restée seule chez elle pendant que son mari et ses enfants se rendaient chez ses beaux-parents. Souffrant d'une migraine, elle n'avait pu les accompagner. En admettant qu'elle ait eu la force physique d'assassiner ses parents – 5 % de chances, selon Waddle –, elle ne possédait pas d'alibi jusqu'au retour de son mari, vers 1 heure du matin.

Paul, pour sa part, avait passé la soirée avec son épouse, à regarder la télévision. Leurs enfants se trouvaient à la campagne dans un camp de scouts, respectant en cela une tradition familiale : sur les vieilles photos, le petit garçon en uniforme n'était autre que Paul. Certes, sa femme pouvait mentir afin de le protéger, voire être complice du meurtre, mais, là aussi, la faiblesse de l'alibi n'avait rien de suspect. Comme aimait à le souligner le superintendant Frazer, rares étaient les innocents qui pouvaient offrir un alibi imparable.

En remontant dans le temps – pure vérification de routine –, les deux inspecteurs allèrent de surprise en surprise. Mariée depuis dix ans à Paul, May Faunthrope avait eu une enfance malheureuse. Abandonnée par sa mère, n'ayant jamais connu son père, placée dans une famille d'accueil avant d'être reprise par sa mère, qui entre-temps avait convolé en justes noces, elle avait subi des sévices sexuels de la part de son beau-père avant d'être confiée à une nouvelle famille. A partir de l'âge de dix-neuf ans, elle avait fait plusieurs séjours dans des établissements psychiatriques.

– On resterait traumatisé pour moins que cela, commenta Lucille Baimbridge tout en continuant de lire à haute voix le rapport des enquêteurs. Enfin, quand elle atteint vingt-cinq ans, les choses s'arrangent pour May. Elle décroche un emploi dans une usine de céramique à Derby et rencontre Paul peu après. Ils se marient, elle cesse de travailler à la naissance de leur premier enfant. Aujourd'hui, à trente-sept ans, elle est mère de quatre enfants et en attend un cinquième. Rien à signaler, pas de troubles du comportement. Aucun problème avec sa belle-famille.

– On ne saurait en dire autant de son cher époux, rétorqua Waddle, plongé dans son propre dossier. Ecoute un peu...

D'un geste machinal, la jeune femme chercha sur son bureau un crayon pour compenser l'absence de cigarette et, faute d'en trouver, se rabattit sur ses lunettes, qu'elle tritura tout en écoutant son coéquipier. Celui-ci la considéra un moment, intrigué. N'ayant jamais fumé, il ne pouvait comprendre.

– Ton témoin, le jeune Kenneth, avait à la fois raison et tort, poursuivit-il. Paul a souhaité reprendre l'exploitation agricole de ses parents, en effet, et May l'en a dissuadé. Ayant connu le travail en usine, elle aspirait à une existence plus confortable, et la ferme lui paraissait un mode de vie trop rude. Tout cela est vrai. Ce qui est aussi vrai, c'est que Paul s'est fait embaucher chez un imprimeur de Derby voilà plusieurs années. Mais ce que Kenneth ignorait, c'est que l'imprimeur a licencié Paul il y a environ un an, pour cause d'absentéisme. Depuis ce moment-là,

Paul et May n'ont plus un sou... Or Paul était le benjamin des enfants Faunthrope, et également celui qui avait le moins bien réussi. Combien veux-tu parier que ses parents ont mis la main à leur poche ?

– L'argent liquide qui disparaît depuis des mois ? C'est possible, les dates correspondent. Mais le chantage ? Si ses parents l'aidaient financièrement, pourquoi les aurait-il menacés ?

– Peut-être ne l'aidaient-ils pas assez à son gré. Peut-être May le poussait-elle à exiger davantage. Surtout si elle attendait un cinquième enfant.

– Dans ce cas, une seule solution : faire expertiser la lettre anonyme et comparer avec l'écriture de Paul et de May.

– Ma chère Lucille, merci de ce précieux conseil. Je ne manquerai pas de le suivre. Et maintenant, ouvre grandes tes oreilles. L'imprimeur de Derby possédait une petite maison près d'ici, dans le Nottinghamshire, et devine ce qui lui est arrivé quinze jours après le renvoi de Paul...

– Elle a brûlé ?

– Eh oui. Dégâts matériels importants, mais pas de blessés. L'imprimeur, qui avait compris d'où venait le coup, a porté plainte contre Paul, lequel a reconnu les faits, tout en prétendant, je cite, « ne plus savoir comment il avait pu faire une chose pareille ».

– Tu crois qu'il bluffait ? questionna la jeune femme.

– N'étant pas extralucide, je n'en ai pas la moindre idée. Cependant, à l'époque, la police de Derby a soumis Paul à une expertise psychiatrique. Le psy a indiqué que Paul était parfaitement responsable de ses actes et aussi équilibré qu'on peut l'être, mais il a précisé, je cite toujours, que cela « demeurait vrai tant que Paul était à jeun ». Donc, en termes moins choisis, il ne se contrôle plus dès qu'il a bu.

– L'alcoolisme expliquerait pas mal de choses, entre autres son absentéisme. Et... le meurtre.

– Oui, dit Waddle. Le meurtre de ses propres parents.

Arrêtés le samedi 30 août, une semaine jour pour jour après le drame, les deux époux commencèrent par nier en s'en tenant à leur version initiale : la soirée télévision chez eux, loin de la ferme. Puis, quand on les sépara, le ton changea. Autant May se montra inébranlable, autant son mari ne tarda pas à perdre pied.

– On avait besoin de plus d'argent, expliqua-t-il aux deux inspecteurs, surtout avec le petit qui va naître dans cinq mois. Les parents répétaient qu'ils faisaient ce qu'ils pouvaient, mais, pour nous, ça ne suffisait pas.

L'homme, de taille moyenne, la quarantaine empâtée, ressemblait à sa sœur – et à leur père. Un visage régulier, un beau regard ; dans ses traits, Lucille Baimbridge retrouvait le jeune scout de la photo. Une formule résumait l'impression de la jeune femme : Paul Faunthrope avait une « bonne tête ».

– C'est May qui a eu l'idée de la lettre. Elle pensait que ça aurait plus de poids. Elle n'a pas signé, mais elle se doutait bien que les parents devineraient d'où ça venait. Et en effet, ils ont deviné. Et ils n'ont pas apprécié. Mon père m'a téléphoné pour me dire de me calmer, sans quoi il irait tout raconter à Frank et à Kate. Et ces deux-là auraient encore moins apprécié. D'autant qu'ils ne savaient pas que les parents nous aidaient. Enfin, ils savaient, mais pas jusqu'à quel point... Bref, on a mis le feu à la grange.

Il écarta les bras dans une attitude fataliste, comme si aucun de ces événements n'avait dépendu de lui.

– Après ça, les parents ont décrété qu'ils ne voulaient plus nous voir. Ils n'ont rien dit à Frank ni à Kate, mais ma mère a déclaré qu'elle en avait assez. Enfin, il y a une dizaine de jours, je leur ai téléphoné. C'était trop bête de rester fâchés. Ma mère nous a dit de passer dîner ce samedi-là, pour qu'on discute de tout ça. Sur la route du village, on a traversé le bois. J'ai ramassé une grosse branche. Pour leur faire peur si jamais les choses tournaient mal. Je ne voulais pas les tuer...

– Vraiment ? lança Waddle, dubitatif.

– Oui. Et puis, pendant le dîner, on a beaucoup parlé et beaucoup bu. On s'est disputés, mon père a dit qu'il ne voulait plus nous donner d'argent... Je ne savais plus ce que je faisais... Ma mère est descendue à la cave pour chercher quelque chose. Je l'ai suivie et je l'ai frappée... Elle criait. Je l'ai attachée sur une chaise. May m'a apporté des chiffons pour que je la fasse taire... Mon père, qui était à la cuisine, est arrivé... Et voilà.

– Et voilà, murmura Lucille Baimbridge en écho.

En entendant les aveux de son mari, enregistrés au magnétophone, May Faunthrope les confirma, à cette nuance près qu'elle insista sur sa propre fragilité :

– Dans mon état, je n'aurais pas pu aider Paul. D'ailleurs, quand je lui ai tendu les chiffons pour bâillonner sa mère, elle était déjà morte.

Grâce à l'autopsie, la police savait que c'était faux. Et l'on pouvait supposer que Ada Faunthrope avait hurlé jusqu'au bout. Longtemps. L'agonie avait duré.

Bien que la responsabilité de sa femme fût à l'évidence plus importante qu'elle ne l'affirmait, Paul préféra se charger pour l'épargner. Au mois d'avril 1988, après avoir accouché d'une fille à la prison de Nottingham, May, simplement accusée de complicité passive, fut condamnée à dix ans de réclusion. Son époux, lui, bénéficia de circonstances atténuantes, ce qui ne lui valut qu'une peine de dix-huit ans.

Quelques mois après le verdict, les inspecteurs Baimbridge et Waddle passèrent en voiture par le village de Chevey. La ferme des Faunthrope avait disparu, remplacée par un pavillon en cours de construction. Kate et Frank, leur apprit-on, avaient décidé de raser les murs qui avaient vu une telle tragédie, même s'il s'agissait de la maison de leur enfance.

– Ils font bâtir une nouvelle habitation pour leurs propres enfants, expliqua Kenneth Carnousie en se penchant vers la portière.

– Je les comprends, dit Lucille.

Lorsque le jeune homme alluma une cigarette, elle ne ressentit aucun regret. Une autre nostalgie l'envahissait, que Stephen Waddle exprima à sa manière, carrée et directe :

– C'est tout un monde qui s'en va.

Isabelle di Natale

Les Camionneurs

Addie Beckwith n'était pas née sous le signe de la chance. Elle avait à peine dix ans quand sa mère s'était suicidée. La petite fille rentrait chez elle un jeudi après-midi, déposée devant sa porte par le car de ramassage scolaire, lorsqu'elle avait constaté un silence inquiétant dans la maison. Normalement, sa mère aurait dû l'accueillir avec le plateau de sandwiches qui lui tiendrait lieu à la fois de déjeuner et de goûter. Depuis quelque temps, Margaret Beckwith avait tendance à se laisser aller. Elle ne se maquillait plus, ne sortait presque plus, passait ses journées rivée à sa télévision. Souvent, elle pleurait en cachette – Addie s'en était aperçue. Ce devait être à cause de cette horrible femme dont Margaret prononçait le nom avec dégoût, et Jonathan Beckwith avec une espèce de fascination dont Addie ne comprenait pas bien la nature : Elida Toppen, la grande blonde qui venait quelquefois à la maison. Margaret disait d'un ton rageur qu'elle avait l'allure d'un mannequin pour catalogue de lingerie, et la petite fille, qui avait les idées les plus vagues sur la question, approuvait sa mère par principe.

Ce jeudi-là, Addie n'avait pas mis longtemps à trouver Margaret. Etendue dans la baignoire de la salle de bains, les poignets tranchés, la jeune femme ne respirait plus. Refusant de s'attarder sur le spectacle des flots de sang qui maculaient l'émail blanc, Addie avait voulu espérer contre tout espoir. D'une main ferme, elle avait empoigné le téléphone pour appeler police secours, dont le numéro figurait dans le mémento placé sous le répondeur.

Les médecins n'avaient rien pu faire. Margaret Beckwith était morte depuis plusieurs heures.

Deux ans s'étaient écoulés depuis le drame. L'enquête de routine avait conclu au suicide, et Addie avait appris la haine : non pas envers son père, même si elle le jugeait en partie responsable, mais envers Elida Toppen, la seule coupable à ses yeux d'enfant. Que Margaret eût volontairement mis fin à ses jours lui paraissait secondaire. Pour elle, Elida avait assassiné sa mère aussi sûrement que si elle avait tenu elle-même le rasoir.

Et que son père se fût empressé d'épouser la « meurtrière », quelques semaines après l'enterrement, n'avait réussi qu'à envenimer la situation. La naissance du demi-frère de Addie, le petit Mike, n'avait signifié qu'une trêve provisoire dans les relations entre belle-mère et belle-fille.

Aussi, lorsque Elida finit par la chasser de la maison familiale, au matin du vendredi 30 juin 1989, éprouva-t-elle un certain soulagement. A douze ans, Addie Beckwith avait fait son deuil du monde des adultes.

– Il faudrait réparer la verrière, observa Sibyl Beckwith à haute voix.

Elle s'adressait à elle-même, comme le font parfois les personnes seules, encore que, à trente-six ans, elle n'en eût pas l'âge. Mais, divorcée au terme d'un bref et décevant mariage, elle avait acquis des habitudes de solitaire.

Ce matin-là, postée à la fenêtre de l'étage, elle promenait un regard critique sur le toit de sa véranda. Une vitre fendue menaçait de se briser.

– Jonathan est très bricoleur, il pourra arranger tout ça, conclut-elle.

Son frère l'aidait souvent pour les tâches qui la rebutaient et, par chance, il habitait à moins de cinq cents mètres. Eh bien, c'était dit, elle lui téléphonerait dans la soirée pour lui demander de passer un de ces jours avec sa trousse à outils.

Avant de descendre se préparer à déjeuner, Sibyl Beckwith inspecta une nouvelle fois les alentours. Devant elle, la colline s'incurvait vers un champ de blé donnant sur la Platte River. Plus loin, derrière une boucle du fleuve, on distinguait l'échangeur de l'US 25, qui menait à la ville de Casper.

Demain, elle se rendrait au centre commercial pour faire ses achats mais surtout pour se changer les idées. Ici, en plein cœur de l'Etat du Wyoming, les étés étaient longs, les hivers rudes et les distractions rares. Travaillant à mi-temps chez un industriel des environs, Sibyl s'ennuyait durant ses loisirs, tout en s'interdisant de finir comme sa défunte belle-sœur : la pauvre Margaret, devenue dépressive, avait accordé trop d'importance à une banale aventure extraconjugale. La sagesse aurait commandé de fermer les yeux. Et maintenant, Sibyl avait hérité d'une belle-sœur nettement moins inoffensive que la précédente. Quant à la petite Addie, principale victime de tous ces bouleversements familiaux, comment pouvait-elle supporter de vivre sous le même toit que cette... créature ?

Sibyl Beckwith écarquilla les yeux. Non, elle ne rêvait pas. C'était bien Addie, au bout de l'allée. Vêtue de ses éternels jean et tee-shirt plus ou moins bien entretenus par Elida, ses longs cheveux châtains en bataille, comme toujours, la petite fille ouvrait le portail d'un geste assuré. Bizarrement, elle portait une valise.

– Mais qu'est-ce que tu fais ici ? s'étonna Sibyl en volant à sa rencontre dans le jardin.

– Cette peste d'Elida m'a mise à la porte, déclara Addie d'une voix posée. Et comme je n'avais nulle part où aller...

Sibyl embrassa sa nièce et s'empara de la valise. L'enfant ne semblait pas trop déprimée.

– Tu peux rester chez moi aussi longtemps que tu voudras, répondit-elle. Du moins jusqu'à ce que ton père se soit manifesté. Où est-il en ce moment ?

– Je ne sais pas, ça fait deux jours qu'il est parti. Il avait des clients à Cheyenne.

– Je vois. Et Elida t'a ordonné de quitter les lieux ? s'indigna Sibyl.

– Oui, ce matin elle m'a dit qu'elle en avait assez de moi, que j'étais jalouse de Mike – ce qui est idiot, il est beaucoup plus gentil qu'elle – et que, si je n'étais pas contente, je n'avais qu'à aller voir ailleurs. Alors, comme de toute façon on n'a plus école depuis la semaine dernière, j'ai pensé que le mieux était de venir chez toi.

– Tu as bien fait. Mais on va vite arranger tout ça. Ton père rentre quand ?

– Lundi ou mardi. Il ne m'a pas laissé de numéro où le joindre.

Sibyl poussa un soupir de contrariété. Camionneur dans une entreprise de transports routiers, Jonathan effectuait souvent des livraisons aux quatre coins du Wyoming et obéissait à un emploi du temps des plus aléatoires. Ses absences pouvaient durer deux ou trois jours de plus que prévu. Tout en emmenant sa nièce à l'intérieur de la maison, Sibyl reprit :

– J'allais préparer un en-cas. Installe tes affaires dans la chambre du rez-de-chaussée, si tu veux. Quand nous aurons déjeuné, j'appellerai ta belle-mère et je lui dirai ma façon de penser.

– Si tu y tiens... concéda Addie sans enthousiasme. Mais ça m'étonnerait qu'elle t'écoute. Son ex a débarqué la semaine dernière et, depuis, il s'incruste à la maison.

Cette fois, Sibyl sursauta :

– Tu veux dire son premier mari ? Hank l'imbécile ?

Cette dénomination peu flatteuse désignait un camarade de travail de son frère, camionneur tout comme lui, qu'Elida avait épousé en premières noces, avant de le quitter pour Jonathan. Pour des raisons que Sibyl ne s'expliquait pas, les deux hommes étaient malgré tout restés d'excellents amis. La seule qualité de Hank Newsom, persiflait-elle, était qu'il n'avait jamais réussi à faire un enfant à Elida.

Addie accompagna sa tante dans la cuisine, où elle s'assit sur un tabouret pendant que Sibyl lui servait un verre de lait.

– Oui, Hank l'imbécile. Et il n'y a pas que lui. Murphy Walkins a carrément emménagé avant-hier à la maison. Dans la chambre à côté de la mienne, tu te rends compte ?

Murphy Walkins – lequel, entre la tante et la nièce, répondait au sobriquet de « Murphy le demeuré » – était un ami d'enfance d'Elida, à l'allure débonnaire, à qui on ne pouvait guère reprocher que ses plaisanteries graveleuses et son gros rire gras. Assez fier de son « physique de garçon de plage qui aurait trop forcé sur la bière », selon la charitable Sibyl, il avait tenté des travaux d'approche envers celle-ci et, en quelques répliques cinglantes, elle l'avait renvoyé à ses chères études. Il se disait en effet diplômé de l'université de Laramie, en section informatique, allégation qui laissait Sibyl fort sceptique.

– Si je comprends bien, lança-t-elle, la maison de mon frère s'est transformée en hall de gare.

– ...Et je ne sais plus quoi faire, shérif. C'est pourquoi je m'adresse à vous.

Sibyl Beckwith se tut, à bout de souffle après son interminable monologue. L'homme assis en face d'elle, au poste de police de Casper, l'avait écoutée avec attention. Agé d'une quarantaine d'années, le teint mat, les yeux noirs, les cheveux couleur de jais, Dennis Joe Millard avait dans sa physionomie quelque chose d'imperceptiblement asiatique qui révélait ses origines indiennes. Il descendait des Shoshones, les premiers habitants des plaines du Wyoming.

En théorie, seul le préposé au service des personnes disparues aurait dû recevoir l'énergique jeune femme. Cependant, égaré par les méandres de son récit, en même temps qu'épuisé par l'insistance avec laquelle elle exigeait de parler à un « gradé », le sergent de garde l'avait lâchement orientée sur le shérif Millard.

– Je crois que j'ai saisi la situation, répondit celui-ci, presque surpris qu'elle lui cède enfin la parole. Votre frère, Jonathan Beckwith, n'a plus donné signe de vie depuis maintenant douze jours, c'est bien cela ?

– Oui. Et, comme je vous l'ai expliqué, il aurait dû rentrer mardi dernier, à peu près. Jamais il ne s'est absenté aussi longtemps sans prévenir. Sa femme, Elida, est sans nouvelles de lui, elle aussi, et personne ne sait où le joindre. Son patron, que j'ai appelé, n'a reçu aucun coup de fil. Il est très inquiet.

– Et en attendant, la petite Addie vit chez vous ? demanda le policier.

– Oui. Ça ne me dérange pas, nous nous entendons très bien. De toute façon, ma belle-sœur la déteste. Et puis, avec la foule d'individus qu'il y a là-bas...

– Justement. Revenons sur ce point. En dehors d'Elida Beckwith et de son bébé, vous avez mentionné son ex-mari, Hank Newsom, ainsi qu'un ami à elle, Murphy Walkins. C'est tout ?

– Comme si ce n'était pas assez ! Oui, shérif, à ma connaissance, c'est tout.

– Bon. Je crois qu'en effet une visite s'impose.

Millard se déplaça en personne afin d'entendre les occupants de la maison, qui ne purent que lui confirmer la déposition de Sibyl. Beckwith s'était rendu à son travail dans la matinée du mercredi 28 juin, en annonçant son retour pour le lundi ou le mardi suivants. Son patron l'avait envoyé à Cheyenne, où il avait livré un chargement de bovins à un éleveur dans l'après-midi du 28, comme prévu. Ensuite, on perdait sa trace.

Son camion avait lui aussi disparu : l'un de ces gigantesques *trucks* dont les conducteurs jouent parfois à terroriser les automobilistes sur les autoroutes américaines. Le moins qu'on pouvait en dire était que, si Beckwith l'avait abandonné dans un parking ou sur un bas-côté, il ne resterait pas longtemps inaperçu.

Elida, une jeune femme blonde à la beauté un peu facile, proposa au shérif une explication plausible :

– Jonathan se sentait de plus en plus fatigué ces temps-ci. Il travaille trop. Quand il n'en peut plus, il part vers l'est, sur les routes du Nebraska, et il roule pendant des jours. La nuit, il dort dans sa cabine... Il dit que ça le détend.

– Au risque de mobiliser un camion qui ne lui appartient pas ? objecta le shérif.

– Oui. Ça s'est déjà produit une ou deux fois. Son patron s'énerve quand il rentre avec plusieurs jours de retard, et puis les choses finissent toujours par s'arranger. Jonathan connaît bien son métier, son patron a besoin de lui.

– Si votre mari se trouve en ce moment au Nebraska ou ailleurs, comment se fait-il que, depuis plus de douze jours, sa banque n'ait enregistré aucune facture par carte de crédit ?

Avant de venir, il avait procédé à ce type de vérification, élémentaire dans l'hypothèse d'une disparition.

– Jonathan utilise très peu ses cartes. Il préfère les espèces. Il emporte toujours beaucoup d'argent liquide sur lui.

Pourquoi pas ? songea Millard. Beckwith pouvait avoir été victime d'une agression.

– Il voyage armé ? questionna-t-il.

– Non. Sa force physique lui suffit. Il s'est sorti tout seul d'un certain nombre de mauvais pas, vous pouvez me croire.

Les photos qu'elle avait montrées au policier laissaient en effet apparaître un homme de haute stature, bâti en force.

– Et puis, en cas de danger, ajouta-t-elle, il y a toujours les collègues. Dès qu'un camionneur a un problème, il alerte les autres par radio, ou par portable pour certains. Tous, ils se tiennent les coudes.

Rien n'était plus vrai. Entre leur tout-puissant syndicat qui leur garantissait des salaires élevés, et leur mentalité d'entraide systématique, les camionneurs américains mettaient chaque jour en pratique la devise « tous pour un, un pour tous » – quelquefois au détriment de l'ordre public.

– A propos de camionneurs, reprit Millard, votre premier mari, Hank Newsom, s'est installé chez vous peu avant son départ. Peut-on savoir pourquoi ?

– Hank ne s'est pas « installé » à la maison, contrairement à ce qu'ont dû vous raconter ma belle-sœur ou ma belle-fille. Il passe ici son congé annuel, point final. Il vit seul, d'habitude. C'est Jonathan qui l'a invité. Mon remariage n'a pas altéré leurs bons rapports.

– Et Murphy Walkins ?

En questionnant les deux hommes, le policier s'était interrogé sur leurs relations avec la jeune femme.

– Murphy, répondit Elida Beckwith, c'est plus provisoire. Il doit rentrer chez lui, à Laramie, dans le courant de la semaine. Il a eu des mots avec sa petite amie et, là aussi, c'est Jonathan qui lui a dit de venir.

Il est arrivé plus tard que prévu – juste au moment où Jonathan partait chez son patron.

Elle laissa s'établir un silence, comme pour ménager ses effets, avant de déclarer, une lueur malicieuse dans le regard :

– Shérif, j'espère que vous ne nous soupçonnez pas, les uns et les autres, de former un ménage à trois. Ou à quatre ou cinq, même. Parce que, sinon, vous devriez aussi prendre en compte Pitt et Sarah Bramitt.

– Qui est-ce ?

– Des cousins de Hank, qui doivent arriver ce soir avec leurs quatre enfants pour passer quelques jours avec nous. Ils habitent Cody. La maison est grande, il y a huit chambres... Bien sûr, je leur ai expliqué que Jonathan n'était toujours pas là, mais d'un autre côté, je n'allais pas annuler l'invitation. Sinon, il va être déçu quand il rentrera.

– En somme, vous n'êtes pas inquiète.

Nouveau silence, cette fois plus grave.

– Si, dit-elle enfin. De plus en plus.

Sur le chemin du retour, Millard se sentait encore plus perplexe qu'à l'aller. Certes, Sibyl s'affolait peut-être pour rien ; certes, la complexité des liens familiaux chez les Beckwith n'avait pas forcément un rapport avec la disparition de Jonathan. Toutefois, deux coïncidences continuaient de troubler le policier. D'abord, pourquoi la petite fille avait-elle été évincée si peu de temps après le départ de son père ? Ensuite, pourquoi, au même moment, toute la population du Wyoming s'étaitelle donné rendez-vous chez les Beckwith ?

Dès son arrivée au poste de police de Casper, Dennis Joe Millard diffusa un avis de recherche accompagné d'une photo de Jonathan Beckwith. Cependant, il n'en attendait guère de résultats. Soit Beckwith, vivant et en bonne santé, roulait tranquillement sur les routes, sans se soucier de l'angoisse de sa famille, et dans ce cas un simple avis de recherche n'allait pas l'inciter à se manifester; seul espoir, ses collègues camionneurs pouvaient signaler sa présence, s'ils le croisaient, encore que leur sacro-sainte solidarité les en empêchât. Soit il était mort et, si on n'avait toujours pas repéré son camion, on n'avait guère de chances de découvrir le cadavre.

Mort comment, au fait? Un accident paraissait peu probable. La police en aurait été avertie. Un suicide? Envisageable, si on admettait que Beckwith pouvait avoir un mobile. Une liaison de sa femme, par exemple. Avec qui? Là, Millard se heurtait à l'embarras du choix. Un meurtre, enfin? Loin d'exclure cette éventualité, le shérif avait de plus en plus tendance à la privilégier.

En matière de recherches approfondies, enquêtes tortueuses et investigations labyrinthiques, Millard avait un candidat tout indiqué : le jeune sergent Ron Carruthers, spécialiste des fichiers, champion des filatures et roi des interrogatoires sur le terrain.

Le 13 juillet, soit quinze jours après le moment où l'on avait vu Beckwith pour la dernière fois, Carruthers apporta une moisson de renseignements à son chef :

– Comme tu me l'avais demandé, j'ai exploré le passé de Newsom, de Walkins et même de Bramitt. D'abord Murphy Walkins, le bellâtre qui connaît

Elida depuis des siècles... Pour la connaître, il la connaît, et même au sens biblique : ils ont vécu ensemble durant deux ans, avant qu'elle n'épouse Newsom. Sinon, pas grand-chose à en dire : Walkins vit de tout et de rien. Plutôt de rien que de tout, d'ailleurs. Il travaille vaguement, ou fait semblant. Il se prétend diplômé d'une université où il n'a jamais mis les pieds. Bref, le frimeur total. Récemment, il se faisait entretenir par une femme plus âgée, mais elle l'a mis à la porte, d'où son arrivée chez les Beckwith. Elida n'a pas menti.

– Charmant personnage. Un casier judiciaire ?

– Non, hélas. Il est blanc comme neige. Ce n'est pas le cas de Newsom, le premier époux de la dame. Figure-toi que cet honnête camionneur a fait de la prison pour tentative de meurtre. Voilà sept ans, il a failli étrangler un type qui, selon lui, tournait autour de la jolie Elida. Si tu veux mon avis, elle n'est pas du genre farouche.

– J'avais noté, acquiesça Millard.

– Apparemment, il n'a pas récidivé. Rien d'autre à signaler, mais je remarque qu'il ne s'est pas remarié après son divorce et qu'on ne m'a signalé aucune aventure un peu « sérieuse » à son sujet. Il se peut qu'Elida soit la femme de sa vie.

– Et de deux ! Et maintenant, résume-moi la passionnante biographie de Pitt Bramitt. Un ex, lui aussi ?

– Ciel, comment as-tu deviné ? Bien sûr. Une liaison assez ancienne, période Walkins. Ou Newsom. Ou les trois en même temps. Je m'y perds avec ce harem masculin... En tout état de cause, Bramitt, lui, est marié et père de famille.

Le shérif hocha la tête :

– Elida ne manque pas d'audace ! Quand je pense qu'elle m'en a parlé, de son harem, mais sur le ton de l'ironie ! On n'ose imaginer à combien s'élève le nombre de types qui ont eu, et ont sans doute toujours, droit aux faveurs de notre Messaline.

– Et ce pauvre bougre de Beckwith qui est tombé dans les filets de cette fille...

– Oui... Pendant que nous y sommes, mon cher Ron, je te soumets un petit problème. Beckwith avait les meilleures raisons du monde de vouloir assassiner tous ces types. Mais pas l'inverse. Tu vois une explication ?

– Pas franchement.

Après l'avis de recherche, il avait fallu plusieurs jours aux camionneurs du Wyoming pour localiser le véhicule de leur camarade. Le mardi 18 juillet, ils finirent par le découvrir sur une route isolée des environs de Sheridan, au nord de l'Etat, abandonné sur le bord d'une chaussée peu fréquentée, à une bonne centaine de kilomètres de Casper. Dans la cabine, pas le moindre objet : ni papiers personnels ni vêtements. Seule la plaque d'immatriculation avait permis de l'identifier. Les portières étaient verrouillées et les clés avaient disparu. Les analyses ne révélèrent rien de suspect, notamment aucune tache de sang.

Dennis Joe Millard décida de fouiller dans deux directions différentes : dans les alentours du camion, mais aussi dans les parages de la maison de Beckwith. Tant que la police n'aurait pas retrouvé le corps, il restait difficile de déterminer comment Beckwith était mort, où et surtout quand. La question du ou des coupables ne venait qu'en quatrième position et dépendait des trois premières.

Pourtant, la suite de l'enquête empêcha le shérif de procéder dans l'ordre. Le cadavre s'était évaporé. Ou du moins il n'était pas là où on le cherchait.

L'unique élément concret que Millard put retirer de ses investigations fut un blouson de toile appartenant à Jonathan Beckwith, enterré dans un sous-bois à vingt mètres du camion. Le col et le haut de l'épaule droite portaient des traces de sang coagulé. Le sang de Jonathan Beckwith.

Lorsqu'il convoqua Elida Beckwith au poste de police, le jeudi 20 juillet, le shérif n'avait plus guère de doutes sur le lieu du crime – la région de Sheridan – mais c'était là sa seule certitude. Il lui faudrait débusquer la vérité au moyen de ce maigre indice.

– Votre mari a été attiré dans un piège, dit-il à la jeune femme. Il était à Cheyenne pour son travail et quelqu'un lui a donné rendez-vous du côté de Sheridan. Là, ce quelqu'un est allé le tuer.

– Comment aurait-on pu lui fixer un rendez-vous ? Il était injoignable.

C'était exact. Sibyl Beckwith, à qui Millard avait posé la question, avait expliqué que son frère ne possédait pas de téléphone portable.

– Pas si injoignable que cela. Les camionneurs utilisent le plus souvent la radio entre eux. Or votre ex-mari, Hank Newsom, est camionneur, si je ne m'abuse...

– Hank ? Laissez-le en dehors de tout ça ! Il ne ferait pas de mal à une mouche.

– Vraiment ? Et sa tentative de meurtre, il y a sept ans, quand il a voulu étrangler un homme, par jalousie ?

– Vous vous figurez qu'il était jaloux de Jonathan,

sous prétexte que j'ai divorcé pour l'épouser ? Mais c'est absurde ! Pourquoi Hank plus que les autres ? Pourquoi pas Murphy et Pitt, à ce compte-là ?

– C'est très juste. Et, comme je n'ai pas envie de perdre mon temps à essayer de les départager, je vous le demande une fois pour toutes : avez-vous quelque chose à déclarer ?

– Non. Je ne suis au courant de rien.

– Bien. La perquisition nous renseignera sans doute mieux.

Le shérif péchait par excès d'optimisme, car l'examen minutieux de la maison des Beckwith ne donna aucun résultat.

Cependant, le fait de voir des policiers envahir les lieux et déplacer les meubles ne manqua pas d'impressionner les innombrables occupants de la maison. Et, quand Millard annonça son intention d'arrêter Hank Newsom, il obtint l'effet escompté. Le soir même, à son bureau, le téléphone sonna. Pitt Bramitt souhaitait lui parler.

– Shérif, vous vous trompez de coupable. Hank n'y est pour rien. C'est Murphy Walkins qui a tué Beckwith. Il me l'a dit le soir de mon arrivée ici. Quand Beckwith est parti pour Cheyenne, Walkins et lui se sont à peine croisés, mais Walkins a trouvé le temps de lui donner rendez-vous le lendemain, jeudi 29, à Sheridan, pour un chargement qu'il voulait lui confier. Et là, il lui a fracassé le crâne à coups de marteau. Je ne sais pas ce que Walkins a fait du corps. Mais il m'a dit qu'au dernier moment il s'était aperçu que le blouson de Beckwith avait glissé pendant la bagarre et qu'il l'avait enterré à part, très vite, pour rentrer à Casper avant la nuit. Il avait pris sa voiture.

– Pourquoi Walkins vous aurait-il fait de telles confidences ?

– Parce que... un jour je lui ai dit que le mariage d'Elida avec Beckwith était une calamité pour nous tous. On était bien d'accord... Seulement, moi, je ne suis pas passé à l'acte.

– Pourquoi avoir attendu si longtemps pour m'en parler ?

– Walkins m'a fait jurer le secret. Même Hank n'est pas au courant. Et Elida non plus, naturellement... Walkins m'a menacé de s'en prendre à mes enfants si j'allais voir la police. Mais là, je ne peux pas laisser Hank payer à sa place.

– Si Elida Beckwith ignorait tout de ce meurtre, comment se fait-il qu'elle ait chassé la jeune Addie vingt-quatre heures plus tard, alors que, en principe, son mari était toujours vivant ?

– Walkins lui a conseillé d'éloigner la petite en attendant le retour de Beckwith. Elida était ravie de s'en débarrasser pour quelques jours.

Confronté à Bramitt dans le bureau du shérif, Murphy Walkins, beaucoup moins « demeuré » que ne le jugeait Sibyl, eut recours à une parade qui faisait honneur à son sens de la repartie :

– Bramitt a tout inventé. Il veut m'envoyer en prison pour filer le parfait amour avec Elida. Ce n'est pas sa femme qui le gêne, ni ses enfants, ni ce pauvre Hank qui ne comprend rien à rien.

Plaidant l'innocence, et refusant par là même de révéler ce qu'il avait fait du cadavre, Murphy Walkins se présenta au procès au mois de septembre 1992, avec l'assurance d'un homme persuadé qu'il ressortira libre du tribunal. Toutefois, entre le témoignage de Bramitt et les recoupements effectués par la police, le jury estima qu'il disposait d'assez de « preuves indirectes » pour conclure à la culpabilité, et ce sans circonstances atténuantes.

Pendant que Walkins était condamné à la réclusion à perpétuité, Sibyl intenta une action en justice afin d'obtenir la garde de sa nièce. Elida n'essaya pas de s'opposer à cette requête. Ce fut bien le seul point sur lequel les deux belles-sœurs tombèrent d'accord – en dehors du fait que ni l'une ni l'autre ne surent jamais ce qu'il était advenu du corps de Jonathan Beckwith.

Isabelle di Natale

Une soudaine soif de sang

Lorsqu'ils apprirent par leur journal le fait divers qui venait de se produire dans leur ville, les habitants de Harrisburg, en Pennsylvanie, durent se dire que, décidément, la réalité imitait la fiction.

Deux jours auparavant, la télévision avait diffusé le film de Stanley Kubrick, *Shining*, et voilà que tout près d'eux un crime identique venait d'être commis, un crime bizarre qui, par son excès de violence, avait brusquement fait surgir quelque chose de monstrueux dans l'existence paisible de l'agglomération.

Un des aspects les plus frappants de cette affaire tenait à la personnalité de la victime. C'était un être doux, sans histoire, un citoyen anonyme habitué à vivre et à travailler sans déranger quiconque. Ce profil d'homme ordinaire incitait le public à s'identifier à lui, au point que beaucoup de gens dans la ville pensaient qu'ils auraient très bien pu se trouver à sa place. Ce qui rendait le crime d'autant plus effrayant.

Philip Thiel, le protagoniste de ce fait divers, vivait dans un appartement de cinq pièces qu'il partageait avec un ami. Une unique passion occupait la vie de ce célibataire de quarante ans : la musique, surtout la musique d'orgue. Il jouait lui-même de cet instrument dans l'église de son quartier, pour la plus grande satisfaction des paroissiens, et tous les jours il passait de longues heures chez lui à écouter des airs classiques. Il plaçait sur sa chaîne stéréo l'un des nombreux enregistrements de sa discothèque, s'allongeait sur le canapé et fermait les yeux. Dès les premières notes, les jeux de l'harmonie lui faisaient vivre des émotions qu'il n'éprouvait que bien rarement dans le cours ordinaire de son existence.

En homme modeste, il avait renoncé depuis longtemps à assurer sa subsistance grâce à son talent d'organiste. Il avait jugé dès sa jeunesse cette ambition peu réaliste et ne voulait pas connaître le sort de tant d'artistes – parfois de grands artistes – qui, condamnés à une existence précaire, n'échappent à la misère que pour tomber dans le parasitisme. Il était bien décidé à ne jamais prendre ce risque : la musique serait son jardin secret et il gagnerait sa vie autrement.

Tous les jours vers 17 h 30, Philip Thiel sortait de chez lui pour se rendre dans l'un des meilleurs hôtels-restaurants de la ville, où il exerçait l'humble fonction de serveur. Le salaire était substantiel et ses supérieurs le traitaient avec bienveillance. Employé ponctuel, efficace, d'une humeur toujours égale, il était apprécié par la direction de l'hôtel.

Le vendredi 19 mai 1989, sa journée fut semblable aux précédentes. Il écouta d'abord des messes de Bach et de Haendel, puis étudia les partitions des morceaux qu'il devait jouer le dimanche suivant. En milieu d'après-midi, il prit une douche, s'habilla, fixa à son col de chemise un nœud papillon noir et, avant de partir, échangea quelques mots avec son colocataire Ian McLean, un jeune homme de vingt-deux ans, réceptionniste dans le même hôtel.

Ce vendredi soir, Ian ne travaillait pas. Toute la semaine, il avait été de service le matin.

– Tu as des projets pour ce soir? lui demanda Thiel.

– Rien de précis. Je vais aller prendre un verre... j'irai peut-être faire un tour au Moonlight Café.

Thiel connaissait ce club enfumé, fréquenté par des homosexuels et des jeunes gens désœuvrés.

– Amuse-toi bien. A plus tard.

Et il partit.

A 3 h 30 du matin, la sonnerie du téléphone retentit dans le poste de police de la ville. Normal pour une nuit de vendredi à samedi, pensa le standardiste. Le correspondant était un jeune livreur de journaux qui, en distribuant le *Harrisburg News*, avait vu un homme sortir à toutes jambes d'un immeuble en criant qu'on avait assassiné son ami.

Le standardiste nota l'adresse et prévint la patrouille qui surveillait ce secteur.

La voiture de police, gyrophare en action, fonça vers la 3e Rue et stoppa devant le n° 151. La main posée sur leur arme, deux policiers au gabarit impressionnant s'engouffrèrent dans l'immeuble. Au rez-de-chaussée, la porte de l'appartement était entrouverte. L'un des deux hommes dégaina son revolver et se mit en position de tir face à la porte, tandis que l'autre, plaqué sur le côté, la poussait doucement. La lumière de la cage d'escalier éclaira le vestibule, révélant une flaque de sang. Dans le logement régnait un silence lourd, palpable, une absence anormale de bruit que l'expérience leur avait appris à reconnaître. L'arme au poing, ils franchirent souplement la tache de sang et s'approchèrent de la salle de séjour plongée dans l'obscurité. A peine eurent-ils fait la lumière qu'une horrible vision leur apparut. A cinquante centimètres d'eux, le corps d'un homme gisait sur le dos dans une mare de sang et auprès de lui, à hauteur du coude, se trouvait sa tête, livide, les dents serrées dans une expression d'infinie souffrance, les pommettes marquées par des traces bleutées, les paupières mi-closes laissant filtrer un regard perdu.

Sur le mur le plus proche, on lisait une inscription en lettres de sang d'un demi-mètre : REDUM.

L'un des policiers resta auprès du cadavre en se demandant ce que ce mot pouvait bien vouloir dire tandis que l'autre explorait l'appartement à la recherche d'une éventuelle seconde victime.

– Hé, viens voir ! s'écria-t-il.

Dans la pièce voisine, le mur portait une inscription sanglante encore plus grosse : REDRUM, et à côté, en plus petit : LSD.

Prévenu grâce à la radio du véhicule de patrouille, le lieutenant Wayne Osmond, accompagné d'une équipe d'enquêteurs, d'un médecin légiste et de techniciens de l'identité judiciaire, arriva très vite sur place.

Pour tous ces hommes, pourtant habitués à voir des cadavres, ce fut la scène la plus insoutenable de leur carrière. Près de la tête coupée scintillait la longue et fine lame d'une scie à pain. Les interrupteurs électriques étaient maculés de sang. Dans tout l'appartement, des traces de pas sanglantes indiquaient les allées et venues du ou des assassins.

Dans la salle de bain, des serviettes de toilette ensanglantées avaient été jetées dans la cuvette des WC. Le rideau de la douche et la douche elle-même portaient de longues traînées rouge foncé.

A peu de distance du corps, posé sur une chaise, les enquêteurs découvrirent un portefeuille qui contenait vingt dollars et des papiers d'identité dont la photo correspondait à celle du mort.

Ian McLean, l'homme qui avait surgi dans la rue en criant devant le livreur de journaux, avait été conduit à l'hôpital en état de choc. L'un des inspecteurs se rendit à son chevet pour l'interroger. Il déclara qu'il était rentré chez lui à 3 h 30 du matin et qu'il avait trouvé la porte de l'appartement entrouverte. Il avait aperçu la flaque de sang puis le corps de son ami avec la tête juste à côté, ce qui lui avait causé une telle frayeur qu'il n'avait pu s'empêcher de s'enfuir en hurlant.

– Quelqu'un en voulait-il à M. Thiel ?

– Je ne comprends pas, non, vraiment, je ne comprends pas... Philip n'avait que des amis. C'était quelqu'un de très gentil. Il menait une existence régulière, presque trop... Le travail, la musique, rien d'autre. Pas de vie sentimentale, aucun intérêt pour le jeu... Je ne vois pas qui aurait pu lui en vouloir...

Dans la journée du samedi, en pratiquant une autopsie de la victime, le médecin légiste découvrit plusieurs côtes cassées et des hématomes sur le visage. Mais la cause de la mort était la décapitation.

– Etait-il encore vivant quand on lui a tranché le cou ? demanda le lieutenant.

– Oui, il a d'abord été battu. Ensuite l'assassin est allé chercher la scie à pain dans la cuisine et a commencé à lui sectionner le cou. Il a coupé les muscles, les tendons, la trachée mais n'a pas réussi à faire passer la lame entre les vertèbres. Alors il a empoigné la tête et l'a tordue pour la détacher du tronc.

– Après quoi, continua Osmond, il a fouillé et saccagé chacune des pièces du logement en laissant des traces de sang partout.

De retour au poste de police, le lieutenant rassembla les enquêteurs qui, comme lui, commençaient à éprouver de la fatigue. Leur journée avait commencé à 3 h 45. Wayne Osmond leur résuma les résultats de l'autopsie et remarqua :

– Il faudrait savoir ce que signifient les mots REDUM et REDRUM, et pourquoi ils ont été tracés sur les murs.

– REDRUM, dit l'un des inspecteurs, correspond au mot MURDER écrit à l'envers... Comme dans *Shining*... Le film est passé sur une chaîne câblée jeudi.

– Essayez de trouver une cassette vidéo de ce film. Nous apprendrons peut-être quelque chose. Le mobile ne semble pas être l'argent, puisque nous avons retrouvé le portefeuille de la victime. Peut-être le crime a-t-il été commis sous l'empire de la drogue ? Ou par un malade mental ? Maintenant, il reste à savoir pourquoi c'est tombé sur Thiel. Selon son ami, c'était quelqu'un qui menait une vie rangée. Il était apprécié par tout le monde. Admettons, mais alors pourquoi une telle mort ?

A l'hôtel où travaillait Thiel, les employés confirmèrent qu'il arrivait chaque jour à 18 heures et qu'il quittait l'établissement un peu avant minuit.

– Ce jour-là, Philip semblait de très bonne

humeur, déclara le maître d'hôtel. Il ne m'a rien dit qui pourrait suggérer une préoccupation, une contrariété...

Le chef de rang ajouta :

– Il ne buvait pas, ne fumait pas, ne prenait pas de drogue... Je ne connais personne qui ait éprouvé de l'antipathie pour lui... Sa seule passion, c'était la musique.

Les objets personnels de Philip Thiel, son carnet d'adresses, ses papiers, sa correspondance, que les enquêteurs avaient saisis, firent l'objet d'un examen minutieux, qui ne conduisit nulle part.

Les médias avaient accordé une large place à ce fait divers spectaculaire et, bien que la police ait empêché toute intrusion des reporters dans l'appartement, l'un d'eux se servit d'une échelle pour obtenir une vue plongeante à l'intérieur du logement. Il prit une photographie de l'une des inscriptions, que l'on vit paraître le lendemain en couleurs vives sur la première page d'un journal.

De nombreuses personnes téléphonaient au poste de police pour signaler des suspects, suggérer des hypothèses, proposer leurs services, dénoncer un présumé coupable. Tout cela entraîna de longues et inutiles vérifications.

Au cours d'une conférence de presse, le chef de la police de la ville répondit aux questions des journalistes d'une manière qui laissait peu de doute sur le désarroi des enquêteurs :

– Nous avons interrogé plus de trente personnes, mais aucune d'elles ne peut être considérée comme suspecte.

– Quel est le mobile du meurtre ?

– Nous ne le connaissons toujours pas. Nous

envisageons plusieurs pistes mais il est trop tôt pour en parler.

– Est-ce que la façon dont le crime a été commis vous fait penser à un meurtre rituel, à un culte satanique ?

– Nous n'avons découvert aucune trace de rituel, aussi cette hypothèse est-elle écartée pour le moment.

– Quel sens accordez-vous aux inscriptions sur les murs ?

– Nous ne savons pas si l'assassin a voulu imiter le film *Shining*. Nous avons regardé ce film en cherchant des indices... S'il y en a, ils sont si subtils qu'ils nous ont échappé. Non, nous n'avons rien trouvé de tangible.

En l'absence de piste sérieuse, le lieutenant Osmond s'adressa au bureau du FBI à Philadelphie. Il voulait savoir s'il existait un moyen de dresser un portrait psychologique du tueur. Son interlocuteur lui répondit qu'il pouvait soumettre le cas à l'un des spécialistes attachés au FBI mais qu'il fallait auparavant remplir un questionnaire de quarante-huit pages sur la victime et sur les circonstances de l'homicide. Ce qui fut fait.

Pendant que ce document était étudié dans les locaux du FBI à Philadelphie, les enquêteurs de Harrisburg se remirent en quête d'informations auprès de tous ceux qui, à une occasion quelconque, avaient croisé Philip Thiel. Ils se rendirent dans des bars, à l'église, à l'hôtel, sans rien découvrir de nouveau. Partout revenait la même remarque : ce meurtre était incompréhensible.

– Puisqu'on ne trouve rien sur Thiel, dit le lieutenant à ses équipiers, il faut chercher du côté de Ian McLean.

– Vous voulez dire qu'il a pu tuer Thiel? demanda le chef de la police qui assistait à la réunion.

– Non, il a été interrogé à plusieurs reprises au début de l'enquête. Nous avons bien pensé qu'il pouvait être le coupable. Mais, dans la soirée du vendredi, il se trouvait effectivement dans les endroits qu'il a indiqués. Il est rentré à 3 h 30 et, à cette heure, cela faisait un moment que Thiel était mort. D'ailleurs, on ne voit pas pourquoi il aurait assassiné son ami et son chagrin paraît sincère... En réalité, je me demande si par hasard ce n'est pas lui qui était visé.

– Pourquoi aurait-on voulu le tuer?

– C'est à lui qu'il faut demander ça.

McLean était encore affecté par la fin brutale de l'homme avec lequel il avait cohabité pendant plusieurs mois. Il ne parvenait pas à accepter l'idée que Philip était mort.

– C'est bien la dernière personne au monde à qui ce genre de chose devait arriver, répétait-il.

– Et si c'était vous qui étiez visé? suggéra Osmond.

– Moi? Pourquoi donc? Je n'ai aucun ennemi... Non, je ne vois pas qui pourrait m'en vouloir.

– Revenons sur votre soirée de vendredi. Vous avez déclaré que vous aviez quitté l'appartement peu après le départ de Philip Thiel pour son lieu de travail.

– Exact.

– Puis vous avez rencontré des amis dans un bar et vous êtes resté avec eux jusqu'à 21 heures...

– C'est bien ça.

– Après, vous êtes allé dans un club où vous avez retrouvé d'autres amis. Il n'y a eu aucune querelle, aucun accrochage ? Réfléchissez bien.

– Non, aucun.

– Vous n'avez pas eu l'impression d'avoir été suivi ?

– Non.

– Bon. Et le jeudi soir, qu'avez-vous fait ?

– A peu près la même chose.

– Vous êtes rentré seul ?

– Oui.

– Dans quel club êtes-vous allé ?

– Le même que le vendredi, le Moonlight Café.

– C'est un club d'homosexuels... Avez-vous rencontré quelqu'un là-bas ?

– Il n'y a pas que des homosexuels... J'y ai retrouvé quelques amis.

– Personne d'autre ?

– Non... Euh... Attendez... Oui, je me souviens, le jeudi j'ai rencontré quelqu'un qui jouait au flipper... un jeune... Après la partie, nous sommes sortis et nous sommes tombés sur un de ses copains. Ils n'avaient rien de particulier à faire, alors je leur ai proposé de venir à l'appartement en leur disant que Philip avait une chaîne d'enfer et qu'on pourrait écouter de la musique en buvant de la bière... On était sur le point de se mettre en route quand une fille est arrivée... une petite brune très mignonne... Ils ont préféré partir avec elle mais on a décidé de se revoir et d'aller écouter de la musique un autre jour.

– Vous les avez revus ?

– Non.

– Vous pouvez les décrire ?

– Celui que j'ai rencontré en premier s'appelait Paul. Son copain s'appelait Ted. Je ne connais ni leur nom ni leur adresse. Ils avaient entre seize et dix-huit ans. La fille aussi. Paul mesurait un mètre soixante-quinze et devait peser dans les soixante-dix kilos. Il avait des cheveux blonds qui tombaient sur le col de son polo. Ted faisait à peu près un mètre soixante-douze pour un poids de soixante-cinq kilos. Il avait des cheveux noirs bouclés... Si je les revoyais, je les reconnaîtrais tout de suite.

– Vous leur avez donné votre adresse ?

– Je l'ai indiquée à Paul. Il voulait savoir si nous pouvions aller chez moi à pied.

Osmond se rendait bien compte que les deux adolescents ne constituaient pas une piste sérieuse. Ils ne correspondaient pas à l'image de deux maniaques assoiffés de sang. Néanmoins, ne serait-ce que par routine, il fallait vérifier leur emploi du temps.

Le lieutenant se rendit le soir même au Moonlight Café. Il y avait encore peu de monde. Quelques consommateurs isolés buvaient une bière le nez dans leur verre, deux femmes se parlaient à mi-voix devant des gins au citron.

L'un des barmans connaissait Ted :

– Il n'habite pas loin d'ici. Il vient chaque semaine. Vous voyez le garçon avec une chemise bleue ? Il le connaît bien. Je les vois souvent ensemble.

C'est ainsi qu'Osmond obtint le nom et l'adresse de Ted.

Il ne fallut pas plus d'un quart d'heure pour que le lieutenant, accompagné d'un sergent, parvienne à la maison qu'on lui avait indiquée. En ouvrant la porte,

Ted fut surpris de se trouver face à deux policiers en civil qui voulaient lui parler :

– De quoi s'agit-il ? demanda-t-il d'une voix mal assurée.

– D'un meurtre. Où étais-tu jeudi soir ?

– Jeudi soir ? Je suis allé au Moonlight Café. J'ai rencontré une fille... Elle avait une jupe en cuir moulante, des talons hauts, une chemise en soie... On a parlé un moment ensemble... En fait, c'était une prostituée... Elle était gentille mais elle ne pensait qu'au travail... Dommage, elle me plaisait bien...

– Si tu nous parlais un peu de ton copain le blondinet ? demanda le lieutenant avec impatience.

– Mon copain ? Ah oui, vous voulez parler de Paul ? Je le vois souvent au Café.

– Paul ? Paul qui ?

– Paul Frank.

– Qu'as-tu fait après avoir rencontré la fille ? demanda le sergent.

– Paul et moi, on a bavardé avec elle, et puis elle est partie et on est allés jouer au flipper. Après, je suis rentré chez moi.

– Ton copain Paul, tu l'as revu depuis ?

– Oui, lundi. Dans la salle de jeu du Café. On a bu un soda ensemble.

– Il t'a paru comment ?

– Comme d'habitude, gentil, de bonne humeur... Sauf qu'il m'a dit quelque chose...

– Quoi donc ?

– Il m'a demandé si j'avais entendu parler du meurtre de la 3e Rue. Je lui ai dit que oui et il m'a dit que c'était là qu'on devait aller jeudi soir.

– Tu connais l'adresse de Paul ?

Paul Frank habitait un faubourg de la périphérie. Il n'avait pas de casier judiciaire et la police ne le connaissait pas. Mais Osmond apprit qu'un policier en uniforme du nom de Stuart Sigman, qui vivait dans le même quartier, le rencontrait régulièrement.

Le lendemain matin, à 9 h 30, Sigman sonna chez Frank. Il lui expliqua que des inspecteurs désiraient lui parler et qu'il pouvait l'emmener en voiture dans le centre-ville.

– Me parler ? De quoi ?

– Je ne sais pas.

Après un silence, Paul Frank dit :

– Je me demande ce qu'ils peuvent bien me vouloir. C'est peut-être au sujet de ce meurtre...

Paul Frank, qui n'avait que seize ans, ne savait pas garder un secret. Dès le début de l'entretien avec les enquêteurs, il leur révéla ce qui s'était passé dans la soirée du vendredi.

– Ce soir-là, je me demandais ce que je pourrais bien faire quand j'ai rencontré Joe Montanari. Il avait passé l'après-midi à jouer au billard... On aurait bien aimé aller dans une salle de jeu, mais on était fauchés. J'ai parlé à Joe du type que j'avais rencontré la veille, qui avait dit que son copain avait une super chaîne... On a décidé d'aller la voir...

– Tu veux dire : d'aller voir si vous pouviez la voler ?

– Oui, c'est ça.

Avant de se mettre en route, les deux adolescents firent l'échange d'une de leurs chaussures, de sorte que chacun portait une chaussure de ville à un pied et une tennis à l'autre.

– Pourquoi avez-vous fait ça ?

– Je ne sais pas. C'est Joe qui voulait. Il disait que c'était une chouette idée.

Une fois arrivés à l'adresse que McLean avait donnée à Paul, les deux jeunes gens sonnèrent à la porte. Quand elle s'ouvrit, Paul vit que ce n'était pas le même homme que celui de la veille. Mais cela n'avait pas d'importance. Il était plus vieux, pas très costaud. Ils le repoussèrent dans la salle de séjour, le frappèrent, le firent tomber et continuèrent à le rouer de coups jusqu'à ce qu'il perde connaissance. Ensuite, Montanari resta auprès de l'homme pendant que Frank fouillait l'appartement à la recherche d'objets de valeur.

Quand il revint, il trouva Joe Montanari accroupi, en train de couper la tête de l'homme avec un long couteau.

– Il coupait et coupait et coupait... Le sang giclait partout... Il y avait trop de sang... Et puis Joe a posé le couteau, il a pris la tête à deux mains et il a commencé à la tordre... Quand il a réussi à l'arracher, elle dégoulinait de sang... Il l'a posée... a trempé ses mains dans le sang et il est allé écrire REDUM et REDRUM sur les murs.

– Pourquoi a-t-il coupé la tête de l'homme ?

– Je ne sais pas.

– Pourquoi a-t-il écrit sur les murs ?

– Je ne sais pas.

– Je suppose qu'il devait penser que c'était une chouette idée, dit l'un des inspecteurs. Et après ?

– Après ? On a pris chacun une douche... on a jeté les serviettes dans les toilettes... on a encore fouillé partout... On a embarqué un carnet de chèques, deux chemises, une montre et un peu d'argent, sept dollars, et on est partis. On a gardé l'argent, le reste, on l'a jeté dans le bassin du jardin public... On ne voulait vraiment pas le tuer... On est allés là-bas juste pour la chaîne... Je ne sais pas ce qui s'est passé... pourquoi ça a mal tourné...

– Vous aviez pris de la drogue ?

– Non, je n'avais rien pris... Joe non plus, pour autant que je sache. En fait, je n'ai absolument pas participé au meurtre. Tout ce que je voulais, c'était voler quelque chose.

Osmond fit vérifier si Montanari était fiché. Tout récemment, il avait été impliqué dans une bagarre de rue et, antérieurement, il avait eu affaire à la justice pour un délit mineur, mais il n'était pas considéré comme un délinquant, tout au plus comme un garçon à problèmes. Il avait vingt-deux ans.

Les enquêteurs ne le trouvèrent pas au domicile de sa mère.

– Ça fait un moment que je ne l'ai pas vu, ce voyou, leur dit la femme sur le pas de sa porte. D'ailleurs il n'a pas intérêt à revenir, si c'est pour m'attirer des ennuis... Qu'est-ce qu'il a encore fait pour que vous soyez après lui ?

– Vous le saurez bien assez tôt, madame Montanari.

Au bout de quelques jours, Wayne Osmond finit par apprendre que Joe se cachait chez un parent éloigné, dans une maison située en dehors de la ville.

La route décrivait une courbe. De là partait un chemin qui conduisait à une habitation entourée par la forêt. Le parent leur ouvrit la porte et les laissa entrer. Il n'avait pas vu Joe. Les policiers ne trouvèrent rien en perquisitionnant la maison. Mais l'un d'eux se posta avec une paire de jumelles près d'une fenêtre et observa la forêt. Au bout d'un moment, il aperçut un visage derrière un arbre.

Il ne fallut pas longtemps aux hommes du lieutenant Osmond pour rattraper le fugitif.

Quand il fut amené au poste de police, Joe Montanari dut traverser une foule de journalistes et de curieux amassés devant l'entrée. Il paraissait surpris et gêné par l'intérêt qu'il suscitait.

Le 20 juin, il fut présenté devant le juge Griffith. Vêtu d'un jean, d'un T-shirt en tissu de camouflage, d'une veste en cuir noir et de tennis sans lacets portées sans chaussettes, il avait l'air mal à l'aise.

– Par le passé, avez-vous bénéficié d'une libération sous caution ? s'enquit le juge.

– Oui, mais je me suis enfui, répondit Montanari en enfonçant les mains dans les poches de sa veste. J'ai payé la caution et je suis parti dans un autre Etat... Je suis allé en Californie, j'ai travaillé dans une fête foraine de juin 1987 à mars 1988 et je suis revenu en Pennsylvanie, où on m'a arrêté.

– Parlez-moi de votre famille.

– Mes parents ont divorcé.

– Depuis ce divorce, où vivez-vous ?

– Dans la rue.

– Avez-vous des problèmes de santé mentale ? Avez-vous été soigné pour des troubles mentaux ?

– Faut-il que je réponde à ça ?

– Vous n'y êtes pas obligé.

– Alors je préfère ne pas répondre.

A la fin de l'audience, Joe Montanari, inculpé de vol avec violence, d'homicide et d'acte de barbarie, fut maintenu en détention à la prison du comté.

Le 15 mars 1990, lors de son jugement, il plaida

coupable et fut condamné à la prison à vie sans possibilité de libération anticipée.

Paul Frank fut jugé en août de la même année. Il affirma que le meurtre avait été commis par Montanari pendant qu'il était dans une autre pièce, qu'il n'y avait participé en rien. S'il n'avait pas essayé d'empêcher son ami de couper la tête de la victime, c'est qu'il avait peur de subir le même sort.

Appelé comme témoin, Montanari déclara que Frank avait bien participé au meurtre. Philip Thiel avait repris connaissance et commençait à gémir et à bouger. Paul lui avait maintenu les mains au sol tandis que Montanari tranchait le cou du musicien.

Convaincus par ce témoignage, les jurés condamnèrent Paul Frank à la prison à vie.

Aujourd'hui, les deux jeunes gens effectuent leur peine dans un pénitencier de Pennsylvanie.

Christian Molinier

Nature morte avec couteau, sabre et fusils

Le jeune homme qui fit irruption au poste de police de Llandrindod Wells, paisible localité proche du parc de Brecon Beacons, au pays de Galles, semblait en proie à une émotion intense. Livide, il apostropha le sergent Thorpe, qui se trouvait de garde en ce matin du dimanche 15 mars 1992 :

– Ma famille ! Ils sont tous morts...

Inutile, pour le sergent, de demander au nouveau venu de quelle famille il s'agissait. Les Llewelyn comptaient parmi les notables de la région, et Christopher, leur fils, un jeune homme brun de dix-sept ans, appartenait à la jeunesse dorée de la petite ville.

D'une main, le sergent empoigna son téléphone pour alerter une patrouille ; de l'autre, il prit des notes sur un calepin.

– Que s'est-il passé ?

– A la maison... Ils sont tous morts, répéta l'adolescent d'une voix entrecoupée.

L'adresse, le sergent Thorpe la connaissait : une vaste demeure entourée d'un jardin vallonné, sur les berges du lac de Llandrindod Wells. Aussi envoyat-il directement la patrouille sur les lieux, à cinq kilomètres du poste de police.

– Un incendie ? interrogea le sergent.

Christopher Llewelyn secoua la tête d'une façon qui ne signifiait ni oui ni non et, quand le policier réitéra sa question, l'adolescent ne répondit pas. Recroquevillé dans un imperméable froissé, il paraissait au bord de l'évanouissement. Désespérant de lui arracher la moindre information, le sergent prit l'initiative d'expédier également une voiture de pompiers à la villa des Llewelyn. De toute façon, les pompiers s'avéreraient utiles s'il fallait ranimer des blessés.

Cependant, quelques minutes plus tard, le sergent Thorpe perdit ses dernières illusions. Il ne restait pas de survivants, lui indiqua l'un des hommes de la patrouille en lui téléphonant depuis sa voiture :

– Un massacre... Toute la famille a été assassinée.

La patrouille et les pompiers repartirent dès l'arrivée de l'inspecteur Halveen, accompagné de ses adjoints et de ses spécialistes. Aucun feu n'avait éclaté dans la villa et nul n'aurait besoin des secouristes.

L'inspecteur Walter Halveen, un homme corpulent, de taille moyenne, s'avança dans l'allée de gravier du jardin, suivi par le médecin légiste. Pendant ce temps, le principal assistant de Halveen, l'inspecteur adjoint Donald Midley, était resté avec le jeune Christopher au poste de police, afin de lui demander des précisions. Mais pour l'instant, cette tâche se révélait impossible. Hébété, encore sous le choc, l'adolescent articulait des mots incohérents.

– Il dit qu'il les a trouvés en rentrant, expliqua

Midley à son chef, au téléphone. C'est tout ce que j'ai pu obtenir de lui.

– Bien. J'entre dans la maison et je vous rappelle, acheva l'inspecteur avant de ranger son portable dans sa poche.

Le spectacle qui s'offrit aux yeux du policier et du légiste, à l'intérieur de la villa, ressemblait à une vision de cauchemar. Marian Llewelyn gisait sur le lit de la chambre principale du premier étage. A trois mètres de là, son mari, Andrew, était étendu au pied d'une armoire. Leur fils aîné, Bradley, vingt-deux ans, était allongé au fond du couloir, sur la moquette. Enfin, juste derrière lui, dans l'embrasure d'une porte, l'inspecteur découvrit le cadavre de sa sœur, Agnes, dix-neuf ans. Tous les quatre étaient vêtus de pyjamas.

Le Dr Garson se pencha sur le corps d'Andrew Llewelyn.

– Il a reçu plusieurs coups de feu dans la poitrine et l'estomac, dit-il en se relevant. Un gros calibre. Mais la cause du décès n'est peut-être pas là. Regardez ces fractures et ce sang sur le crâne... Seule l'autopsie pourra nous renseigner.

– Et Marian Llewelyn ?

– Une seule balle, au milieu du front. Le même calibre, encore que... A vérifier. Et on l'a poignardée, en plus... Une lame très large.

En effet, songea le policier, à en juger par les plaies béantes qui maculaient le corps.

– On l'a violée ?

– Apparemment, non.

Quittant la chambre, les deux hommes regagnèrent le couloir. Bradley et Agnes Llewelyn avaient reçu le même type de coups de feu que leurs parents, et, comme eux, avaient été frappés à l'aide d'une lame. Ou de deux lames différentes.

– Pas la peine de continuer ici, dit le Dr Garson. J'aimerais mieux les examiner le plus vite possible. Il y a tellement d'impacts de balles, de blessures, de sang, que j'ai du mal à y voir clair.

– Vous pouvez quand même évaluer l'heure du décès, je suppose... La même pour tous les quatre ?

– A peu près la même, en tout cas. Entre minuit et 3 heures du matin. Mais encore une fois, seule l'autopsie...

Le lendemain, en attendant le compte rendu du légiste et des experts, Walter Halveen, son adjoint Donald Midley et le sergent Thorpe tinrent leur réunion dans le bureau de l'inspecteur. Pour sa part, Christopher Llewelyn dormait dans une autre pièce. Il ne pouvait rentrer chez lui, à cause de la présence des techniciens de la brigade criminelle dans la villa, et il avait refusé de demander l'hospitalité à des cousins qui habitaient dans les environs.

– Si le meurtrier de ma famille rôde encore dans les parages, avait-il dit, je ne me sentirai en sécurité que parmi les policiers.

On lui avait donc préparé une chambre de fortune et un médecin lui avait administré des sédatifs.

– A sa place, j'aurais réagi comme lui, commenta Midley en s'asseyant en face de son chef. Dix-sept ans, c'est jeune pour supporter une telle épreuve. Il doit être dans un état de nerfs...

– Un psychologue va venir l'examiner demain, précisa Halveen... Bon. Qu'avez-vous pu obtenir de lui, comme informations ?

– Il ne cesse de répéter la même chose. Il se trouvait à une soirée chez des amis, sur la route de Brecon, soirée qui s'est prolongée fort tard, et il n'est rentré qu'au matin, vers 7 h 30. Donc, bien après l'heure du crime. C'est à ce moment-là qu'il a découvert le drame... Il nous a donné le nom et l'adresse de ses amis.

L'inspecteur acquiesça :

– Parfait, nous vérifierons. Et maintenant, si nous parlions un peu de la famille Llewelyn ? Sergent, vous m'avez dit que vous les connaissiez ?

– De vue, uniquement, rectifia Thorpe. Nous fréquentions les mêmes sphères, mais pas au même niveau. Andrew Llewelyn présidait toutes sortes de fédérations locales, caritatives, écologistes, archéologiques, etc.

L'épouse du sergent appartenait à une association de sauvegarde des anciennes sources de Llandrindod Wells, ce qui lui avait permis de croiser le milliardaire à diverses occasions.

– Dès que quelqu'un organisait une garden-party ou un gala de charité, poursuivit-il, on pouvait être sûr de l'apercevoir à la table d'honneur. Une sorte de membre bienfaiteur universel. Il donnait des fonds à toutes les œuvres de la région, et le pasteur de ma paroisse ne manquait jamais de faire appel à sa générosité... Llewelyn était très riche. Une immense fortune.

– J'ai dû le rencontrer une ou deux fois chez le maire, remarqua l'inspecteur. Il possédait une usine de textiles, je crois ?

– Oui, le grand bâtiment de brique à une vingtaine de kilomètres d'ici, le long de l'A 483. Autrement, à titre de hobby, il collectionnait les voitures anciennes : Bugatti, Daimler... Sa femme, Marian, travaillait avec lui. Elle était directrice générale de l'entreprise de textiles. Les deux aînés, Bradley et Agnes, avaient commencé dans cette voie. Ils assuraient la gestion de la firme familiale. Et le benjamin, Christopher, termine ses études secondaires, sans doute pour suivre le même chemin.

– Avaient-ils des problèmes entre eux ? intervint Midley. Des rivalités d'ordre professionnel ? Ou privé ?

– Pas que je sache, répondit le sergent. C'était le type même de la famille sans histoire, très bourgeoise, très respectable. Les trois enfants vivaient encore chez leurs parents. On ne leur connaît pas de liaison à scandale... ou même de liaison tout court.

– Trop beau pour être vrai, laissa tomber l'inspecteur Halveen.

Ce tableau idyllique ne correspondait pas à la sauvagerie avec laquelle on avait assassiné les Llewelyn. Sauf s'il s'était agi d'un crime de rôdeur. Or ce n'était pas le cas.

– L'ennui, enchaîna-t-il, c'est que, a priori, on n'a rien volé dans la villa. Les enquêteurs ont découvert un coffre-fort dans le bureau du rez-de-chaussée, visiblement intact ; et, dans la chambre des parents comme dans celle de la jeune Agnes, des bijoux de valeur ; enfin, un peu partout dans la maison, des objets de prix qui auraient fait le bonheur d'un cambrioleur.

Le rapport des experts réservait d'autres surprises. Les armes utilisées pour le crime provenaient de la villa. Dans le hall, deux fusils de chasse avaient disparu ; un couteau de boucher manquait au râtelier de la cuisine ; enfin, au salon, des deux sabres de cavalerie qui ornaient un mur, l'un brillait par son absence.

D'après les spécialistes, le massacre était l'œuvre de deux individus, au minimum. Ceux-ci n'avaient pas forcé la porte d'entrée. Soit ils possédaient un double des clés, soit ils étaient passés par l'une des portes-fenêtres du rez-de-chaussée, qui n'étaient pas fermées lorsque les pompiers et la patrouille étaient arrivés sur les lieux.

Le drame s'était déroulé entre minuit et demi et 1 heure du matin. Les meurtriers avaient sans doute commencé par la chambre principale, où dormaient Andrew Llewelyn et son épouse. Ils avaient tiré d'abord sur elle ; Andrew Llewelyn avait bondi hors du lit, pour s'interposer ou s'échapper, et ils l'avaient abattu sur place. Alertés par les coups de feu, Bradley et Agnes étaient accourus, pour être assassinés à leur tour. La villa n'abritait pas d'autres occupants durant la nuit, car les deux femmes de ménage, le chauffeur et la cuisinière rentraient chez eux le soir.

Ce n'est qu'après la mort de leurs quatre victimes que les tueurs s'étaient acharnés sur les corps, à coups de couteau et de sabre... Enfin, ils étaient repartis, en n'emportant que les armes.

Les amis du jeune Christopher confirmèrent sa présence à leur réception jusqu'aux alentours de 7 heures du matin :

– C'est son camarade Joshua Hoggan qui l'a raccompagné en voiture. Christopher n'a pas encore son permis. Joshua habite plus loin, près du château de New Radnor.

Joshua Hoggan achevait ses études dans la même

classe que Christopher. Interrogé, il confirma à son tour :

– Je l'ai déposé devant son portail, il m'a remercié, on a bavardé un moment. Christopher était loin de se douter de ce qui l'attendait chez lui... Il faisait jour depuis longtemps et la pluie s'était mise à tomber. Oui, il devait être à peu près 7 h 30.

Walter Halveen freina le long de l'A 44, se gara et fit signe à Donald Midley de descendre de voiture avec lui. Les deux policiers revenaient de chez Joshua Hoggan. A leurs pieds, une rivière serpentait en contrebas de la vallée, parmi des arbres encore en bourgeons. Le printemps s'annonçait tardif. Et humide. Le ciel, plombé de gris-bleu, menaçait de déverser un déluge.

– Joli paysage, n'est-ce pas ? observa Halveen. Un véritable cliché pour carte postale. Presque aussi « cliché » que la version que les assassins essaient de nous imposer.

– Vous pensez à une mise en scène ?

– Oui. Et vous aussi, j'imagine.

– Cette affaire ressemble à un puzzle. D'un côté, un massacre d'une cruauté inouïe, du sang partout... De l'autre, des coupables très polis, très honnêtes, très bien élevés, qui n'emportent même pas une petite cuiller. On a presque l'impression que deux équipes différentes ont opéré.

– Je me suis posé la question, dit Halveen, mais je n'y crois guère. On dirait plutôt que les meurtriers ont forcé la note, en ce qui concerne la tuerie : Marian Llewelyn, assassinée d'une balle en plein front, puis frappée de quatre coups de sabre et de sept coups de couteau ; son mari, qui a reçu six coups de feu au visage et à la poitrine, plus trois coups de sabre, dont l'un l'a presque décapité ; Bradley, deux balles dans la gorge et neuf coups de sabre ; Agnes, une seule balle et... quarante-deux coups de couteau. C'est beaucoup, non ?

– Pas pour des sadiques, objecta Midley.

– Dans ce cas, pourquoi n'ont-ils pas continué sur leur lancée ? Des psychopathes se seraient davantage acharnés, ils auraient violé les deux femmes, défiguré leurs quatre victimes, saccagé la maison... Ce qu'ils ont fait, c'est, me semble-t-il, à la fois trop et trop peu.

De grosses gouttes de pluie s'écrasèrent sur l'herbe, en prélude à l'averse. Les deux policiers se réfugièrent dans leur voiture pour reprendre leur discussion.

– Vous avez une théorie ? s'enquit l'inspecteur adjoint.

– Pas pour l'instant, reconnut Halveen en mettant le contact. Dites-moi, que pensez-vous du jeune Joshua Hoggan ?

– Pas grand-chose. Le classique adolescent de bonne famille, identique en tous points à Christopher. Même âge, même éducation, mêmes vêtements passe-partout mais coûteux. La bohème de luxe. Gentil. Insignifiant.

– Et cette fameuse soirée où ils étaient tous les deux au moment du drame ?

La voiture démarra à une allure poussive sur la chaussée glissante. Les essuie-glaces grincèrent.

– Christopher m'a précisé qu'ils étaient une trentaine d'invités, ce que j'ai vérifié, indiqua Midley. Les derniers sont partis encore plus tard que Christopher et Joshua. Même milieu, même génération.

Ils ont tous entre dix-sept et vingt-cinq ans. Ils ont l'habitude de se réunir les uns chez les autres...

– ... jusqu'à des heures indues. De mon temps, si on n'était pas rentré à 1 heure du matin, les parents alertaient Scotland Yard.

– De votre temps et du mien, on n'abusait pas de l'alcool et on ne fumait que du tabac. Tandis que là, j'ai dans l'idée qu'ils ont tous un peu plané. Hasch et marijuana. C'est du moins ce que m'ont avoué plusieurs de ceux que j'ai interrogés.

– Intéressant, pour le mobile. Deux garçons, venant de cette « soirée » ou d'une autre, faisant irruption chez les Llewelyn, massacrant tout le monde sous l'emprise de la drogue, en utilisant des armes trouvées sur place... Non. Ça ne colle pas. Ils auraient volé l'argent, les bijoux. Un drogué ne repart jamais les poches vides, conclut l'inspecteur au moment où les premières maisons de Llandrindod Wells se profilaient sous les trombes d'eau.

Le psychologue ayant déclaré que l'unique survivant de la famille Llewelyn restait en état de choc, l'inspecteur et son adjoint décidèrent de ne pas presser de questions le jeune Christopher. L'adolescent leur avait appris tout ce qu'il savait.

En même temps, Halveen et Midley révisèrent leurs positions. Rien ne prouvait que les assassins en aient trop fait, s'ils obéissaient à des mobiles tels que la haine, la jalousie, la vengeance – en d'autres termes, si leur seul but avait consisté à exterminer une famille entière. Et dans ce cas, il n'existait aucune raison pour qu'ils épargnent Christopher, qui avait eu la chance de leur échapper. Le jeune homme était en danger.

C'est pourquoi, puisqu'il ne manifestait toujours pas l'intention d'habiter chez ses cousins ou de rentrer chez lui – et encore moins de retourner à son collège –, l'inspecteur lui conseilla de s'éloigner de Llandrindod Wells. Christopher alla donc s'installer à Shrewsbury, à quatre-vingts kilomètres de là, chez des amis de ses parents.

L'adolescent venait à peine de partir quand l'inspecteur reçut un appel téléphonique sur sa ligne intérieure : le sergent Thorpe avait des informations à lui communiquer.

– Je me suis souvenu d'une vieille histoire, annonça le sergent dès son entrée dans le bureau de Halveen. Et je suis allé à la pêche aux renseignements. Un ancien associé d'Andrew Llewelyn, un certain Paul Brent, avait créé l'usine de textiles avec lui. Llewelyn lui a racheté ses parts, voilà une dizaine d'années, et Brent, qui a tenté de remonter une autre affaire, a fait faillite.

– Vous voulez dire que Llewelyn l'a ruiné ?

– Pas forcément. D'après ce qu'on m'a dit, Llewelyn s'est conduit d'une façon correcte. Mais, depuis toutes ces années, Brent l'accuse d'avoir causé sa perte.

– Quand même, un tel massacre, pour une vengeance d'ordre professionnel, c'est un peu sanglant, protesta l'inspecteur. Et puis les experts nous affirment qu'il y a eu au moins deux meurtriers.

– Paul Brent avait un fondé de pouvoir, Tony Gibner, qui s'est retrouvé à la rue lors de la faillite. Les deux hommes continuent de se voir. Et ils rendent Llewelyn responsable de tous leurs maux.

Halveen allait répéter son objection – on n'extermine pas une famille pour un motif de cet ordre – lorsqu'il s'arrêta net.

– Voilà qui expliquerait beaucoup de choses, observa-t-il enfin. Entre autres, l'absence de vol. Et surtout, la mort de Marian, Bradley et Agnes, puisque tous trois travaillaient pour Andrew Llewelyn. Tous trois étaient indissociables de l'entreprise familiale.

Paul Brent et Tony Gibner vivaient sur l'autre rive du lac de Llandrindod Wells, dans deux pavillons distants d'une centaine de mètres. Le premier était veuf, le second divorcé. Autrement dit, personne ne pouvait témoigner qu'ils étaient bien chez eux dans la nuit du 14 au 15 mars, entre minuit et demi et 1 heure du matin, comme ils le prétendaient.

Néanmoins, ce qui laissa perplexe l'inspecteur Halveen, ce fut leur âge : les deux hommes avaient amplement dépassé la soixantaine. Or il aurait imaginé des meurtriers plus jeunes. Cependant, ce n'était là qu'une intuition – et Halveen se méfiait par-dessus tout de ses propres intuitions.

S'il avait dû écouter ses sympathies ou, en l'occurrence, ses antipathies, il se serait fait une joie de les mettre l'un et l'autre sous les verrous. Lors de sa visite chez Brent, un pitbull avait entrepris de lui sauter à la gorge. Et, chez Gibner, il avait eu droit à un rottweiller qui l'avait fixé en grondant, les yeux fous.

– Vous voyez le genre de personnages... dit-il à Midley. Deux types qui remâchent leurs vieilles rancœurs depuis des années, solitaires, misanthropes, avec pour seule compagnie deux espèces de fauves capables de déchiqueter un rhinocéros... A propos, il existe une loi contre ces chiens-là. Vous voulez bien alerter les services compétents ?

– Volontiers. Et qu'est-ce qu'on décide, pour leurs heureux propriétaires ?

– Gibner-Rottweiller a une collection de fusils de chasse dans son entrée. Ils ne correspondent pas au calibre utilisé chez les Llewelyn, mais rien n'indique qu'il n'en possède pas d'autres. Quant à Brent-Pitbull, je n'ai pas vu d'arme chez lui, mais, là encore, ça ne prouve rien... Nous allons demander un double mandat de perquisition.

On ne découvrit rien de suspect chez Brent, mais, dans son garage, Gibner conservait un fusil qui aurait pu servir d'arme du crime et dont le canon était taché de sang.

– C'est un lièvre que j'ai abattu la semaine dernière ! protesta l'aimable sexagénaire.

– Avec une arme pareille, il a dû être pulvérisé, lâcha Halveen, sceptique.

Néanmoins, on n'avait pas trouvé chez Gibner le second fusil, ni le sabre ni le couteau.

– C'est tout de même un début, commenta Midley avec optimisme.

Cependant, il dut vite déchanter. Le rapport des services balistiques stipula en effet que l'arme ne correspondait pas aux balles récupérées lors de l'autopsie. Et le sang sur le canon était bien celui d'un lièvre.

Huit jours après le drame, l'inspecteur Halveen appela l'ensemble de ses adjoints dans son bureau, afin de récapituler :

– Gibner et Brent ont eu la possibilité matérielle d'assassiner les Llewelyn. Ils possèdent un mobile, et pas d'alibi, ce qui constitue une fâcheuse combinaison. Les armes, ils peuvent s'en être débarrassés n'importe où.

– Ils se sont donc vengés en massacrant une famille entière ? demanda Midley.

– Seul Christopher a eu de la chance, répondit Halveen. Il n'était pas là.

Une seconde s'écoula. Puis deux. Puis le silence s'éternisa.

– En règle générale, reprit l'inspecteur, Christopher a beaucoup de chance. Il échappe à la tuerie, et il se retrouve unique héritier d'une fortune colossale.

Nouvelle pause. Les adjoints attendaient.

– Milliardaire à dix-sept ans, continua Halveen, ce n'est pas mal... Christopher a les clés de la maison. Christopher sait où sont les armes. Christopher n'a pas besoin de voler quoi que ce soit, puisque tout va lui appartenir.

Le sergent Thorpe intervint :

– Mais son alibi ? Tout le monde a vu Christopher et son camarade quitter la réception vers 7 heures du matin.

– En principe, cela les innocente, admit Halveen. Seulement, qui nous dit que c'était la première fois qu'ils s'esquivaient, au cours de cette fameuse nuit ? Si les invités étaient tous plus ou moins dans les brumes de la marijuana ou du haschisch, comment auraient-ils pu prêter attention aux allées et venues de deux d'entre eux ?

– La soirée avait lieu non loin du domicile des Llewelyn, renchérit Midley : moins de vingt minutes en voiture. En calculant large, quarante minutes pour l'aller-retour et vingt pour le meurtre, leur absence n'aurait duré qu'une heure.

– Pour que l'alibi de Christopher Llewelyn et de

Joshua Hoggan soit recevable, dit Halveen, il faut que des témoins jurent les avoir vus à la réception au moment précis du crime : entre minuit et demi et 1 heure du matin. Avant ou après, ça ne nous intéresse pas.

– Faites-les entrer, indiqua Halveen au sergent Thorpe.

Christopher et son camarade s'avancèrent ensemble dans le bureau et prirent place. Au côté de l'inspecteur, se tenaient Thorpe et Midley, et les trois hommes considérèrent leurs suspects, qui ne totalisaient même pas trente-cinq ans à eux deux : des adolescents bien habillés, bien élevés, bien policés, purs produits des fameuses *public schools* britanniques.

On était allé chercher Christopher à Shrewsbury. Quant à Joshua Hoggan, on l'avait arrêté chez ses parents.

Chacun des invités de la réception avait été interrogé, et aucun n'avait pu certifier la présence des deux amis parmi eux à l'heure du drame.

Après avoir hésité sur la tactique à adopter, l'inspecteur avait choisi de se montrer bref et de ne pas poser de question. Mieux valait affirmer plutôt que demander. Il commença par Christopher :

– Vous seul aviez un mobile. Vous possédiez les clés de la maison. Vous saviez que vous trouveriez des armes sur place et qu'il était donc inutile d'en apporter avec vous. Et vous n'avez pas d'alibi.

Avant que l'adolescent n'ait pu réagir, Halveen se tourna vers son complice :

– Vous n'avez pas davantage d'alibi. Vers minuit, vous avez quitté la soirée avec Christopher, vous l'avez conduit à la villa dans votre voiture et, à vous deux, vous avez massacré la famille Llewelyn. Vous avez frappé, et encore frappé, pour faire croire à un crime de sadique, alors qu'il s'agit en réalité d'un assassinat longuement prémédité, et perpétré de sang-froid... Ensuite, vous êtes retournés à la réception, d'où vous êtes repartis, officiellement cette fois, vers 7 heures.

– Mais c'est monstrueux ! s'écria Christopher. Moi, assassiner mes propres parents ! Et Bradley... et Agnes...

A la même seconde, Joshua Hoggan, plus maître de lui, toisa le policier :

– Simples élucubrations. Vous n'avez aucune preuve.

– Les deux fusils, le sabre et le couteau que vous avez emportés avant de rejoindre la réception, vous les avez mis dans le coffre de votre voiture. Et même si vous les avez fait disparaître depuis lors, même si vous avez récuré à fond l'intérieur du coffre, il reste des particules, des fibres, du sang... Nous avons d'excellents spécialistes pour ce genre d'analyse.

Devant le juge, les deux coupables ne revinrent pas sur les aveux qu'ils avaient signés au poste de police. Mais, pas plus que dans le bureau de Halveen, le jeune Christopher ne chercha à justifier son acte. Sa seule explication se limitait à une profession de foi :

– Je hais cette usine de textiles, je hais la gestion, je hais les chiffres... Je ne voulais pas finir comme mon frère et ma sœur, à servir de domestique à mes parents. Moi, je veux vivre, voyager, découvrir le monde.

Et jouir d'une fortune considérable après sa

remise en liberté. Car, tout comme son complice, l'adolescent ne fut condamné qu'à la peine maximale prévue par la loi sur les mineurs : dix ans de détention.

Christopher Llewelyn savait mieux calculer qu'il ne le prétendait.

Isabelle di Natale

Le Mystère de la cabine n° 5

En cette fin d'après-midi, les fenêtres rougeoyaient et l'ombre s'étendait au pied des arbres et des maisons. Le soleil descendait vers le Pacifique en jetant sur la ville de San Francisco et ses collines une lumière oblique qui donnait à toutes choses une teinte mélancolique.

Mais dans le port, le long du quai 25, la silhouette du *Royal Star* concentrait dans ses flancs une intense joie de vivre. Tous ceux qui étaient montés à bord pour souhaiter à Bridget Bowlby un bon voyage avant son départ et boire en son honneur une coupe de champagne l'enviaient d'entreprendre une croisière de dix jours en Alaska sur un paquebot aussi luxueux.

Un peu avant 18 heures, une voix retentit dans les haut-parleurs :

– Appareillage dans quinze minutes ! Mesdames et messieurs les visiteurs sont invités à regagner le quai !

Les amis de la vieille dame reposèrent leur coupe vide et prirent congé les uns après les autres.

La corne du navire mugit sourdement, les matelots retirèrent la passerelle puis s'affairèrent à l'avant et à l'arrière autour des câbles d'amarrage. Le paquebot s'écarta du quai dans le murmure profond de ses moteurs, pivota sur lui-même pour s'orienter vers l'avant-port et s'éloigna en glissant sur l'eau.

Bridget avait regagné sa cabine. Installée sur le balcon, elle regardait la ville qu'elle habitait depuis si longtemps. En haut sur la colline, elle apercevait même sa propre maison, une vaste demeure entourée d'arbres dont le feuillage formait une masse verte autour des murs blancs et masquait en partie le toit de tuiles. Elle avait toujours aimé cette habitation. Quand Ronald, son mari, était mort, un an auparavant, elle n'avait pas voulu aller ailleurs comme on le lui avait conseillé. Bien sûr, la maison était grande, trop grande, mais c'est là qu'elle avait ses habitudes, ses amis, et aussi ceux qui prenaient soin d'elle. Briggs, le portier, avait été engagé par Ronald presque vingt-cinq ans plus tôt ; Leonora Paramon, la jolie gouvernante d'origine mexicaine, était à son service depuis dix ans, quant à Robert Spence, son secrétaire personnel, elle avait l'impression qu'il faisait partie depuis toujours de son entourage. Lorsque Ronald avait senti la mort approcher, Robert lui avait promis qu'il resterait auprès d'elle.

Bridget considérait que les voyages ne sont un plaisir que s'ils permettent de continuer à vivre dans ce qu'elle appelait « un minimun de confort ». Aussi avait-elle réservé pour cette croisière une cabine-appartement à 2 000 dollars par jour qui comportait deux pièces et un balcon privé. Une femme de ménage était spécialement chargée de l'entretien et un maître d'hôtel devait lui fournir chaque jour autant de caviar et de champagne qu'elle en désirerait. La chambre à coucher comportait deux lits jumeaux car elle tenait à ce que Robert dorme auprès d'elle. A son âge, un malaise était toujours possible.

Robert Spence, âgé de cinquante-huit ans, était un petit homme mince, presque fragile, aux traits réguliers et aux manières délicates. Son visage fin, lisse et un peu pâle, faisait ressortir de beaux yeux marron dont le regard avait quelque chose d'enfantin. Il s'occupait de tout avec efficacité et distinction.

Dans la haute société de San Francisco, il s'était acquis une sorte de célébrité par son talent de conteur qui transformait l'anecdote la plus banale en un récit d'un comique irrésistible.

Au cours de cette croisière, il se comporta comme il le faisait d'habitude. Il conduisait Bridget à la salle à manger, veillait à disposer des coussins quand elle s'allongeait sur le pont et s'entretenait avec elle, soit pour la faire rire, soit pour évoquer le souvenir de Ronald.

Un après-midi, une femme originaire de l'Arkansas, accompagnée de son mari, complimenta Bridget sur la broche de diamants qui, ce jour-là, fermait le col de son chemisier en soie. Ce fut le début d'une relation agréable qui se prolongea pendant le reste de la croisière.

Les jours passaient dans un délicieux rituel où venait s'inscrire une succession d'impressions nouvelles éveillées par les paysages du Canada et de l'Alaska. Le navire accosta à Seattle, Vancouver, Ketchikan, Juneau et atteignit Skagway, près du soixantième parallèle, où il fit demi-tour pour repartir vers le sud. Lorsqu'il arriva à Victoria – dans l'île de Vancouver –, dernière escale avant le retour à San

Francisco, Robert emmena Bridget faire une excursion dans ce qu'il présentait avec sa préciosité habituelle comme « un petit paradis typiquement britannique ».

Quand ils regagnèrent le bord en fin d'après-midi, tous deux se sentaient fatigués. Aussi décidèrent-ils de s'accorder un moment de repos avant d'aller rejoindre leurs amis de l'Arkansas pour participer à la soirée d'adieu que donnait le capitaine.

Bridget passa une robe légère, s'étendit sur son lit et s'assoupit. Robert prépara son smoking, une chemise et des boutons de manchettes. Puis il se servit sa boisson favorite, un mélange de champagne et de vodka, absorba un sédatif accompagné d'un second verre de champagne-vodka et s'allongea pour dormir un peu lui aussi.

Pendant ce temps, le paquebot quittait le port de Victoria et faisait route vers San Francisco par le détroit de Juan de Fuca.

Il était exactement 18 h 45 quand le maître d'hôtel, comme chaque soir, frappa délicatement à la porte de la cabine n° 5, portant dans la main droite un petit plateau avec une boîte de caviar. Quelques secondes plus tard, Robert lui ouvrit, se prit la tête dans les mains et se mit à crier : « Elle est morte ! »

Par l'entrebâillement, le maître d'hôtel aperçut Mme Bowlby étendue sur son lit, sur le dos. Le sang coulait de sa tête. Les oreillers en étaient imprégnés. Le maître d'hôtel partit précipitamment et revint avec deux hôtesses. Le sang continuait à couler. Le haut du corps était sur le lit, le visage contre le drap, et les genoux reposaient sur le sol.

L'une des hôtesses s'efforça de réconforter Robert qui sanglotait, effondré sur le canapé. Le capitaine et le médecin du bord survinrent peu après, s'approchèrent de Bridget et constatèrent qu'on ne pouvait plus rien pour elle. Ils se dirent que quelqu'un avait dû pénétrer dans la cabine et la frapper avec un objet dur.

On emmena Robert à l'infirmerie du bord, où on lui fit prendre un calmant.

Quelques heures plus tard, Robert put se servir du radiotéléphone du bateau pour informer les amis et les connaissances de Bridget du malheur qui était survenu. « Elle est morte, elle est morte », répétait-il.

Le lendemain dans la matinée, quand le bateau accosta à San Francisco, une escouade de sept policiers, accompagnés d'un médecin légiste, monta à bord.

Dans la cabine n° 5, ils constatèrent qu'il y avait du sang sur le lit, sur les murs, sur le plafond. Selon le médecin légiste, les taches de sang sur les deux oreillers indiquaient qu'au moment de l'agression la victime était étendue sur le dos. Elle avait été frappée à la tempe gauche, au moins à quatre reprises, ce qui avait provoqué des projections de sang qui avaient aspergé les murs, le plafond et probablement le meurtrier lui-même. On constatait aussi des contusions sur les doigts, mais elles provenaient plus probablement d'un geste réflexe que d'un mouvement de défense.

Les policiers remarquèrent une bouteille de whisky sur la table de chevet. Elle était couverte de sang, mais les taches semblaient à demi effacées comme si le meurtrier avait essayé de les nettoyer.

Ils ne manquèrent pas d'observer également, en s'appuyant sur les déclarations du maître d'hôtel et des hôtesses, que le corps de la victime avait changé de position. D'abord allongée sur le dos, puis les genoux au sol. Etait-elle encore en vie au moment de l'arrivée du maître d'hôtel et avait-elle ensuite essayé de se lever ? Le médecin légiste pensait plutôt qu'on avait déplacé le cadavre.

Qui ? Le seul qui ait pu le faire était Robert. Mais les policiers hésitaient à le soupçonner du meurtre. C'était un homme de stature frêle, d'un caractère timide. Il était l'ami de la victime depuis de nombreuses années et, en la perdant, il perdait son employeur. Ce n'était pas le suspect idéal.

Ils procédèrent à un interrogatoire de toutes les personnes présentes sur le navire. Où se trouvaient-elles au moment du meurtre ? Qui pouvait en témoigner ? Avaient-elles aperçu quelqu'un dont les vêtements étaient tachés de sang ? Mais en fin de compte, il leur fallut revenir à Robert Spence et c'est à contrecœur qu'ils demandèrent un mandat d'arrêt contre lui. Non seulement il n'existait pas d'élément probant permettant de l'incriminer mais, de plus, son arrestation allait provoquer les protestations dans la haute société de la ville.

C'est ainsi que Robert quitta le doux cocon d'une cabine de luxe pour le confort plus rudimentaire d'une cellule de prison.

Les semaines, les mois passèrent. Robert les occupa à écrire. Enfin son avocat lui apporta une nouvelle. Au terme d'une longue querelle d'experts en droit maritime, il avait été décidé que, le bateau se trouvant dans les eaux canadiennes à l'heure supposée du meurtre, l'affaire était du ressort des autorités de la Colombie-Britannique.

Robert, dont tout le monde pensait qu'il serait acquitté à San Francisco, fut donc transféré dans une prison de Victoria, ce « petit paradis anglais... ».

Son procès s'ouvrit en décembre 1987, soit dix-sept mois après les faits, dans une salle aux murs lambrissés de bois jusqu'au plafond et au sol recouvert d'une épaisse moquette cramoisie. L'accusé, calme et souriant, apparut en costume de tweed avec une pochette de soie. Il était défendu par un avocat de Vancouver, Milton Averell, une autorité au Canada, qui avait la particularité d'écrire des romans policiers à ses moments perdus mais n'en était pas moins un redoutable juriste. Il avait en face de lui un procureur dont la réputation était également flatteuse, Dean Kay, qui, les questions de procédure réglées, présenta sa version de l'affaire Bowlby.

Il affirmait que Robert Spence, pleinement conscient de ses actes, avait frappé Bridget Bowlby avec une violence qu'on pouvait à juste titre qualifier de sauvage. Pourquoi avait-il tué la vieille dame ? C'était tout simple : elle s'apprêtait à le déshériter dès leur retour à San Francisco. Dans l'état actuel du testament, Spence allait recevoir les deux tiers de la fortune des Bowlby.

Mais cela, ajouta Kay, n'était que l'aspect apparent de l'affaire, c'était le motif le plus évident. Il fallait examiner le contexte des relations entre Spence, Ronald et Bridget Bowlby. En réalité, l'accusé n'était pas l'esthète inoffensif dont il voulait donner l'image. Il nourrissait pour ses employeurs une haine profonde et ancienne, dissimulée sous des manières délicates, voire affectueuses.

Après ce préambule, Kay demanda que l'on entende la gouvernante de Bridget Bowlby.

La belle Leonora s'installa dans le box des témoins, prêta serment et expliqua que, selon ce que lui avaient confié la gouvernante précédente, décédée depuis, et le portier, Ronald Bowlby avait rencontré Robert Spence en 1965. Quelque temps après, il l'avait engagé comme chauffeur et valet, puis comme secrétaire, avec pour salaire initial la somme dérisoire de 50 dollars par mois. Un soir, Leonora avait été involontairement témoin d'une scène étrange. Alors que l'éminent avocat avait déjà soixante-seize ans, il avait fait venir Robert dans sa chambre et lui avait demandé s'il pouvait lui apporter « un réconfort sexuel ». Quelque temps plus tard, tandis que Bowlby prenait un bain, elle avait vu Robert s'asseoir sur le rebord de la baignoire rose et faire de petites vagues du revers de la main avant de caresser et d'embrasser Bowlby. Cependant, quand Robert faisait une erreur, Bowlby pouvait se montrer extrêmement désagréable, odieux même. Mais ensuite, les deux hommes se réconciliaient et s'embrassaient. « On sentait qu'ils étaient très proches l'un de l'autre », précisa Leonora. Le salaire de Robert avait fini par s'élever à 500 dollars, mais s'il avait espéré recevoir une part de l'héritage de son patron, il avait dû éprouver une forte déception. Au fidèle compagnon qui était resté vingt et un ans auprès de lui, et qui lui avait promis sur son lit de mort de s'occuper de sa femme, Bowlby n'avait légué qu'une paire de boutons de manchettes. Néanmoins, Leonora avait remarqué que pendant plusieurs mois après le décès de Bowlby, Robert pleurait discrètement chaque fois qu'il regardait son portrait dans le grand salon.

Le procureur remercia Leonora Paramon et annonça un témoin-surprise qui allait expliquer au jury comment Spence avait détourné des sommes importantes au détriment de la riche veuve.

Les jurés et l'auditoire s'attendaient à voir un homme pénétrer dans le box des témoins. Au lieu de cela, des appariteurs installèrent un magnétoscope. Il s'agissait d'une déposition enregistrée, le témoin ayant préféré ne pas se déplacer.

Sur l'écran, on vit apparaître un homme d'environ soixante-cinq ans, vêtu en clergyman. Il faisait partie de ceux à qui Spence avait téléphoné depuis le bateau pour leur annoncer la mort de Bridget.

L'homme d'Eglise, se présentant d'emblée comme l'amant de Spence depuis plus de dix ans, précisa que Robert et lui avaient mis leurs ressources en commun pour faire face à leurs dépenses.

C'est avec de petits ricanements qu'il décrivit « l'égoïsme » de Bridget Bowlby. Il lui paraissait clair que, depuis toujours, cette femme n'avait jamais pensé qu'à elle-même. C'était là le secret de son bonheur. Pendant longtemps, son mari et elle avaient traité Robert comme un esclave sous-payé.

Pourtant, un jour – cela remontait à huit mois environ avant la fatale croisière sur le *Royal Star* –, à l'occasion d'un déjeuner chez Bridget Bowlby, qu'il fréquentait de temps à autre, le clergyman avait eu connaissance d'un codicille au testament de Bridget. Selon ce document, Robert devait hériter de plus de deux millions de dollars à la mort de la vieille dame.

Le témoin précisait qu'il avait eu l'occasion un peu auparavant de suggérer à Bridget d'agir dans ce sens.

Quelque temps après, Bridget avait confié à Robert la gestion de la Fondation Bowlby, une institution richement dotée. Spence en profita pour signer deux gros chèques au témoin. Le premier, de 100 000 dollars, était destiné à l'ouverture d'un commerce de luxe, l'autre, de 2 000 dollars, était une contribution à l'action humanitaire du fils du témoin, en Australie.

C'est sur cette révélation que se terminait la bande vidéo.

L'avocat de Spence fit aussitôt remarquer que l'on pouvait fort bien attribuer ces dons à la nature généreuse de son client. Ce n'était qu'un élément de plus qui venait confirmer sa gentillesse.

Milton Averell demanda que l'on veuille bien faire appeler un autre témoin, le propriétaire de l'appartement où les deux hommes avaient vécu.

Celui-ci, qui avait accepté de faire le voyage, les décrivit comme d'excellents locataires, discrets, soigneux, toujours aimables. Il avait bavardé à de nombreuses reprises avec Spence, qui paraissait avoir pour Bridget Bowlby l'attention et l'affection d'un fils à l'égard de sa mère.

Le témoin déposa avec un accent de sincérité qui éveilla dans l'esprit des jurés un début de sympathie pour l'accusé.

Après lui, les autres témoins défilèrent : le maître d'hôtel du bateau, les deux hôtesses, le capitaine, les inspecteurs et le médecin légiste. Et finalement, le 10 décembre, ce fut au tour de Robert Spence lui-même de prendre place, toujours élégant, détendu et confiant, dans le box des témoins.

Il commença par dire ce qu'avait été sa vie avant sa rencontre avec Bowlby. Il était né sous le nom de Robert Lennard en 1928 à New Bedford, dans le Massachusetts. Aussi loin qu'il s'en souvienne, la présence de son père l'avait toujours terrorisé. Il ne savait pas pourquoi, d'ailleurs, car ce père ne s'était jamais montré brutal.

A l'école, ses camarades et certains de ses maîtres se moquaient souvent de lui à cause de sa sensibilité. Il avait réagi en se réfugiant dans le rêve, en inventant des histoires dont il était « l'héroïne ».

En 1946, lors de son appel sous les drapeaux, ce fut pire encore. Il ne parvenait pas à s'adapter à la vie militaire, les activités physiques l'épuisaient et, pendant les exercices de tir, il fermait les yeux au moment de faire feu. Ce qui mettait son sergent en fureur.

Après avoir quitté l'armée, il avait noué successivement plusieurs liaisons, toujours avec des hommes plus âgés que lui. Dans une tentative désespérée pour vivre « normalement », il s'était marié et avait eu un enfant, mais le bébé était mort quelques mois après sa naissance. Robert y avait vu le signe d'un échec. Il avait maintenant la certitude qu'il ne pouvait rien changer à ses penchants.

Il avait alors quitté la côte est et était venu s'installer à San Francisco, où il savait qu'il trouverait un climat de plus grande tolérance. C'est là qu'il avait rencontré Dwight Spence, un homme plein de charme et fortuné. Marié, il s'était enrichi grâce à son talent d'avocat et appartenait à la meilleure société de San Francisco. Pendant seize mois, les deux hommes avaient éprouvé l'un pour l'autre une passion intense. Puis, un beau jour, Dwight lui avait annoncé qu'il n'y aurait plus jamais de relations physiques entre eux. Il avait décidé de l'adopter. Désormais, il serait son fils et porterait son nom.

Robert était venu s'installer chez Dwight et avait vécu chez lui jusqu'à la mort prématurée de son père adoptif, usé par l'excès d'alcool. Avec cette disparition prenait fin une période que Robert considérait comme la plus heureuse de sa vie.

Dwight lui laissait 180 000 dollars. Mais Robert savait que cette somme ne durerait pas éternellement. Il avait pris l'habitude de fréquenter le grand monde et de vivre la vie protégée des riches. Dans ce milieu, son extrême sensibilité ne le faisait plus souffrir. Elle s'accordait à merveille avec le raffinement de ceux qu'il côtoyait.

En 1968, il rencontra le témoin-surprise. Leur relation persista après qu'il fut entré au service du couple Bowlby. Pendant les quinze ans qui suivirent, expliqua-t-il, il était devenu une sorte de bouffon ayant pour fonction d'amuser ses employeurs et de subir leurs railleries. Mais il l'acceptait parce que c'était le prix à payer pour continuer à évoluer dans la bonne société de la ville.

Le procureur intervint à ce moment :

– Peut-être espériez-vous aussi capter une part de l'héritage, comme cela s'était produit précédemment ? Vous avez dû être amèrement dépité à la mort de Ronald Bowlby, n'est-ce pas ? D'autant que, selon certains témoins, Bridget avait à cette occasion laissé éclater publiquement sa jubilation en déclarant que « les millions de Bowlby » lui revenaient. Dans ces conditions, dites-nous, monsieur Spence, ce que cela vous a fait d'apprendre que Bridget Bowlby s'apprêtait à vous exclure de son propre testament ? On imagine votre rage. Il y avait bien là un motif suffisant pour préparer et exécuter son assassinat.

– Non, répondit Spence. Elle avait modifié son testament deux mois avant que nous n'embarquions pour l'Alaska.

Cette réponse impressionna visiblement les jurés. Spence continua :

– Cette décision de Bridget m'a affecté, j'ai été déçu, c'est vrai, mais je n'en ai conçu aucun ressentiment.

– Vous a-t-elle exclu complètement de son héritage ?

– Non.

– Quelle somme devait vous revenir ?

– Seulement un quart de million de dollars.

Le procureur se tourna vers les jurés :

– Ce n'est peut-être pas la fortune d'un prince arabe, mais c'est bien assez pour constituer le mobile d'un crime.

Puis il évoqua un manuscrit d'environ deux cents pages que Spence avait rédigé dans sa cellule de San Francisco et que la police canadienne avait saisi lors de l'extradition. Il s'agissait d'un roman d'inspiration vaguement autobiographique intitulé : *Les Egarements d'un parasite.* Le procureur ouvrit son dossier et lut :

– « Il me faut exécuter ce que je me suis promis... Ce soir, elle doit mourir... Acte fracassant... Où, quand, comment ? »

Et, jetant sur Robert Spence un regard perçant :

– C'est bien ce que vous avez fait, n'est-ce pas, monsieur Spence ?

– Non, et je n'ai jamais écrit les phrases que vous me prêtez.

– Ce passage a pourtant été recopié par l'un de mes collaborateurs, ici même, à Victoria.

La défense protesta et demanda qu'un expert examine le manuscrit.

Le lendemain, le graphologue se présenta. Il avait étudié intégralement le roman de Spence. Le passage cité ne figurait nulle part.

La défense prit la parole pour rappeler que, selon de nombreux témoins, Robert et Bridget s'étaient montrés de la meilleure humeur pendant la traversée. Le couple de l'Arkansas avait précisé que, le jour du meurtre, Robert leur était apparu « aussi serviable, détendu et charmant que d'habitude ».

– Il n'est pas crédible, ajouta Averell, que Spence ait formé le projet de tuer Mme Bowlby, en prévoyant de passer à l'acte quelques minutes avant l'heure à laquelle le maître d'hôtel devait se présenter avec le caviar.

Puis, désignant son client d'un geste qui paraissait exprimer le bon sens :

– Cet homme est trop doux, trop délicat, trop sensible pour préparer et commettre un acte aussi sanglant.

Le tribunal entendit enfin un expert psychiatre qui avait eu plusieurs entretiens prolongés avec l'accusé. A son avis, si Spence avait commis l'homicide, ce ne pouvait être qu'en état de somnambulisme. Il était avéré que certaines personnes s'étaient suicidées ou avaient tué pendant leur sommeil. Un meurtre commis dans ces circonstances peut parfaitement avoir un mobile mais il est commis « sans participation consciente », dans un état proche de celui dont nous faisons l'expérience dans la vie quotidienne lorsque nous nous apercevons que nous sommes dans notre cuisine sans pouvoir nous souvenir de ce qui nous y a conduit.

– Dans son état normal, conclut le psychiatre, non seulement Spence aurait été incapable de commettre un meurtre mais il n'aurait même pas pu l'imaginer et le préméditer.

Le procureur exprima son désaccord avec force.

Pour lui, Robert Spence, cet homme dissimulé, intéressé et pervers, avait soigneusement préparé l'assassinat de Bridget Bowlby dans l'intention de toucher sa part d'héritage. Dans l'exécution, toute la haine qu'il avait si longtemps refoulée au plus profond de lui-même s'était brutalement exprimée. Il avait d'abord frappé sa malheureuse victime à la tête avec une bouteille de vin puis, s'apercevant qu'elle vivait encore, il l'avait achevée avec une bouteille de whisky. Il était donc coupable du crime le plus grave et méritait la plus lourde sentence.

Ces paroles furent suivies d'un long silence, comme si elles avaient plongé la salle entière dans une profonde méditation. Après quoi, le juge ayant prononcé la formule qui clôt les débats, les jurés se retirèrent pour délibérer.

Lorsqu'ils revinrent dans la salle, neuf heures plus tard, ils annoncèrent qu'ils étaient parvenus à une décision : Robert Spence était coupable d'assassinat.

L'accusé sembla avoir reçu un coup sur la tête. Mais quand le juge lui demanda s'il voulait dire quelque chose, il répondit :

– Pas un mot, *your lordship,* pas un mot.

Le juge reprit alors la parole :

– Selon la loi canadienne, je n'ai d'autre choix que de prononcer la peine maximale et de vous condamner à la réclusion à perpétuité assortie d'une période de sûreté de vingt-cinq ans.

Il s'interrompit un instant puis, comme sous l'effet d'un sentiment de compassion, ajouta :

– Cependant, la loi autorise un juge à prononcer ultérieurement une diminution de cette période de sûreté.

Robert Spence hocha doucement la tête. C'était

une bien piètre consolation pour un homme qui avait mené une vie de luxe et devrait pendant de longues années être confiné entre les murs d'un centre pénitentiaire au milieu d'une population inculte et grossière. Il savait que, dans ces conditions, une inexorable déchéance physique et intellectuelle l'attendait.

Trois jours après le verdict, le testament de Bridget Bowlby fut ouvert. Spence héritait de 250 000 dollars. Le reste de la fortune de la vieille dame allait au département de Droit de l'université de San Francisco.

Quand il évoquait cette affaire en privé, le procureur Kay se disait persuadé que le témoin-surprise, qui avait refusé de venir en personne à Victoria, avait prémédité le crime conjointement avec l'accusé, lequel l'avait exécuté en faisant preuve d'un parfait sang-froid, mais qu'on manquait de preuves pour inculper l'ecclésiastique. A ses yeux tout était parfaitement clair dans cette histoire. Aucun doute n'était possible... c'était indiscutable.

Christian Molinier

La Fin d'un homme heureux

L'hôpital de Salisbury, dans le centre de l'Angleterre, était désert à cette heure tardive. De temps à autre, une porte s'ouvrait, quelqu'un passait puis disparaissait dans un couloir. Dans la salle d'attente, une jeune femme était assise sur une banquette en moleskine noire auprès de ses deux enfants qui avaient placé leur manteau plié sous leur tête et s'étaient assoupis.

Les mains dans les poches de sa blouse, un interne sortit de la salle des urgences et s'avança vers elle.

– Madame Davenport ?

Elle se leva, en fixant un regard interrogateur sur l'interne qui poursuivit :

– Vous avez bien dit aux ambulanciers que vous aviez heurté votre mari avec votre voiture ?

– C'est exact. Il a surgi du brouillard juste devant moi... Comment va-t-il ? Puis-je le voir ?

– Actuellement, il est à la radiographie. Il a de multiples fractures. Dès que ce sera possible, il entrera en chirurgie. Je ne peux vous cacher que son état est sérieux.

– Vous voulez dire que sa vie est en danger ?

– Il est encore trop tôt pour se prononcer.

A ce moment, on entendit des pas résonner dans le couloir. L'homme qui apparut n'était manifestement ni un médecin ni un infirmier. Il avait l'air de quelqu'un qu'on a réveillé au milieu de la nuit et, chose étrange, il ne venait pas de l'extérieur mais arrivait du côté du service des urgences.

S'inclinant légèrement, il se présenta :

– Inspecteur Philip Lomond.

Le médecin profita de l'occasion pour s'esquiver.

– Je vous laisse avec l'inspecteur... Je reviendrai dès qu'il y aura du nouveau.

Le policier et la jeune femme s'assirent sur les sièges de la salle d'attente. Tout était silencieux. Les enfants dormaient toujours.

L'inspecteur dit à voix basse :

– Il faut que vous sachiez que votre mari a une fracture du crâne... le cerveau est probablement atteint... il a de nombreuses blessures au visage et sur les bras.

Carol Davenport pâlit.

– Est-ce qu'on va réussir à le sauver ?

– Je ne peux pas vous répondre. Les médecins vous le diront. Ce qui m'intéresse, c'est de savoir comment il a été blessé.

– Je rentrais chez moi après avoir emmené les enfants à une soirée de théâtre organisée par l'école. Il y avait beaucoup de brouillard... Je m'étais déjà engagée dans l'allée qui conduit à notre garage lorsque j'ai vu une forme se dresser devant la voiture en faisant de grands gestes. J'ai freiné aussitôt. L'homme s'est effondré. Je me suis demandé si je l'avais vraiment heurté ou bien s'il s'agissait d'une ruse pour m'obliger à m'arrêter et à descendre.

Après avoir hésité un instant, j'ai demandé aux enfants de bloquer les portières quand je serais sortie. Une fois dehors, j'ai aperçu deux mains ensanglantées qui se posaient sur le capot. L'inconnu se hissait en prenant appui sur la voiture. Quand il a relevé la tête, j'ai reconnu le visage couvert de sang de mon mari...

Carol s'interrompit en baissant les yeux, mais très vite elle reprit :

– Il a ouvert la bouche comme s'il essayait de dire quelque chose, je me suis approchée... avant d'avoir pu prononcer un seul mot, il a perdu connaissance et s'est affalé sur le gravier.

– Qu'avez-vous fait ?

– J'ai crié aux enfants de ne pas bouger et je me suis précipitée vers la maison pour appeler une ambulance.

Lomond réfléchit un instant, puis il dit :

– J'aimerais que nous retournions chez vous pour examiner votre voiture.

– Mais c'est impossible, il faut que j'attende ici !

– Votre présence à l'hôpital n'est pas indispensable. Vous serez informée de l'état de votre mari. Il est tard, je vais vous raccompagner chez vous.

Trois quarts d'heure plus tard, les enfants étaient dans leur lit et l'inspecteur, une torche électrique à la main, suivait, accompagné de Carol, l'allée de la propriété des Davenport jusqu'à l'endroit où était restée la voiture. Il éclaira la calandre de l'Alfa-Romeo, puis les roues avant et finalement le capot et les phares. Se tournant vers Carol, il demanda :

– Vous avez vu surgir votre mari devant vous ?

– Oui.

– Avez-vous entendu un bruit de choc ?

– Non, il est apparu et il a disparu, comme si je l'avais heurté et qu'il était tombé.

– Vous saviez que c'était lui ?

– Non, je n'ai pas aperçu son visage... Il titubait.

– Comme un homme ivre ?

– Oui, comme quelqu'un qui a bu.

– Et votre mari avait-il bu ?

– Il était allé prendre un verre dans un pub du village... Dites-moi, inspecteur, à quoi riment toutes ces questions ?

– Retournons chez vous, il faudrait que je téléphone. Je vous expliquerai...

Lomond appela le service de l'identité judiciaire et demanda qu'une équipe vienne examiner la voiture et effectue une recherche tout autour. Puis, reposant le combiné, il fixa Carol en lui disant :

– Votre mari n'a pas été heurté par une voiture, les chirurgiens de l'hôpital sont formels.

La jeune femme ouvrit de grands yeux et resta sans voix.

– Il semble que votre mari ait été victime d'une agression. Si ses blessures avaient été causées par votre voiture, elle porterait des traces de choc, ce qui n'est pas le cas. Elle aurait même été sérieusement endommagée. Non, vous pouvez me croire, il s'agit de tout autre chose. Il faut que vous m'aidiez à reconstituer l'emploi du temps de votre mari, hier soir.

Carol paraissait abasourdie.

– Une agression ? Par qui ? Pourquoi ?

Finalement, elle reprit ses esprits :

– Tous les samedis soir, Gregory va au pub vers 20 heures, c'est une habitude, presque un rituel. Quelquefois, il n'y reste qu'une heure, d'autres fois il n'en part qu'à 23 heures. Cela dépend de son humeur et des amis qu'il retrouve là-bas.

– Vous étiez là quand votre mari est parti ?

– Oui, nous avons quitté la maison en même temps.

– Comment s'est-il rendu au pub ?

– Avec sa voiture.

– Quelle marque ?

– Une Saab.

– Où se trouve-t-elle ?

– Dans le parc, au bord de l'allée. Je l'ai aperçue en arrivant.

Lomond sortit, toujours muni de sa lampe électrique, pour procéder à une inspection minutieuse de l'intérieur et de l'extérieur du véhicule. La carrosserie et les sièges étaient intacts. Pas de trace de choc, pas de tache de sang.

Carol, dont le visage exprimait une profonde lassitude, l'attendait sur le pas de la porte. Lomond prit congé et la prévint que les techniciens de l'identité judiciaire se présenteraient en début de matinée pour procéder à des recherches sur la Saab et l'Alfa-Romeo. Elle le salua et referma la porte de la maison.

L'inspecteur regagna sa propre voiture en écoutant sans le vouloir le bruit de ses pas sur le gravier. Tout était tellement silencieux que ce crissement étouffé semblait insolite. Il jeta un regard derrière lui. Le brouillard, plus dense que jamais, estompait la façade de la maison. Seule brillait encore, au premier étage, une petite lumière qu'un halo de brume recouvrait d'un voile jaune.

Cet endroit donnait une telle impression de sérénité, d'harmonie et d'aisance que Lomond ne pouvait s'empêcher d'être intrigué par cette étrange affaire. Mais à présent il se sentait trop fatigué pour y réfléchir. Son seul désir était de rentrer sain et sauf à Salisbury, dans cette humidité cotonneuse, et de se coucher.

Au matin, l'inspecteur se rendit à l'hôpital où il retrouva le médecin chargé par la police d'examiner Davenport.

– Je n'ai pas pu voir ses blessures, il est recouvert de bandages, mais je viens d'étudier les radios, il n'y a aucun doute, ce n'est pas un accident de voiture.

– Alors...

– C'est une tentative de meurtre, et bientôt ce sera un meurtre.

– Vous voulez dire qu'il ne s'en remettra pas ?

– Il n'a pas la moindre chance de survie.

En fin de matinée, les techniciens de l'identité judiciaire vinrent faire leur rapport dans le bureau de Lomond. Leurs conclusions confirmaient ce qu'il avait pensé tout de suite : aucune des deux voitures n'avait été impliquée dans un accident. On pouvait être formel sur ce point.

Dès lors, l'affaire prenait un autre tour. Il fallait vérifier minutieusement les déclarations de Mme Davenport, se renseigner sur la personnalité de la victime et sur son entourage.

Lomond se rendit aussitôt au village. A cette heure, un dimanche matin, il n'y aurait pas grand monde au pub. C'était le meilleur moment pour recueillir des témoignages.

Le patron connaissait bien Gregory Davenport.

– C'est un ingénieur... directeur technique, je crois, chez Digital Instruments.

– Vous vous souvenez de l'avoir vu, hier soir ?

– Parfaitement. Il est resté ici de 20 heures jusqu'à environ 21 h 15-21 h 30.

– Il était seul ?

– Non, il y avait tous ses amis. Ils viennent régulièrement, surtout le samedi.

– Mais il est arrivé seul ?

– Oui.

– Et il est reparti seul ?

– Il me semble, mais vous savez, on est plutôt occupés le samedi soir, je ne peux rien affirmer.

– Les amis qui étaient avec lui, c'étaient des hommes ?

– Oui. Il y avait aussi deux femmes, les épouses de deux des hommes.

– Les serveuses étaient là, hier soir ?

– Oui, toutes les trois. Vous voulez leur parler ?

L'inspecteur voulait savoir si elles se souvenaient du départ de Davenport. Deux d'entre elles n'en gardaient aucun souvenir. Dans l'affluence du samedi soir, elles n'avaient rien remarqué. La troisième était affirmative.

– Il est passé près de moi, il m'a dit bonsoir et il est sorti. Je n'ai vu personne s'en aller avec lui.

– Personne ne l'a suivi ?

– Ça, je ne peux pas vous le dire. De toute façon, il y a plusieurs portes. Quelqu'un a très bien pu se glisser dehors par l'arrière, au même moment.

– Quelle impression vous a-t-il faite ? Etait-il préoccupé, tendu, irrité ? S'est-il disputé avec quelqu'un ?

– Non, c'est quelqu'un de très tranquille, un vrai gentleman, dit la serveuse.

Le patron intervint :

– Il est absurde de penser qu'il aurait pu se mêler à des gens qui cherchent des histoires.

Le lendemain, Lomond organisa une réunion des amis de Davenport qui s'étaient trouvés ensemble au pub le samedi soir. Ils confirmèrent les déclarations du tenancier et des serveuses. Il était arrivé et reparti seul. Aucun incident n'avait troublé la soirée et il avait donné l'impression d'être de bonne humeur.

– C'est lui qui animait le groupe, précisa l'une des femmes. C'est un homme très intelligent qui dit des choses fines et drôles sans aucune méchanceté. Il est impossible de ne pas l'aimer.

Puisque du côté des amis de la victime on ne trouvait rien d'intéressant, Lomond décida d'enquêter sur sa vie professionnelle. Il demanda à être reçu par le directeur général de Digital Instruments, une importante entreprise de composants électroniques des environs de Salisbury.

L'opinion du directeur général sur son collaborateur était des plus flatteuses :

– Dans son domaine, c'est l'un des meilleurs.

– Est-ce que quelqu'un pouvait lui en vouloir... une rivalité, un conflit, des frictions avec un collègue ou un subordonné...

– A ma connaissance, il n'y a rien de tout cela. Davenport a le don d'éveiller la sympathie. Je crois qu'ici tout le monde l'apprécie.

Lomond remercia le directeur et se retira. Il y avait encore une piste qu'il ne voulait pas négliger. Aussi se rendit-il aussitôt à l'agence bancaire de Salisbury qui tenait le compte de Davenport.

– Il n'a pas de soucis financiers, dit le banquier avec un sourire. Il perçoit chaque mois une somme suffisamment conséquente pour couvrir ses dépenses.

– Ne se serait-il pas engagé dans une opération dont vous auriez eu connaissance ?

– Il traite très souvent d'affaires pour le compte de sa société, mais ce n'est pas ce dont vous voulez parler ?

– Non. Je pense à un investissement privé, avec des partenaires...

– Je n'ai eu vent d'aucune affaire de cette sorte.

Tandis que Lomond retournait à son bureau, il ressentait une insatisfaction qui se transformait peu à peu en irritation. Par quelque bout qu'on prenne cette affaire, on ne parvenait nulle part. Davenport avait toutes les qualités, il était aimé de sa femme, apprécié par ses amis et ses collègues, estimé par son patron, n'avait aucun problème d'argent, aucune aventure sentimentale, menait une existence parfaitement normale, et pourtant il s'était trouvé quelqu'un pour lui fracasser le crâne ! Qui ? Pourquoi ? S'il reprenait conscience, il pourrait peut-être dire ce qui s'était passé. Cette éventualité étant bien improbable, il fallait tout reprendre et creuser plus profond.

Lomond demanda aux techniciens de l'identité judiciaire de retourner sur les lieux de l'agression et de fouiller minutieusement le parc. C'est ainsi que dans la matinée de mardi, les policiers se déployèrent à l'entrée de la propriété et, lentement, progressant à genoux, ils inspectèrent au moyen d'une grosse loupe la grande pelouse qui s'étend entre la route et la maison. Vers midi, un homme signala un endroit où le gazon avait été piétiné. Les brins verts avaient également une teinte plus sombre.

Peu après, le responsable de l'opération téléphona à Lomond :

– Je pense que nous avons trouvé l'endroit où Davenport a été frappé. C'est à environ deux cents mètres du lieu où sa femme dit l'avoir vu.

– Sur la pelouse ?

– Oui, près d'un arbre.

– Prenez des échantillons de terre et de gazon et portez-les tout de suite au laboratoire.

Dans les heures qui suivirent, il fut établi que le gazon était recouvert de sang humain dont le groupe correspondait à celui de Davenport.

Cette nuit-là, l'état du blessé s'aggrava. Son pouls s'emballa. Tout fut tenté pour le maintenir en vie, mais au bout d'une demi-heure, il rendait son dernier souffle sans avoir repris conscience.

Averti, Lomond se précipita à l'hôpital et demanda les affaires du défunt. Dans la poche intérieure de sa veste, il trouva un portefeuille qui contenait cinquante livres sterling et plusieurs cartes de crédit.

« Peut-être Davenport a-t-il surpris un cambrioleur ? pensait Lomond. La maison contient de nombreux objets de valeur. En rentrant chez lui, il a très bien pu apercevoir un rôdeur, le poursuivre sur la pelouse et être frappé à cet endroit. Il n'y a aucune trace d'effraction sur les portes et les fenêtres, mais cela ne veut rien dire. »

L'autopsie, pratiquée aussitôt après le décès, révéla que la victime était morte d'un traumatisme crânien qui avait endommagé le cerveau et provoqué une hémorragie. Les blessures avaient été causées par un « objet long, rond, assez étroit et très dur ».

– Une barre de fer ? demanda Lomond au médecin légiste.

– C'est presque certain. A mon avis, il a

commencé par tenter de se protéger, d'où les blessures aux bras. Ensuite, il a été frappé à la tête. Les coups ont été très violents, comme si on avait voulu le réduire en bouillie. Ce qui est étonnant, c'est qu'il ait survécu si longtemps. Il devait avoir une constitution particulièrement robuste.

Cette remarque laissait Lomond songeur. A supposer que Davenport ait surpris un cambrioleur, pourquoi ce dernier s'était-il acharné à ce point? Davenport connaissait-il son agresseur? Il fallait peut-être chercher du côté des employés de la maison?

Il y avait une cuisinière, une gouvernante pour les enfants, une femme de ménage et un jardinier. L'une de ces personnes avait-elle un motif de rancune contre son patron? Lomond voulait en parler avec Carol Davenport. Le moment était mal choisi puisqu'elle venait tout juste d'apprendre la mort de son mari, mais il était nécessaire d'aller vite.

Ce fut la femme de ménage qui lui ouvrit la porte et le fit asseoir dans le salon. Quand Carol parut, elle avait les yeux rouges et le teint cireux. Lomond exprima son regret de venir l'importuner à un pareil moment. Il comprenait son désir de recueillement, mais l'enquête n'avançait pas et il avait besoin de son aide. Il voulait simplement savoir où se trouvaient ses employés dans la journée et la soirée du samedi.

– Aucun ne travaillait, c'est leur jour de congé.

– Où logent-ils?

– Au village.

– Tous?

– Oui, tous.

– L'un d'eux avait-il une raison d'en vouloir à votre mari?

– C'est impensable ! Gregory était la gentillesse même, c'était un homme simple qui montrait beaucoup de délicatesse envers tout le monde.

– Oui, je ne l'ignore pas, mais il faut tout de même que je vérifie l'emploi du temps de vos employés le soir du meurtre.

– Je vais leur demander de venir.

La cuisinière, la gouvernante, la femme de ménage étaient des femmes mariées qui avaient passé la soirée du samedi en famille. Il était facile de le vérifier. Thomas Reid, le jardinier, était quant à lui célibataire. Cet homme mince, âgé de quarante ans, vivait avec une parente. Cela faisait presque cinq ans qu'il travaillait pour les Davenport, à l'entière satisfaction de Carol. Elle avait dit de lui à Lomond : « C'est une perle, un excellent jardinier, très travailleur, toujours prêt à rendre service. On peut avoir toute confiance en lui. » Pendant qu'elle disait cela, l'inspecteur pouvait l'apercevoir par la fenêtre, penché sur une tondeuse. Il s'excusa auprès de Carol et se dirigea vers l'homme.

Après s'être présenté, il lui demanda ce qu'il avait fait samedi soir :

– J'ai bu quelques bières, dans un pub.

– Lequel ?

– Le *King's Head.*

Ce n'était pas celui où Davenport avait passé la soirée.

– A quelle heure avez-vous quitté votre domicile ?

– Vers 19 heures.

– Et quand avez-vous quitté le pub ?

– Aux environs de 23 h 30, pas avant.

– Vous y êtes resté tout le temps ?

– Absolument.

– Qui était avec vous ?

– Beaucoup de monde. Je ne connais pas leurs noms.

– Vous êtes rentré directement chez vous ?

– Oui.

– Vous vous entendiez bien avec monsieur Davenport ?

– Très bien, c'était le meilleur employeur qu'on puisse trouver.

Rien ne permettait de soupçonner le jardinier. Pourtant, Lomond tenta encore quelque chose :

– L'avez-vous tué ? demanda-t-il abruptement.

Reid eut un petit sourire.

– Ne soyez pas stupide ! Bien sûr que non !

– Connaissez-vous quelqu'un qui pourrait l'avoir fait ?

– Aucune idée. Un fou, certainement. Je ne vois pas d'autre possibilité.

Lomond retourna à la maison, demanda l'autorisation de téléphoner et appela le domicile de Reid. La parente avec laquelle vivait le jardinier confirma qu'il était bien parti vers 19 heures, samedi soir, mais elle ne pouvait dire à quelle heure il était rentré parce qu'elle se couchait chaque soir à 22 heures au plus tard.

L'inspecteur téléphona ensuite au *King's Head.* Le patron se souvenait que Reid était bien là le samedi précédent, mais il ne pouvait en dire plus.

– Vous comprenez, il y avait foule, les gens entrent et sortent, je ne remarque pas tout.

De retour à Salisbury, Lomond expliqua au magistrat chargé du dossier qu'il ne disposait d'aucun élément contre le jardinier. Ni mobile, ni attitude suspecte, ni contradiction dans les déclarations. Néanmoins, comme rien non plus ne le disculpait avec certitude, il souhaitait obtenir un mandat de perquisition. Ce qui lui fut accordé.

Accompagné de trois autres inspecteurs, il se rendit au domicile de Reid. La maison fut intégralement fouillée, sans résultat. Dans le garage, un policier trouva un tube en métal d'environ 90 cm. A tout hasard, l'objet fut emporté pour être confié au laboratoire de police scientifique.

Une heure après son retour, Lomond était informé par le directeur du laboratoire que l'on avait découvert sur le tube des traces de sang du même groupe que celui de Davenport ainsi que des empreintes digitales.

Les policiers se mirent aussitôt en route pour aller arrêter Reid. Sa maison fut cernée et Lomond sonna à la porte d'entrée. Ce fut la parente qui lui ouvrit.

– Thomas n'est pas là. Il est parti juste après votre visite.

Reid s'était enfui. Toutefois, Lomond était confiant. Le jardinier était un sédentaire, un homme qui avait toujours vécu à la campagne et qui, probablement, ne parviendrait pas à se cacher longtemps dans une grande ville. Et de fait, le lendemain, il reçut un appel téléphonique du fugitif. Sa voix était lasse. Il avait passé la nuit dehors, il avait froid.

– Je suis prêt à me rendre, venez me chercher.

– Où êtes-vous ?

Le jardinier indiqua une cabine téléphonique au bord d'une route secondaire, à quinze kilomètres de Salisbury.

Moins d'une heure plus tard, il se tenait dans le bureau de Lomond et expliquait :

– Je ne savais pas où aller.

Mais il ne dit rien de plus.

Quand il passa en jugement, cinq mois plus tard, il ne prononça qu'un seul mot. A la question du juge, il répondit :

– Coupable !

Et il garda ensuite un silence obstiné.

Le juge conclut l'audience par ces mots : « Quelles qu'aient été vos motivations, vous avez commis un crime pour lequel la loi prévoit la réclusion à perpétuité. C'est à cette peine que nous vous condamnons. »

Reid écouta la sentence d'un air lointain. Il inclina son visage sans couleur puis, sur un geste des deux policiers en uniforme, il disparut dans les profondeurs du palais de justice.

On ne sut jamais pourquoi il avait tué Davenport. A l'évidence, ce n'était pas un geste irréfléchi, un mouvement de colère ou une décision subite. Il avait soigneusement préparé son alibi. Connaissant les habitudes de son patron, il avait quitté le *King's Head* et s'était caché dans le parc où il avait attendu le retour de Davenport. Ensuite, après le crime, il était retourné au *King's Head* en pensant que personne n'aurait remarqué son absence. Ce en quoi il ne s'était pas trompé.

Depuis le procès, Lomond n'a jamais pu oublier cette affaire. Il y repense souvent avec une vague irritation en continuant à se demander : « Pourquoi ? Pourquoi ? » Mais le seul qui puisse lui donner la réponse purge sa peine dans une cellule et l'inspecteur se prend parfois à espérer que Reid lui écrira un jour pour faire cesser cette torturante incertitude.

Christian Molinier

Voir Naples et mourir

Rares sont les Italiens du Nord qui rêvent d'aller s'établir dans le sud de la péninsule, et le commissaire Alvise Zantucchi, vénitien de pure souche, ne faisait pas exception à la règle. Lorsque, après vingt ans de bons et loyaux services dans la police de Mestre – la partie continentale et industrielle de l'agglomération de Venise –, on lui annonça sa nomination à Naples, il accueillit la nouvelle avec philosophie. C'est-à-dire en relisant *L'Enfer* de Dante. Pour s'habituer à l'idée, précisa-t-il.

Six mois plus tard, à l'automne 1988, il n'avait rien renié de ses préjugés, mais du moins l'exercice de son métier lui avait-il permis d'échapper au désœuvrement. A Naples, en effet, la criminalité ordinaire – braquages, trafics en tout genre, meurtres plus ou moins liés au milieu – ne lui laissait guère le temps de méditer sur son infortune. Pour l'assister, on avait désigné une jeune femme, Clarissa Galloni, qui, outre sa compétence, présentait l'avantage d'être agréable à regarder – détail mineur pour Zantucchi, désespérément fidèle à son épouse – mais surtout milanaise d'origine, donc du Nord, donc capable de rester de marbre quand le commissaire partait dans de virulentes tirades où il était question de « barbares méridionaux » et de « fritures répugnantes dont même un chien n'aurait pas voulu ».

Au matin du vendredi 4 novembre, un Zantucchi trempé de la tête aux pieds entra dans son bureau d'un pas qui dénotait une franche morosité.

– Ces pluies d'automne, ça ne s'arrête jamais, dans ce pays ? bougonna-t-il en accrochant à la patère son imperméable ruisselant. Je suis passé par la via Tribunali pour faire plus court, et tu peux admirer le résultat.

L'état de ses chaussures et le bas de son pantalon suggéraient en effet un séjour prolongé dans l'eau.

– Les flaques, commenta sobrement Clarissa Galloni. Je vous attendais pour que...

– D'ailleurs, je ne me sens pas bien, enchaîna Zantucchi. Ce doit être l'espèce de méduse farcie que j'ai mangée hier soir.

– ... pour que vous veniez avec moi. Il y a eu un meurtre via Toledo, ce matin à 9 h 30. Nos hommes sont déjà sur place.

Derrière le cordon de sécurité qui immobilisait la circulation sur une artère déjà impraticable en temps normal, le médecin de la police s'affairait. La victime gisait à plat ventre sur le trottoir, devant une boutique de vêtements encore fermée malgré l'heure avancée – 10 h 45. Les carabiniers avaient tendu une bâche au-dessus du corps pour le protéger de l'averse. Le commissaire Zantucchi et Clarissa Galloni contournèrent un amas de caisses, cageots et sacs-poubelle pour s'approcher.

– C'est sans mystère, leur déclara d'emblée le Dr Monti. Avec tous ces témoins... Je confirme donc que l'homme a été assassiné ici même, en pleine rue, à 9 h 30. Les impacts de balle sont visibles à l'œil nu. Trois en tout : un sous l'omoplate gauche et deux à la nuque. Un gros calibre : du 9 millimètres. Bien visé. Du travail de pro.

Les témoins – passants, automobilistes ou commerçants – se montraient unanimes. Tout s'était déroulé en quelques secondes. La victime, un homme d'une quarantaine d'années, se tenait debout près d'une voiture garée au bord du trottoir ; il avait ouvert la portière. Il allait s'y engouffrer lorsqu'un inconnu avait surgi à moto, pour freiner le temps de tirer sur lui à trois reprises, après quoi il s'était enfui sur sa moto en direction de la piazza del Plebiscito.

– Quel signalement ? demanda Zantucchi à l'officier des carabiniers.

– Jeune, sans doute. Mais les témoins n'ont pas vu grand-chose. Il portait son casque de motard.

– La couleur de ses vêtements ? La marque de sa moto ?

– Personne n'est d'accord sur ces différents points. J'ai là, au choix, cinq marques différentes. Quant à la couleur des habits, je vous laisse imaginer le flou...

– Evidemment. Et je suppose que personne ne peut l'identifier ?

– Personne.

La voiture dans laquelle l'homme s'apprêtait à monter lorsqu'on l'avait tué, une guimbarde hors d'âge, lui appartenait. Dans la boîte à gants, on avait découvert son permis de conduire et ses papiers d'identité. Il s'agissait d'un certain Nunzio Calanzani, quarante-sept ans, domicilié à Secondigliano, un faubourg populaire du nord-est de la ville.

Dans le courant de l'après-midi, l'enquête apporta quelques éléments supplémentaires : Nunzio Calanzani vivait dans un deux-pièces et travaillait comme aide cuisinier dans un restaurant de son quartier. Ses employeurs et ses voisins ne lui connaissaient pas d'ennemis.

En début de soirée, tandis que des rafales de pluie martelaient sans discontinuer les fenêtres du commissariat, Alvise Zantucchi résuma la situation en une formule lapidaire :

– Nous sommes à Naples. C'est tout dire.

– Vous voulez parler de l'imprécision des témoins ? questionna son assistante. Mais ils n'ont pas eu le temps de...

– Non, non. Je pense à la technique de l'assassin. C'est plus que « pro », c'est typique de l'Onorata Società.

Clarissa Galloni hocha la tête. Nul besoin, pour Zantucchi, de lui expliquer le sens de cette périphrase : qu'on l'appelle Mafia, Camorra ou syndicat du crime, l'Honorable Société (ou, plus littéralement, la « société honorée », ce qui est encore plus inquiétant) fait partie des mythes de Naples – mais aussi de sa réalité quotidienne.

– Cette affaire sent le règlement de compte entre truands, reprit Zantucchi. Les tueurs qui exécutent un « contrat » ne procèdent pas autrement. Enfin, tu le sais aussi bien que moi... L'ennui, c'est que je ne comprends pas, pour l'instant, quels rapports peuvent exister entre l'Onorata Società et un malheureux aide cuisinier qui n'avait pas l'air de rouler sur l'or. Tu as une idée ?

– Non. Je pense moi aussi que ce crime ressemble à l'œuvre d'un tueur à gages.

– Moralité : tu vas explorer de plus près le passé de Nunzio Calanzani, ses fréquentations et ses comptes en banque.

Le lendemain du meurtre, Clarissa Galloni exposa à Zantucchi l'ample moisson de renseignements que les enquêteurs avaient récoltés à Secondigliano.

– Aide cuisinier, d'accord, annonça-t-elle, mais surtout maquereau.

– Ah bon ? Ce pauvre Nunzio Calanzani... ? Au fond, ça concorde : la voilà, l'implication avec l'Onorata Società. Une rivalité entre souteneurs, un partage de zone d'influence...

– Non. Je vous arrête tout de suite : Calanzani ne chassait pas sur les terres des autres proxénètes. En fait, il travaillait en solo. Avec une unique « protégée ».

– A en juger par son train de vie, elle ne devait pas lui rapporter une fortune, opina Zantucchi.

– Il faut dire qu'elle n'est plus de la première fraîcheur et que, avec trente kilos de moins, elle serait plus photogénique... Ils habitaient sous le même toit. Et figurez-vous que Calanzani l'a épousée la semaine dernière. A la mairie et à l'église.

– Le souteneur impénitent a trouvé la rédemption en prenant sous son aile une gourgandine en fin de carrière... ? Ce n'est pas dans le Nord que ce genre d'histoire risquerait d'arriver. Nos maquereaux, à nous, ne commettraient pas une telle faute de goût.

– Attendez la suite, avant de persifler. La guimbarde défraîchie que nous avons aperçue près du corps n'est en fait que la voiture « annexe » de Calanzani. L'autre, la vraie, est une Ferrari grand style. Quant aux comptes bancaires du monsieur, ni vous ni moi n'en posséderons jamais l'équivalent. Comme il ne déclarait au fisc qu'un salaire de 1 200 000 lires (6 000 francs) par mois, on peut crier au miracle.

– Explication ?

– Ses économies sur une période de près de trente ans, répliqua Clarissa. Obtenues grâce aux autres protégées de ce bienfaiteur au cœur tendre.

– Mais tu viens de me raconter qu'il n'avait que sa péripatéticienne attitrée...

– Oui : depuis quelques mois. Les autres, c'était avant. Et celles-là devaient offrir un meilleur taux de rentabilité, je suppose. Dans chaque cas, il vivait avec la protégée du moment, à l'exclusion des précédentes. Un amant fidèle, à sa manière.

– Une seule à la fois ? s'écria Zantucchi. Mais c'est Figaro, cet homme-là !

Amateur d'opéra, le commissaire n'avait pu s'empêcher de fredonner l'air du *Barbier de Séville* : « *Un'alla volta, per carità* » (« Une seule à la fois, par pitié ! »)...

– J'ai gardé le meilleur pour la fin, reprit Clarissa : notre infatigable Calanzani a semé un peu partout une progéniture aussi nombreuse qu'illégitime. Pour l'instant, nous avons recensé quatre filles et trois garçons. Ils ont entre vingt-six et douze ans. Et, bien entendu, leurs mamans respectives exercent toutes – ou ont exercé – le plus vieux métier du monde.

Le commissaire vénitien leva les yeux au ciel.
– Naples, dit-il simplement.

Dans ses phases d'euphorie, Zantucchi aimait à répéter que le seul avantage d'une ville gangrenée par le crime organisé était la facilité avec laquelle on pouvait y entretenir un réseau d'informateurs. En l'occurrence, ses « soldats de l'ombre » – ainsi les surnommait-il – lui signalèrent la virginité de Calanzani, côté Onorata Società :

– Il n'était pas mêlé à des trafics de drogue ou autres. Rien de dangereux. Et pas de parrain.

– Un travailleur indépendant, en somme, commenta Zantucchi.

– Oui. Personne ne voulait sa peau, ni dans les « familles » ni parmi ses « filles ». En fait, il avait la cote auprès de ses protégées. Il les traitait bien, ne les frappait pas. Elles lui donnaient le fric volontairement. Il faut dire qu'il n'était pas mal de sa personne.

– Ah ?

Aux yeux du commissaire, Nunzio Calanzani appartenait plutôt à la catégorie des « petits gros entre deux âges », mais il n'avait pas les mêmes critères esthétiques que les dames de la nuit.

– Bref, conclut Zantucchi, tout le monde l'aimait. Il a donc été tué par des amis.

L'autopsie corrobora les observations du Dr Monti : Calanzani avait reçu dans le dos trois coups de feu émanant d'un 9 millimètres – une arme de professionnel. L'important, dans l'immédiat, ne concernait donc pas le meurtrier lui-même, puisque ce dernier était à l'évidence un homme de main.

Mieux valait chercher celui ou celle qui lui avait donné l'ordre d'éliminer le cuisinier proxénète. On ne pourrait identifier l'exécuteur que lorsqu'on aurait arrêté le commanditaire. Cela n'aurait rien de facile puisque, par définition, ce commanditaire, lui, disposerait sans doute d'un solide alibi.

Les jours suivants, sous une pluie battante, Alvise Zantucchi, Clarissa Galloni et leurs enquêteurs effectuèrent une série de va-et-vient entre le centre de Naples et le faubourg de Secondigliano en s'efforçant d'y voir plus clair dans l'existence tumultueuse de Calanzani. Une existence assez routinière, au demeurant. L'homme chez qui il s'était rendu, dans la matinée du 4 novembre, était un fournisseur du restaurant où il travaillait. Son patron l'envoyant tous les matins dans cette boutique de la via Toledo, il était normal que Calanzani se trouve ce jour-là à cet endroit-là, vers cette heure-là. Celui ou celle qui avait signé son arrêt de mort était au courant de ses habitudes.

Quant aux prostituées qui avaient eu le privilège de bénéficier de sa protection, avant qu'il se range en épousant sa dernière recrue, elles déployaient leurs talents dans les rues de Secondigliano et du nord de Naples jusqu'à la gare de l'Est. Zantucchi en dénombra huit, dont la benjamine avait dix-huit ans, et la doyenne une soixantaine fougueusement dépassée.

– Trois générations de filles, remarqua-t-il. Un large éventail de choix : c'est le secret de la réussite, en matière de commerce.

En compagnie de son assistante, il alla s'intéresser de plus près aux multiples enfants du souteneur patriarche. L'aînée, Pierina Assieme, vingt-six ans, fille de Marietta Assieme, avait suivi les dignes traces de sa mère en embrassant la même carrière nocturne. Pierina n'ignorait pas qui était son père. Par ailleurs, elle avait une sœur (ou demi-sœur) de vingt-sept ans, Evelina Assieme, également prostituée de son état, qui, elle, pensait que Calanzani n'avait pas eu l'honneur de l'engendrer. A la vérité, nul n'avait de certitude, leur mère se montrant des plus vagues à ce sujet.

Déconcertés, les deux policiers tentèrent d'interroger Marietta Assieme. De haute taille, d'un âge indéterminé – entre cinquante et cent vingt ans, estima Clarissa Galloni –, les épaules larges et le mollet sec, le visage peinturluré comme dans un film néoréaliste des années 1950, les cheveux hérissés à la manière punk, Marietta paraissait trop caricaturale pour être vraie. A un moment donné, Clarissa alla même jusqu'à se demander si cet heureux mélange d'une *drag queen* et de la Cruella des *101 Dalmatiens* n'entrait pas dans cette frange de la population qui fait la gloire de Naples depuis deux ou trois siècles : les transsexuels (ou *femminielli*) qui se vendent au plus offrant dans le quartier du port. Toutefois, le fait que Marietta eût mis deux enfants au monde plaidait en faveur de son appartenance au sexe féminin.

– Oh, répondit l'étonnante créature, peu contrariante, c'est possible que Nunzio soit le père d'Evelina, mais ce n'est pas sûr non plus. Mais pour Pierina, ça, j'en suis certaine.

Aucune des deux sœurs ne ressemblant au cher disparu, les policiers en restèrent là de leurs conjectures.

Le benjamin de la tribu, Oreste Calanzani, douze ans, portait le nom de son père. Il vivait avec sa mère, Fausta, une robuste matrone aux luxuriants cheveux noirs qui avait dû être jolie quelque dix ans plus tôt. C'était elle que le souteneur repenti avait épousée huit jours avant sa mort. Elle venait d'emménager avec son fils dans l'appartement de Calanzani.

– Ce mariage, ça m'a fait plaisir, confia-t-elle à Zantucchi. Et ça m'a épatée, aussi, parce que j'aurais cru qu'il choisirait plutôt Marietta Assieme.

Le policier revit en pensée le physique inoubliable de la flamboyante prostituée.

– Pourquoi ? s'étonna-t-il.

– Ça a été une grande histoire d'amour entre eux, autrefois.

– Néanmoins, c'est avec vous qu'il habitait.

– Oui, répondit Fausta. Avant même notre mariage. Nunzio m'était revenu depuis quatre mois et il avait reconnu Oreste. Mais il tenait toujours à sa vie de célibataire. Enfin, à ce qu'il disait.

– Pourquoi a-t-il changé d'avis, selon vous ?

– Sans doute à cause d'Oreste, qui commence à être grand. Il a besoin d'un père. Tandis que ses autres enfants, ils vivent déjà leur vie.

A priori, Nunzio et Fausta Calanzani ne paraissaient pas avoir éprouvé une folle passion l'un pour l'autre. Le souteneur avait simplement régularisé sa situation avec la mère de son plus jeune fils.

– Qu'il vous ait épousée, en fin de compte, cela a dû vous attirer des jalousies, de la part de ses « ex ».

– Pas vraiment, non.

Pendant que les hommes de Zantucchi allaient questionner les autres enfants de Calanzani, le commissaire et son assistante s'efforcèrent d'analyser les mobiles du meurtre. Le policier contempla un instant le spectacle de l'avenue en contrebas de son bureau : dans le crépuscule noyé de pluie, les phares des voitures jetaient des lueurs tremblotantes sur les façades brunes. Ecœuré, il ferma les persiennes.

– Voilà un homme qui, pendant près de trente ans, a couru d'une femme à l'autre, commença-t-il. A notre connaissance, ces dames s'en accommodent sans problème, il ne lui arrive rien. Puis, soudain, il se fixe et passe devant monsieur le maire. Huit jours plus tard, il est abattu en pleine rue. Il faudrait être aveugle pour ne pas y voir un lien de cause à effet. Surtout à Naples.

– L'inconvénient, dit Clarissa, c'est que s'il s'agit de la jalousie d'une ex, nous croulons sous le nombre de candidates. Et je ne parle même pas des régiments de petits Calanzani, qui pouvaient avoir diverses raisons de vouloir se venger de lui. Après tout, il a abandonné les uns et mis les autres sur le trottoir. Seul le jeune Oreste semble au-dessus de tout soupçon !

– Deux points restent obscurs. D'abord : pourquoi cette subite envie de se marier ? Ensuite : pourquoi avoir préféré Fausta ?

– Ou plutôt, rectifia la jeune femme, pourquoi aurait-il pu, selon Fausta, préférer Marietta ? Vous l'avez vue... Si vous, par exemple, vous vous trouviez sur une île déserte et que vous n'ayez le choix qu'entre Fausta et Marietta, qui épouseriez-vous ?

Le commissaire eut une moue dubitative :

– Ni l'une ni l'autre. Je me réfugierais au creux d'un rocher pour attendre la mort... Pourquoi me poses-tu cette question ?

– Parce que c'est capital, j'ai l'impression. Une grande passion entre Calanzani et Marietta, jadis, la naissance de leur fille – ou de leurs deux filles –, et une sorte de fidélité durant toutes ces années, moi, j'y crois. Ça n'a rien d'absurde : l'image maternelle, tout ce qu'on voudra, les psy entendent ce genre d'histoire tous les jours.

– Mais alors, intervint Zantucchi, cela sous-entend deux choses. Premièrement, Calanzani tenait beaucoup à Marietta, vraiment beaucoup. Même si, à nos yeux, elle n'a rien d'excitant. Et deuxièmement, il a fallu quelque chose d'au moins aussi fort pour qu'il change d'avis et se tourne vers Fausta.

– Le jeune Oreste. Notre homme s'est pris d'affection pour son petit dernier.

– Ah oui ? Et pourquoi pas pour les autres ?

Le policier se leva, rouvrit les persiennes et scruta l'état du ciel. Aucun espoir d'amélioration. Il suggéra :

– On pourrait chercher si la relation Calanzani-Marietta était d'ordre passionnel et, si oui, la raison pour laquelle il ne l'a pas épousée.

– Elle était peut-être jalouse, hasarda Clarissa. Vous pensez qu'elle aurait pu commanditer l'assassinat ?

– Cela n'a rien d'impossible.

Parmi les autres enfants et ex-maîtresses du prolifique souteneur, les enquêteurs n'avaient rien découvert qui méritât d'être approfondi. Aussi le commissaire résolut-il de s'en tenir à son idée et de concentrer son attention sur Marietta Assieme.

Il retourna à l'appartement de Calanzani pour

questionner de nouveau Fausta et les voisins : Marietta avait-elle récemment rendu visite à son ancien amant ? Tous répondirent par la négative, et Fausta précisa :

– Ils ne se voyaient pratiquement plus, depuis quatre mois que je vivais avec lui. Mais ils se téléphonaient tous les deux ou trois jours.

– Que se disaient-ils ?

– Je n'écoutais pas aux portes... En gros, ils se racontaient leur journée, comme deux vieux amis.

Marietta savait donc que Calanzani se rendait chaque matin via Toledo.

– Leur arrivait-il de se disputer ?

– Je ne crois pas. En tout cas, je n'ai jamais entendu d'éclats de voix... Vous soupçonnez Marietta ? Vous savez, ce n'est pas une mauvaise femme. Elle a toujours été très gentille pour Oreste et moi.

– Est-elle venue à votre mariage ?

– Non. Mais de toute façon, on n'avait invité personne.

– Pourquoi ?

– Nunzio voulait que ça se passe dans la plus stricte intimité. La famille proche, point final.

– Votre fiancé avait-il peur que quelqu'un vienne faire un scandale pendant la cérémonie ?

Fausta marqua une telle stupéfaction que Zantucchi n'insista pas.

En revanche, l'un des voisins lui signala un détail intéressant :

– Souvent, il y avait tellement de courrier dans la boîte à lettres de Calanzani que ça débordait. J'en ai ramassé, des prospectus... Et aussi beaucoup de lettres qui lui étaient personnellement adressées, portant toujours la même écriture sur l'enveloppe. Avec une encre bleu turquoise.

– Des lettres ? Avez-vous vu un nom d'expéditeur ? Une mention particulière ?

– Non.

– De quand datent, à peu près, ces lettres ?

– Ça devait être juillet.

Autrement dit, depuis quatre mois. Depuis que Nunzio Calanzani était revenu dans la vie de Fausta.

Vérification faite, celle-ci n'avait jamais aperçu ces lettres, et Calanzani n'y avait pas fait allusion. Il devait descendre les chercher lui-même, afin d'éviter qu'elles ne tombent entre ses mains.

La perquisition eut lieu en fin de matinée, le mardi 22 novembre, à une heure où Marietta Assieme et ses deux filles, Evelina et Pierina, prenaient un repos bien mérité après une nuit de labeur. Dans le petit appartement que partageaient les trois femmes à Secondigliano, les policiers découvrirent une bouteille d'encre bleu turquoise. Or l'encrier ne se trouvait pas dans la chambre de Marietta, mais dans celle d'Evelina.

Les yeux bouffis de sommeil, Marietta enfila un peignoir pour rejoindre Alvise Zantucchi et son assistante dans la salle à manger. Quand le commissaire mentionna les lettres, elle déclara ne pas comprendre :

– Non, moi, je n'écrivais jamais à Nunzio. On se téléphonait.

Evelina, en revanche, reconnut sans difficulté être l'auteur de la correspondance rédigée à l'encre turquoise – sa couleur préférée. Drapée dans un châle, la tête haute, elle toisa le commissaire :

– Et alors ? J'avais bien le droit de lui envoyer un mot de temps en temps.

Entre-temps, Pierina, la cadette, fille putative sinon légitime du souteneur, était apparue dans la pièce. Plus petite et plus fine que sa mère et sa sœur, mais non moins énergique, elle écouta sans un mot les questions de Zantucchi et les réponses des deux femmes. Elle réfléchissait. Soudain, elle pointa un doigt accusateur sur son aînée :

– C'est elle ! C'est Evelina qui l'a tué !

L'intéressée fit volte-face, telle une furie :

– Et pourquoi j'aurais fait ça ?

– Parce que tu es jalouse de moi ! Parce que toi, tu n'as jamais su si tu étais sa fille...

– Pauvre idiote ! C'est tout le contraire !

S'ensuivit alors une scène d'hystérie familiale où les trois femmes, déchaînées, s'accablèrent d'invectives devant le policier vénitien et son adjointe milanaise, aussi effarés l'un que l'autre. En larmes, Marietta hurla aux oreilles d'Evelina :

– Jure-moi que ta sœur se trompe ! Jure-moi que ce n'est pas vrai, que tu n'as pas fait une chose pareille... Un homme qui a été si bon pour toi...

De ce mélodrame familial, il ressortait que le proxénète, ex-amant de Marietta et père de Pierina, avait suscité une passion chez Evelina, laquelle jura ses grands dieux que ses sentiments n'avaient rien d'incestueux. Elle avait deviné d'instinct, affirma-t-elle, qu'il n'était pas son père. Dressée de toute sa hauteur, elle fusilla sa mère du regard :

– C'est moi que Nunzio aurait dû épouser ! Pas toi, tu es beaucoup trop vieille. Ni Fausta, cette chiffe molle...

Hagarde, le maquillage en déroute, Marietta

s'était laissée choir sur une chaise. Son peignoir bâillait sur une nuisette de satin rose. Elle regarda Zantucchi en secouant la tête :

– Ce n'est pas possible... Moi qui ai tout fait pour éviter ça !

– Ah oui ?

– Nunzio m'a demandée plusieurs fois en mariage, mais j'ai toujours dit non, à cause d'Evelina. Il y a des années qu'elle lui court après... Si on avait habité tous ensemble, ça aurait été invivable... C'est pour cette raison qu'il a fini par épouser Fausta.

Pendant que leur mère s'expliquait, les deux sœurs faillirent en venir aux mains, ce qui obligea les policiers à les séparer. Clarissa Galloni emmena Evelina dans une autre pièce. Pour sa part, Pierina alluma une cigarette et s'affala sur un siège près de sa mère. Elle se tut, à bout de nerfs, et Zantucchi put enfin reprendre son interrogatoire.

– Comment Calanzani réagissait-il aux avances d'Evelina ? demanda-t-il à Marietta.

– Nunzio ne la fuyait pas, mais il avait peur qu'elle soit sa fille. Il était gentil avec elle, pour essayer de la calmer. Il n'aurait pas supporté un inceste... Mais je ne savais pas qu'elle lui écrivait. Il ne m'en a jamais parlé. Je ne me rendais pas compte que c'était si grave...

A cet instant, Pierina sortit de son mutisme pour lancer d'une voix contenue :

– C'est ma sœur qui l'a fait assassiner, j'en suis sûre, maintenant.

Les aveux d'Evelina Assieme tinrent en quelques phrases qu'elle prononça d'un ton morne devant Clarissa :

– Nunzio ne m'avait pas avoué qu'il comptait épouser la grosse Fausta. Il m'avait même raconté qu'il ne la revoyait que pour le petit garçon, mais que c'était sans importance, parce que c'était moi qu'il préférait. Il lisait mes lettres, avant de les jeter, et il disait que c'étaient les plus plus belles lettres d'amour qu'il ait jamais reçues... Quand j'ai appris ce mariage, j'ai compris qu'il s'était moqué de moi. Et j'ai perdu la tête... Ça m'est égal d'être jugée.

– Vous avez fait appel à un tueur professionnel ?

– Oui. Un client à moi. Il a bien voulu me rendre ce service. Ce n'est pas très cher, un contrat : un million de lires. Pauvre Nunzio... J'ai payé à l'avance. Comme j'accepte de payer pour le meurtre. Ça m'est égal, répéta-t-elle.

– Vous l'aimiez tant que cela, votre Nunzio ? demanda Clarissa, tout en se doutant que c'était là une question sans réponse.

Et en effet, Evelina se contenta de rétorquer :

– Le tueur s'appelle Giusto, il est brun, à peu près de la même taille que le commissaire, et il a vingt, vingt-cinq ans. Je ne connais pas son nom de famille... Enfin, vous l'avez sûrement dans vos fichiers. Mais ce n'est pas lui le vrai coupable, c'est moi.

Giusto (« Juste »), le bien nommé, faisait partie de ces exécuteurs des basses œuvres contre lesquels la police napolitaine n'avait jamais rien pu prouver, faute d'éléments convaincants. Dans l'affaire Calanzani, il réussit une fois de plus à passer à travers les mailles du filet : en dehors de la déposition d'Evelina, il n'existait aucun lien entre lui et la mort du souteneur. Les témoins du meurtre ne l'ayant qu'à peine entrevu, il ne risquait pas d'être reconnu.

Alvise Zantucchi et Clarissa Galloni se résignèrent donc à subir ses protestations d'innocence, assorties de mines de martyr. On sentait qu'il avait l'habitude de ce genre d'épreuve. Le document qu'il signa indiquait en substance qu'il n'avait jamais rencontré Evelina Assieme ni entendu le nom de Nunzio Calanzani. Et il fallut bien le relâcher. Une carrière aussi prometteuse n'allait pas s'interrompre pour si peu.

La jeune femme affronta seule le tribunal en décembre 1989. Depuis son arrestation, elle n'était pas revenue sur ses aveux, et le remords qu'elle exprimait semblait sincère. Par-dessus tout, les jurés se montrèrent sensibles au « contexte » du drame et à l'attitude de Calanzani à son égard. L'avocat de la défense ayant évoqué le « jeu ambigu, pervers et fatalement dangereux » de son vrai-faux père, la cour le suivit dans cette voie. Multiples furent les circonstances atténuantes dans l'énoncé du verdict, au point qu'Evelina Assieme ne fut condamnée qu'à huit ans d'emprisonnement.

Une énigme continuait cependant de troubler le commissaire vénitien : comment un homme au physique aussi quelconque que Calanzani avait-il pu provoquer de tels ravages dans le cœur de ces dames ? Mystère de l'âme féminine ou mystère typiquement napolitain ? Il posa la question à son assistante, qui lui rétorqua :

– Vous n'avez pas compris que c'était la même chose ?

Isabelle di Natale

Une femme à la mer

Le mois de septembre 1989 resplendissait sur le sud de la Floride. Au large du parc des Everglades, à mi-chemin de l'archipel des Keys, les bateaux de plaisance se détachaient sur les eaux turquoise de Florida Bay. L'un d'entre eux, un six-mètres du nom de *Tally-Ho* (« Taïaut »), regagna la terre ferme un peu plus tôt que les autres, vers 20 heures.

Ce samedi-là, Lawrence Frandson n'avait pas prévu de s'attarder au-delà de 20 h 30 dans ses bureaux de Flamingo. Il se dirigeait vers sa voiture, dans le sous-sol des locaux de la police, quand l'un de ses adjoints le héla depuis la cage d'escalier :

– Shérif! Un appel en provenance du port... La communication était mauvaise mais, si j'ai bien compris, un passager a disparu, à bord d'un voilier.

– Qui a téléphoné?

– Le propriétaire du voilier, un certain Dave Recker. Il a passé la journée en mer avec deux passagers, et l'un d'entre eux s'est noyé, je crois... Je lui ai indiqué notre adresse, il sera là d'ici un quart d'heure.

– Et les gardes-côtes?

– Déjà sur place. Recker les a alertés par radio.

L'homme qui pénétra dans le bureau du shérif Frandson paraissait à peine trente ans. Grand, blond, le teint hâlé, Dave Recker arborait une barbe de deux jours qui lui donnait des faux airs de loup de mer ; un anneau d'or à l'oreille gauche était censé accentuer cette impression. Le torse nu, vêtu d'un simple short de toile, il s'avança d'une démarche souple vers la chaise que lui désignait le policier. Celui-ci remarqua que son allure décontractée formait un contraste frappant avec l'expression de son visage : Recker semblait bouleversé.

– J'étais venu ici pour le week-end, commença-t-il, avec ma femme, Krista... Il y a quelques mois, nous avons acheté un voilier, le *Tally-Ho*... On habite dans le centre de Miami, près de Biscayne Park, et on a un magasin d'articles de sport...

– Que s'est-il passé ? coupa Frandson.

– Nous étions partis très tôt dans la matinée en faisant cap sur Key Largo. Au retour, en fin d'après-midi, on allait vers le port sans se presser. Et puis, soudain, Krista a disparu. Je... je pense qu'elle est passée par-dessus bord.

– Vous le *pensez* ? releva le policier. Vous ne l'avez pas vue ?

– Non... On arrivait plein ouest, à environ dix milles de la côte, lorsque Delmar – le troisième passager, un ami à nous – m'a fait observer qu'on n'avait pas aperçu Krista depuis un bon bout de temps. Il devait être 19 heures. Au début, je ne me suis pas affolé. J'ai répondu à Delmar que c'était normal. Voyez-vous, Krista est enceinte de quatre mois. Il lui arrive souvent de s'isoler en cas de léger malaise. Elle préfère qu'on ne la dérange pas dans ces moments-là. Krista a le pied marin, elle supporte très bien le bateau malgré son état, mais elle n'est pas toujours à l'abri d'une défaillance...

– Quand avez-vous commencé à vous inquiéter ?

– Dix minutes plus tard, à peu près. Delmar est revenu vers moi pour me dire qu'il avait cherché Krista dans la cabine et qu'il ne l'avait pas trouvée. Je lui ai confié la barre et je me suis mis à la chercher à mon tour... Sans résultat. La mer était calme, il n'y avait aucun remous, mais il se peut que Krista se soit penchée trop en avant...

Recker ferma les yeux et se tut quelques secondes avant de conclure :

– Je crois que ma femme s'est noyée là, avec notre enfant à naître, au milieu de Florida Bay. C'est la seule explication.

– Qu'avez-vous fait lorsque vous avez constaté sa disparition ?

– Delmar et moi avons rebroussé chemin en essayant de distinguer quelque chose dans l'eau... Mais rien. Alors on a prévenu les gardes-côtes par radio et décidé de rentrer au plus vite pour avertir les autorités.

Pendant que Recker répondait aux questions du shérif, les gardes-côtes s'étaient rendus sur le lieu du drame. Ils fouillèrent l'endroit jusqu'au milieu de la nuit, avec l'assistance de deux hélicoptères, mais ne découvrirent aucune trace de la jeune femme. A priori, l'hypothèse évoquée par son mari semblait logique : Krista Recker s'était noyée par accident. Sans doute retrouverait-on le corps beaucoup plus tard. Et beaucoup plus loin, compte tenu de la dérive des courants. Un drame sinon banal, du moins simple. Trop simple, peut-être.

Réinterrogé le lendemain par le shérif Frandson, Dave Recker apporta des précisions supplémentaires.

– Il ne peut s'agir que d'un accident, insista-t-il. Krista n'avait aucune raison de souhaiter mettre fin à ses jours. Nous étions mariés depuis trois ans, et l'enfant que nous désirions tellement allait enfin venir... Garçon ou fille, ça nous était égal, nous étions fous de joie... Krista avait vingt-sept ans, elle était belle, notre boutique de sport marchait bien, on avait tout pour être heureux.

– Une chose m'étonne, pourtant. Votre femme avait l'habitude des bateaux, disiez-vous. Dans ces conditions, comment un tel accident était-il possible ? Vous a-t-elle paru nerveuse, tendue ? Fatiguée par sa grossesse ?

– Non. C'est elle qui avait tenu à ce week-end aux Everglades. Krista était très sportive, et encore plus passionnée de voile que moi. Le *Tally-Ho*, c'était son idée. Elle m'avait obligé à faire des économies pour que nous puissions enfin nous l'offrir, en complétant la somme par un crédit. Et puis, au moment où on l'a acheté, juste à ce moment-là, Krista s'est aperçue qu'elle attendait notre enfant. Elle m'a dit en riant : « Un bonheur n'arrive jamais seul. » Je lui ai proposé de reporter cette histoire de bateau à plus tard, après la naissance, mais elle m'a répondu : « Pas question ! L'un n'empêche pas l'autre. »

Recker s'interrompit. On le sentait sur le point de s'effondrer.

– Pendant les trois premiers mois, reprit-il, elle a dû renoncer à faire de la voile. Le médecin le lui avait interdit. Je partais seul avec Delmar, et Krista bouillait d'impatience à l'idée de remonter à bord.

Hier, c'était l'une de ses premières sorties sur le *Tally-Ho*...

– Je ne connais pas grand-chose en matière de navigation. Vous pourriez m'expliquer de quel type de bateau il s'agit ?

– C'est un six-mètres, autrement dit un voilier de petite taille, de marque Shrimper. Ils sont fabriqués en Angleterre. On les utilisait autrefois pour la pêche à la crevette.

– Sur un bateau aussi exigu, comment peut-on ne pas voir, ou ne pas entendre, si quelqu'un est tombé à l'eau ?

– Shérif, entre le bruit des vagues et celui du vent dans la voilure, un bateau n'a rien de silencieux, même par calme plat... Quant à voir quoi que ce soit, impossible : je tenais la barre, je ne regardais pas ce qui se passait à bord. Je croyais que Krista dormait dans la cabine.

Jusque-là, le policier devait bien l'admettre, tous les détails s'emboîtaient parfaitement. Cependant, il résolut de pousser Recker dans ses retranchements, plus par habitude que par intuition.

– A quel moment avez-vous aperçu votre femme pour la dernière fois ?

– Je ne sais pas, vers 17 h 30, 18 heures... Elle était venue m'apporter une canette de Coca. Ensuite, elle est retournée s'allonger à sa place, dans l'ombre de la cabine. Dans son état, je ne voulais pas qu'elle abuse du soleil.

– Et votre ami Delmar ?

– Même chose. Elle lui a aussi apporté du Coca et il s'est installé près de moi. De temps en temps, il me relayait à la barre.

Rien à dire, tout s'enchaînait. Le shérif Frandson

songea qu'il n'aurait plus qu'à poser deux ou trois questions au dénommé Delmar, pour corroborer la déposition de Recker. Sans oublier, bien sûr, les conclusions des experts qui se trouvaient d'ores et déjà à bord du Shrimper, à effectuer des analyses et des prélèvements, au cas où... Après quoi, si on ne découvrait rien de suspect, l'enquête de police s'arrêterait d'elle-même.

– Parlez-moi de ce Delmar. Comment s'appelle-t-il, au juste ?

– Bannock. Delmar John Bannock. Un vieux copain. Nous nous connaissons depuis des années. Il a vingt-neuf ans, comme moi, et c'est un excellent barreur.

– Où puis-je le joindre ?

– Chez moi. Il habite avec nous depuis le printemps, très exactement depuis qu'il est au chômage. Il était serveur dans un hôtel de Miami, mais il s'est produit une compression de personnel en mars. Comme Delmar était le dernier arrivé dans l'équipe, et donc le plus facile à licencier, il a perdu son emploi du jour au lendemain. Krista et moi avions décidé de l'héberger le temps qu'il retrouve du travail.

– Votre femme s'entendait-elle bien avec lui ?

– Oh oui ! Il ne nous dérangeait pas. Et puis l'appartement est grand.

Un jeune ménage sur le point d'avoir un enfant, qui supporte la présence permanente d'un tiers, et ce depuis des mois, voilà qui semblait inhabituel. Pour la première fois, Frandson crut déceler un hiatus dans l'irréprochable agencement des faits.

Par ailleurs, la jeune femme était enceinte depuis le mois de mai ou de juin, date à laquelle Delmar

John Bannock vivait déjà sous le toit des Recker. Se pouvait-il que... ? Le policier attaqua de front :

– Y avait-il quelque chose entre eux ?

Dave Recker rétorqua avec une pointe d'ironie :

– Je m'attendais à cette question. La réponse est claire : non. Krista et moi étions très amoureux. Quant à Delmar, il vit sa vie de son côté. Il a une amie ici, à Flamingo.

– Dans ce cas, pourquoi habite-t-il Miami ? C'est loin, même en empruntant Flamingo Road...

– Parce que, à Miami, il a davantage de chances qu'on le réembauche dans l'hôtellerie ou la restauration. Pour survivre, il fait des extras en espérant qu'on finira bien par lui proposer une vraie place.

Logique. Comparé à Miami, Flamingo faisait figure de bourgade et, dans les professions liées au tourisme, on ne devait pas facilement y trouver du travail.

– Et à l'inverse, ajouta Recker, si nous avons choisi Flamingo comme port d'attache pour le *Tally-Ho*, c'est parce que les frais y sont moins élevés qu'à Miami.

Là encore, cela relevait du simple bon sens.

– Donc, enchaîna Frandson, hier matin, très tôt, vous êtes partis tous les trois de Miami pour Flamingo, où vous êtes montés à bord de votre Shrimper. Un week-end comme un autre, en somme.

– Pas tout à fait. Delmar était parti avant-hier, vendredi soir, pour rejoindre son amie, justement. Il devait rester chez elle jusqu'à lundi matin. Krista et moi devions aller seuls en mer. Ça nous arrivait de temps en temps, pour nous retrouver un peu entre nous.

– Qu'est-ce qui vous a fait changer d'avis ?

– Le hasard. On venait d'arriver à Flamingo, hier matin, et je m'occupais du bateau pendant que Krista allait faire des courses sur le port. C'est là qu'elle a croisé Delmar, qui errait sur le quai comme une âme en peine. Il venait de se disputer avec Karen – son amie. Krista lui a alors proposé de venir avec nous, il a sauté sur l'occasion, et ils ont acheté des provisions supplémentaires... Je ne sais pas pourquoi je vous raconte ça, c'est sans rapport avec la disparition de Krista.

En effet, à première vue. Et pourtant, de plus en plus, quelque chose sonnait faux dans cette histoire. Le policier s'efforçait de préciser cette impression, de formuler la bonne question, lorsque Recker crut bon de lancer :

– Pour ce qui est de Karen, je peux vous donner son nom et son adresse. Elle confirmera, si nécessaire.

Une nuance d'ironie, pour la deuxième fois en quelques minutes. Et un ton détaché, bien trop détaché pour un homme qui venait de perdre sa femme et son enfant.

Seulement, si tout cela n'était qu'une mise en scène, à quoi correspondait-elle ? A un meurtre ? Mais pour quel motif ? Et qui... ? Recker et Bannock étaient-ils complices ?

A ces différentes énigmes, les experts ne purent fournir de solution. L'examen du petit voilier ne révéla aucun détail anormal, aucune trace de sang, rien qui pût permettre d'envisager qu'un crime ait eu lieu à bord. Quant à Delmar John Bannock, son témoignage recoupa point par point l'ensemble des affirmations de Recker. Aussi l'affaire Krista Recker fut-elle classée dans le dossier « personnes disparues ». Et, faute d'indices comme faute de cadavre, le shérif Frandson se vit contraint de renoncer à son enquête.

Dix mois plus tard, en juillet 1990, Dave Recker introduisit une requête auprès du tribunal civil de Miami pour que l'on déclare son épouse officiellement décédée. Le juge refusa, et de même la Miami Life Insurance Corporation, compagnie auprès de laquelle la jeune femme avait souscrit une assurance vie, refusa de payer les 200 000 dollars que lui réclamait Recker. Détail intéressant, la prime s'élevait au départ à 100 000 dollars, dont Recker était bénéficiaire, mais une clause prévoyait que cette somme serait doublée en cas de mort accidentelle. Autre détail troublant, le contrat datait de juin 1989, soit trois mois avant le drame. Mais cela ne prouvait rien.

Deux ans passèrent. En juin 1992, une employée de la compagnie d'assurance téléphona au shérif Frandson. Depuis la disparition de Krista Recker, expliqua-t-elle, le veuf éploré n'avait cessé de harceler son assureur pour tenter d'obtenir « ses » 200 000 dollars.

– Et nous refusons toujours de les lui verser, ajouta-t-elle, car nous considérons qu'il a probablement joué un rôle déterminant dans la mort de sa femme.

– Tant qu'on ne peut rien démontrer, objecta le policier, les soupçons ne mènent nulle part. D'autant qu'on n'a pas retrouvé le corps.

– Je sais. Mais maintenant, vous allez peut-être disposer d'un élément nouveau. Un cousin de Recker, un certain Andy Hedrick, nous a appelés hier.

Il a passé plusieurs années en prison pour tentative de meurtre et on l'a relâché depuis peu. Vous devriez l'interroger. Il a des choses à raconter...

Agé d'une quarantaine d'années, la mine maussade, Hedrick se signalait surtout par son insignifiance. A le voir, nul n'aurait jamais imaginé qu'il avait essayé d'étrangler sa femme quelques années plus tôt.

– Vous comprenez, shérif, c'était pour toucher la police d'assurance, expliqua-t-il à un Frandson médusé. En principe, Dave devait m'aider. Il devait aussi réfléchir à la meilleure manière de camoufler le tout en accident. Seulement, il a mis tellement de temps à réfléchir que j'ai craqué... Comme il ne se décidait pas, je suis passé à l'acte directement.

– On n'est jamais si bien servi que par soi-même, commenta le policier.

– Mais ma femme s'est débattue, elle a crié et des voisins sont arrivés. La police m'a arrêté tout de suite.

– En fin de compte, vous auriez peut-être dû attendre que Recker vous prête main-forte... Mais pourquoi nous dire tout ça aujourd'hui ?

– Parce que Krista est morte d'une façon bizarre et que Dave veut empocher l'assurance. Il a fait ce que j'ai essayé de faire, seulement il s'est mieux débrouillé que moi. Alors, à ma sortie de prison, je suis allé le voir pour lui demander de me donner du travail. Pour lui, ce n'était pas compliqué, il a un magasin qui rapporte de l'argent, il pouvait m'embaucher comme vendeur. Mais il n'a rien voulu entendre. Alors je lui ai parlé de Krista, je lui ai dit : « Et si la police fait le rapprochement avec ce qui m'est arrivé ? » Il m'a répondu : « Pas de danger. Je ne laisse rien au hasard, moi. » C'était comme s'il avouait... Pendant mon procès, il n'avait rien fait pour m'aider, et moi je ne l'avais pas mis en cause. Je n'avais rien raconté sur nos projets de meurtre, et je pensais qu'il m'en serait reconnaissant. Mais non. Tout ce que j'ai gagné, c'est qu'il me laisse tomber aujourd'hui. Une fois de plus... C'est pour ça que j'ai téléphoné à sa compagnie d'assurance. Je suis prêt à déposer contre lui. Ce serait immoral qu'il touche ses 200 000 dollars.

– Votre conception de la morale est assez spéciale, mais enfin...

Frandson soupira. Il savait d'avance que les propos de Hedrick ne pèseraient pas bien lourd devant un tribunal – en raison de l'absence de moralité du témoin, précisément. En revanche, cette simple déclaration, à titre d' « élément nouveau », lui permettait de rouvrir l'enquête.

A la lumière des confidences de Hedrick, l'identité du coupable ne faisait plus de doute. Mais ce qui l'accusait, c'était moins une faille dans l'exécution du meurtre, songea Frandson en réexaminant le dossier, que l'enchaînement des circonstances. Car la chronologie parlait d'elle-même. Surtout si on replaçait dans le bon ordre les événements du mois de juin 1989.

Mars : Bannock s'installe chez les Recker. Mai-juin : Krista Recker découvre qu'elle est enceinte. Juin, encore : son mari et elle décident d'acheter un voilier. Juin, toujours : elle contracte une police d'assurance qui fait bénéficier son époux de 200 000 dollars en cas de décès accidentel. Septembre : la jeune femme meurt « par accident » à bord du bateau, où se trouve également Bannock. Vus sous cet angle, les faits s'emboîtaient selon une étrange logique. Tout semblait tourner autour du *Tally-Ho*. Comme si le petit voilier constituait... l'arme du crime.

Et comme si Delmar John Bannock y jouait un rôle. Mais pour quel mobile ? La fameuse prime d'assurance ? Recker lui en avait-il promis une part ?

Il était grand temps de rendre visite à ce fidèle ami de la famille.

En l'espace de trois ans, Bannock n'avait pas changé : ni grand ni petit, ni brun ni blond, ni beau ni laid, bref toujours aussi passe-partout. Le shérif ne gardait qu'un souvenir flou de son interrogatoire, à l'époque du drame, et, à l'observer aujourd'hui, il se dit que c'était le genre d'homme qu'il aurait pu croiser dix fois dans la rue sans jamais le reconnaître. Agé de trente-deux ans, Bannock en paraissait cinq de moins, ou de plus, au choix : Frandson n'aurait su trancher. Tandis que le policier n'avait pas oublié Dave Recker, qui possédait un physique plus marquant, une personnalité plus prononcée.

Tout en prenant place sur un tabouret du comptoir, Frandson compléta son inspection en promenant son regard sur l'ensemble de la pièce. Bannock le recevait sur son lieu de travail, un bar à tapas du sud de Miami, pendant la pause de la fin d'après-midi. L'endroit était agréable, bien tenu. Bannock n'avait fait aucune difficulté pour être interrogé de nouveau. Assis sur un tabouret à côté du policier, il sirotait un cocktail, très à l'aise.

– Vous avez retrouvé un emploi, en fin de compte...

– Oui, ça va bientôt faire deux ans. Les patrons sont des clients de Dave.

– Vous habitez toujours chez lui ?

– J'ai déménagé dès qu'on m'a engagé ici. Je m'étais déjà assez incrusté comme ça !

– Vous ne vous voyez plus ?

– Si, bien sûr. On continue à sortir en mer sur le *Tally-Ho*.

– Au moins, vous n'êtes pas superstitieux...

– Pourquoi ?

L'étonnement de Bannock avait l'air sincère. A l'évidence, la disparition de Krista Recker ne l'avait pas traumatisé outre mesure.

– Quand on se rappelle ce qui s'est produit à bord... répondit le shérif.

– C'est vrai. Mais il ne faut pas s'accrocher au passé, c'est ce que je dis toujours à Dave.

Ce dernier s'accommodait d'autant mieux de la situation, songea Frandson, que, d'après ses adjoints, on le rencontrait souvent dans divers casinos de la côte. Les habitués le considéraient moins comme un veuf inconsolable qui cherchait à s'étourdir que comme un aimable dilettante qui goûtait les joies de l'existence. En tout cas, toujours selon le rapport d'enquête, aucune femme ne résidait chez Recker. Il recevait quelques amis et relations d'affaires, point final. Une seule constante : chaque week-end ou presque, il se rendait à Flamingo avec Bannock. Les deux hommes n'emmenaient jamais de passager sur le voilier.

– Vous vous connaissez depuis très longtemps, je crois ?

– Près de vingt ans.

Le ton laissait poindre une sorte de fierté, et en

même temps on sentait que Bannock n'en dirait pas plus sur le sujet. On s'aventurait ici sur un terrain moins anodin qu'il n'y paraissait. Recker et Bannock : quelle était la nature exacte de leurs relations ? Trois ans auparavant, cette question avait effleuré le policier, puis il l'avait écartée, en grande partie parce que aucun des deux hommes n'avait l'allure d'un militant de la Gay Pride. Ce qui, il le savait, ne voulait rien dire. Et voilà que maintenant, Frandson avait une quasi-certitude : il existait à tout le moins un lien très ancien et très fort entre eux, où dominait la personnalité de Recker. Qu'il s'agît ou non d'une histoire d'amour, cela n'avait pas grande importance. Le lien était là, solide, peut-être passionnel. Et il allait s'avérer difficile d'obliger les deux hommes à se désolidariser.

A ce stade de l'interrogatoire, le policier avait amené le suspect là où il le souhaitait. Il fallait maintenant pousser l'avantage pour le déstabiliser.

– Et votre amie Karen, à Flamingo ? Vous la voyez toujours ?

– Mais oui, pourquoi ?

Il mentait. Quelques jours plus tôt, un enquêteur avait questionné la jeune femme, et elle avait répondu que Bannock l'avait quittée peu après la disparition de Krista Recker. A sa connaissance, Bannock n'avait pas eu d'autre aventure féminine par la suite. En somme, les deux amis s'étaient débarrassés de leurs compagnes respectives, chacun à sa manière. Et, par la même occasion, Recker n'avait pas hésité à sacrifier son propre enfant. Oui, le lien entre les deux hommes était puissant ; monstrueux, même. Et la perspective de toucher un pactole de 200 000 dollars avait dû balayer leurs derniers scrupules...

– Vous venez de commettre un faux pas, annonça Frandson d'un ton uni. Karen affirme le contraire.

– C'est une mythomane, répliqua aussitôt Bannock.

– Bien sûr... A propos, vous avez déjà entendu parler d'Andy Hedrick ?

– Le cousin fou ? Oui, il est venu relancer Dave quand on l'a libéré. Une vraie plaie, ce type. Qu'est-ce qu'il a encore fait ?

– Pas grand-chose. Il se contente d'accuser Recker d'avoir assassiné sa femme.

– Ça ne m'étonne pas. C'est un raté. Il a toujours été jaloux de Dave.

– Naturellement. Un mythomane, lui aussi... Maintenant, Bannock, écoutez-moi bien. Je sais, la police sait, le procureur sait que Recker et vous avez tué Krista. Nous mettrons le temps qu'il faudra pour le prouver, mais nous y arriverons. A moins que...

– Vous ne doutez de rien, shérif ! jeta Bannock avec une arrogance qui rappelait curieusement Recker.

Le disciple avait bien appris les leçons de son maître : ne pas se laisser impressionner, ne jamais céder, continuer à nier envers et contre tout. Ignorant l'interruption, Frandson poursuivit :

– A moins que vous ne nous aidiez. Ici, en Floride, la loi est simple : ou vous êtes jugés l'un et l'autre pour meurtre et vous risquez la peine de mort, ou bien vous, Bannock, et vous seul, vous tirez votre épingle du jeu en nous démontrant que vous n'y avez pas participé. Dans ce cas, vous pouvez bénéficier d'un non-lieu. C'est Recker que je veux, lui qui a tout organisé. C'est lui qui vous a demandé de tomber « par hasard » sur sa femme le matin du crime, pour embarquer « à l'improviste » sur le bateau. Il fallait que rien n'ait l'air prémédité... Mais je crois que vous vous êtes borné à regarder... Réfléchissez à ma proposition. Je vous donne vingt-quatre heures. Ensuite, attendez-vous à un mandat d'arrêt.

– C'est tout réfléchi. Krista s'est noyée accidentellement, et Dave et moi n'y sommes pour rien... D'ailleurs, vous n'avez pas retrouvé le corps. En l'absence de cadavre, la justice ne peut pas accuser quelqu'un de meurtre.

De nouveau, il récitait sa leçon.

– Oh, mais si ! riposta Frandson. Et dans cette affaire, le faisceau de présomptions est tellement énorme que les indices matériels deviennent secondaires.

Là, le policier s'avançait un peu, mais il avait raison sur le fond. Quand il établirait le compte rendu de cet interrogatoire, le procureur déciderait sans doute d'inculper les deux complices.

Comme Bannock, pour une fois, cherchait en vain une réplique, Frandson se leva et s'achemina vers la sortie.

– Vingt-quatre heures, répéta-t-il avant de refermer la porte derrière lui.

L'obstination du policier finit par se révéler payante. Dans la nuit qui suivit sa visite à Bannock, celui-ci téléphona au poste de police de Flamingo en demandant à parler à Frandson. Au même moment, on arrêtait Recker au nord de l'Etat de Floride, alors qu'il se dirigeait en voiture vers la Géorgie. Trop simultanés pour n'être qu'une coïncidence, les aveux de l'un et la fuite de l'autre confirmaient, s'il en était besoin, à quel point les deux hommes agissaient de concert.

En revanche, leurs dépositions présentèrent des différences notables.

Selon Bannock, Recker avait programmé l'assassinat de sa femme depuis longtemps et guettait une occasion propice. Le mobile ? Les 200 000 dollars. Et le plaisir de la liberté retrouvée.

– A partir de leur mariage, il a fallu moins de six mois à Dave pour avoir envie de se débarrasser d'elle, expliqua-t-il au procureur. Ensuite, il a mis un temps fou à la convaincre de prendre cette police d'assurance. Dès que Krista a signé, il a acheté le bateau. Ça faisait des mois qu'elle rêvait d'un Shrimper.

– Le fait qu'elle attende un bébé ne l'a pas arrêté ?

– C'était elle qui voulait cet enfant. Pas lui.

Si on lisait entre les lignes, le voilier constituait non seulement l'arme du crime, ce qui déjà conférait une certaine « originalité » à ce meurtre, mais encore la victime avait en quelque sorte choisi l'instrument de sa propre mort. Le fait que la jeune femme ait « rêvé » de ce bateau qui devait lui être fatal en disait long sur la perversion de son mari... et sur la haine qu'il devait nourrir contre elle. Une haine qui allait bien au-delà de l'appât du gain, bien au-delà des 200 000 dollars, bien au-delà, même, de son étrange amitié avec Bannock. Une haine inexplicable, estima le procureur, et des motivations aussi insondables que les eaux qui avaient englouti Krista Recker.

Toujours d'après Bannock, qui sans doute saisissait la perche que lui avait tendue le shérif, lui-même s'était contenté d'être présent sur le *Tally-Ho* pendant que Recker poussait sa femme dans l'eau. Détail atroce, elle avait mis plus de vingt minutes à se noyer.

Quant à Recker, il s'entêta à nier toute préméditation. S'il avait jeté sa femme par-dessus bord, c'était « pour plaisanter ».

– La sachant bonne nageuse, j'étais certain qu'elle remonterait à bord. Je n'ai pas compris quand elle a coulé à pic... Je suis responsable de sa mort, mais c'était un accident.

Comme l'avait supposé Frandson, le juge admit l'idée que Bannock n'avait joué qu'un rôle de spectateur passif. Le non-lieu qui s'ensuivit était en tout cas le résultat de sa politique de coopération avec la justice.

En octobre 1993, quatre ans après le drame, le jury déclara Dave Recker coupable et la sentence, ainsi qu'on pouvait s'y attendre, fut la chaise électrique. La cour n'avait retenu aucune circonstance atténuante, pas plus qu'elle ne croyait à l'hypothèse de l'accident.

On ne retrouva jamais le corps de la jeune femme. Quant au petit voilier, innocent instrument de ce meurtre, il continue de voguer sur les eaux turquoise de Florida Bay. Ses actuels propriétaires ont préféré lui donner un nouveau nom.

Isabelle di Natale

Mystère à Long Island

La grande île en forme de pince de crabe qui s'étend à l'est de New York est le lieu de résidence de familles fortunées qui y trouvent un havre paisible, loin du tumulte, de la saleté et de l'insécurité de l'énorme métropole.

Vue d'avion, Long Island apparaît comme une bande de terre boisée où les arbres ne s'éclaircissent que pour laisser place à d'immenses et luxueuses maisons. Une route sinueuse suit le découpage de la côte et relie de petites communes où quelques centaines d'habitants gèrent eux-mêmes les affaires municipales.

Il en est ainsi à Belle Terre, l'un des plus beaux sites de l'île. Un policier honoraire y est chargé de répondre aux appels d'urgence, qui concernent la plupart du temps un chien égaré, un problème cardiaque ou un accident de la circulation.

C'est ce qui explique la surprise du bénévole de service lorsqu'il décrocha le téléphone au matin du jeudi 6 septembre 1990.

Il était 6 h 14. Un adolescent très excité racontait qu'il venait de découvrir sa mère étendue morte sur le sol de sa chambre et son père, sans connaissance, dans un fauteuil à l'autre bout de la maison. Il avait été frappé à la tête et égorgé mais respirait toujours. Que fallait-il faire en attendant l'arrivée des secours ? demandait le jeune garçon d'une voix affolée.

Le policier lui conseilla d'étendre son père pour faciliter la circulation du sang.

Il ne fallut pas plus de vingt minutes pour qu'arrive devant la maison de Marvin et Linda Raeff une voiture de patrouille suivie d'une ambulance. Au bruit des sirènes, les voisins étaient sortis de chez eux. Ils s'attroupaient et ouvraient de grands yeux. Quel était ce remue-ménage qui troublait l'existence si tranquille de Belle Terre ?

Quand ils virent que Marvin Raeff était emmené inconscient sur une civière, quand ils apprirent que Linda était morte à la suite d'une agression, un frisson d'horreur leur ôta toute réflexion, toute réaction et même tout sentiment. Une seule pensée s'était emparée de leur conscience : il est impossible que cela se soit produit ici !

Et pourtant...

Une autre voiture arriva plus discrètement et se gara sur le côté de la maison. Trois hommes en civil en descendirent. Ils saluèrent le policier en faction devant la porte avant de franchir le seuil. L'enquête commençait, sous la direction du lieutenant de police Barry Elroe, responsable de la section homicide du comté de Suffolk.

Après avoir examiné les lieux et le cadavre, les trois hommes interrogèrent Norman Raeff, le fils adoptif des victimes, qui avait donné l'alerte.

– Quel âge as-tu, Norman ?

– Seize ans.

– Raconte-nous ce qui s'est passé.

– Ce matin, il fallait que je me prépare de bonne heure pour aller en classe... c'est la rentrée... Je me suis levé à 5 h 30. Un peu plus tard, quand je suis passé devant la chambre de ma mère, la porte était ouverte et je l'ai vue... elle était par terre... en chemise de nuit, avec du sang autour de la tête. J'ai couru jusqu'à la chambre de mon père et je l'ai trouvé dans son fauteuil, le visage en sang, une blessure à la gorge qui saignait beaucoup.

– Il était conscient ?

– Non.

– Comment était-il habillé ?

– Comme hier soir, en costume avec une cravate. Ils ont reçu des amis hier. Moi, je suis allé me coucher vers 23 heures. Ils ont dû jouer aux cartes jusqu'à 3 heures du matin.

– Tu t'es relevé pendant la nuit ?

– Non, je suis resté dans ma chambre.

Les trois inspecteurs prirent des photos des lieux et demandèrent à Norman s'il voulait bien les accompagner pour répondre à d'autres questions. Il accepta.

A midi, le lieutenant Elroe sortit du poste de police devant lequel une foule de journalistes l'attendait. Il annonça que le jeune Norman allait être inculpé du meurtre de sa mère et de tentative de meurtre sur la personne de son père.

– Quel est le mobile ? demanda le correspondant d'une chaîne de télévision.

– Nous ne le connaissons pas encore mais Norman Raeff est passé aux aveux. Il ne pouvait pas faire autrement, les preuves sont flagrantes.

– Quel est l'état de santé de Marvin Raeff ?

– Stationnaire. Etant donné l'étendue des blessures, il est miraculeux qu'il soit encore en vie. Il le doit probablement à l'intervention rapide de son fils.

– Pourquoi cette intervention, s'il est le coupable ?

– Nous pensons qu'il voulait détourner les soupçons en se donnant le beau rôle.

– Tout de même, il doit bien y avoir un mobile ?

– Des frictions à l'intérieur de la famille.

– A quel sujet ?

– Il est trop tôt pour le dire.

Marvin et Linda Raeff habitaient Belle Terre depuis seize ans. Pendant de longues années, Marvin avait dirigé un cabinet d'assurances mais, quatre ans plus tôt, sa mauvaise santé l'avait obligé à le vendre. Il avait investi sa fortune dans des placements lucratifs.

Les loisirs de sa semi-retraite lui avaient permis de participer à la vie de la commune, où il avait occupé plusieurs fonctions à titre bénévole. Ce qui lui avait valu l'estime de beaucoup de gens.

En évoquant la famille Raeff, un voisin déclara à un journaliste :

– C'était des gens sans histoire, et on pouvait toujours compter sur eux.

A propos de Norman, le même homme affirma :

– Je le connais bien, il est souvent venu jouer à la maison avec mes enfants. C'est un très gentil garçon. La famille Raeff était très unie. Les parents traitaient leur fils unique comme un petit prince. Ils lui donnaient tout ce qu'il voulait.

Un autre habitant de la commune se rappelait avoir rencontré Norman dans l'après-midi qui avait précédé le crime. Ils avaient bavardé un moment ensemble. Norman lui avait paru détendu, nullement préoccupé.

Le lendemain de la découverte du crime, Norman fut présenté – menotté et vêtu de la combinaison pénitentiaire – devant le juge Washburn qui l'inculpa de meurtre et tentative de meurtre.

Lors du débat contradictoire, le procureur Pavlovski se montra affirmatif :

– Cet acte résulte de l'accès de rage d'un enfant gâté qui avait tout ce qu'il lui fallait et qui voulait toujours plus. Il a soigneusement prémédité son double crime. Nous pensons qu'il a pris soin de se dévêtir entièrement afin qu'il n'y ait pas de sang sur ses vêtements. Il a nettoyé l'haltère et le couteau dont il s'est servi pour agresser ses parents et il a même replacé le couteau dans la cuisine, près d'une pastèque, pour qu'on ne soupçonne pas que c'était l'arme du crime. Nous avons affaire à un garçon très intelligent. Il en voulait à ses parents pour toutes sortes de raisons.

Le procureur n'expliqua pas ce qu'étaient ces raisons. Ce n'est que plus tard, devant les journalistes, qu'il apporta des précisions :

– Le jeune Norman reprochait à ses parents adoptifs d'avoir gâché ses vacances en restreignant l'usage du bateau familial et en l'obligeant à aller en classe avec une Ford de 1984 au lieu de l'automobile que son père venait d'acheter. D'autre part, Marvin Raeff était irrité, le mercredi soir, par la conduite de son fils qui, au lieu d'installer la table de jeu, comme il le lui avait demandé, était allé se promener dans un centre commercial.

Pour sa part, l'avocat de Norman considérait,

comme il le dit devant le tribunal, qu'il y avait encore « beaucoup de chemin à parcourir pour arriver à une conclusion dans cette affaire ». Evoquant les sentiments filiaux de l'accusé, il demanda au juge Washburn de permettre à Norman de se rendre aux funérailles de sa mère, le mardi suivant.

Le juge repoussa cette requête et décida le maintien en détention « compte tenu de la gravité des faits ».

Le procureur commenta cette décision devant la presse en indiquant que, dans un premier temps, Norman avait nié avant d'avouer aux enquêteurs : « C'est moi. »

Huit jours plus tard, l'affaire prit un tour étrange. Le vendredi 14 septembre, un proche d'un homme qui s'était associé à Marvin Raeff pour effectuer plusieurs investissements fit savoir que cette personne avait disparu. Or, cet homme avait participé à la soirée du 5 septembre chez Marvin et Linda Raeff.

On l'avait aperçu vers midi, ce 14 septembre, mais, quelques heures plus tard, on découvrait sa voiture sur le parking d'un hôtel de Long Island, moteur en marche et portière ouverte.

Le lieutenant Elroe commenta la nouvelle par cette assertion :

– Rien n'indique qu'il y ait un lien entre les deux affaires. La culpabilité de Norman Raeff ne fait aucun doute.

Le défenseur de Norman, Ralph Lipset, y voyait au contraire un fait nouveau qui devait entraîner la mise en liberté de son client et il engagea aussitôt une procédure pour faire appel de la première décision.

Lorsque cet appel fut plaidé, le procureur Pavlovski s'exprima sur le ton de la modération et du bon sens :

– Cet homme, dont on dit qu'il a disparu, a reçu des menaces de mort dans les jours qui ont suivi l'homicide. Les deux frères de Marvin Raeff et l'accusé lui-même l'ont désigné dès le début de l'enquête comme susceptible d'avoir joué un rôle dans l'affaire. Quelles que soient les raisons du départ de cet homme, il est trop tôt pour dire s'il est ou non impliqué dans le crime. Ce n'est pas sans motif que Norman Raeff a été inculpé. La police a trouvé une tache de sang sur sa peau, au niveau de l'épaule, et il a avoué son forfait.

– Ces arguments sont parfaitement spécieux, répondit Lipset. Vous savez bien qu'il y a une explication pour cette tache de sang. Elle s'est formée quand Norman a porté secours à son père. Et il y aurait beaucoup à dire sur les aveux dont vous faites état, c'est une pure et simple manipulation par la police d'un adolescent encore sous le choc de la mort de ses parents. Est-il vraiment légitime de maintenir en détention ce garçon dont la culpabilité n'est pas établie ? Ne prend-on pas le risque de lui causer un préjudice très grave ?

Après réflexion, le juge d'appel décida que le jeune Norman pouvait être libéré, à condition que ses oncles versent une caution de 500 000 dollars par chèque ou présentent une garantie d'un montant de 1 million de dollars.

L'homme qui avait disparu fut recherché activement sur tout le territoire des Etats-Unis. On apprit que, le 13 septembre, il avait dormi chez une parente et que, le lendemain matin, il avait rencontré son avocat. Lequel ne l'avait pas trouvé dans son état normal.

Dix jours plus tard, sa trace fut retrouvée dans un motel de Pacific Beach, sur la côte californienne. D'après le patron du motel, il était là depuis huit jours, ne se rasait pas, se nourrissait de sandwichs et passait la journée dans sa chambre. « Chaque fois que je lui apporte une boisson ou des sandwichs, je le trouve en train de lire un livre », précisa le patron pour souligner la bizarrerie de son client.

L'homme, en tout cas, accepta de recevoir le procureur Pavlovski qui avait fait le voyage de toute urgence accompagné du lieutenant Elroe et d'un autre policier, Dan Moore.

Le vendredi 28 septembre, en se présentant à lui, ils trouvèrent un homme d'une cinquantaine d'années, aux traits tirés :

– Vous comprenez, messieurs, dit-il à ses visiteurs pour expliquer son départ, j'ai souscrit une assurance-vie de 2 millions de dollars, que doivent se partager mon amie et mes enfants... Ils se débrouilleront mieux avec cet argent... et sans moi... Voyez-vous, l'agression chez les Raeff a fait déborder le vase... Il y a deux ans, ma femme est morte et depuis je n'ai eu que des ennuis.

– Ne pensez-vous pas qu'il serait plus raisonnable que vous retourniez à Long Island ? Votre absence inquiète vos proches et, dans les circonstances que vous connaissez, elle pourrait être mal interprétée.

– Oui, je vais y retourner... mais je veux rentrer seul.

A leur retour, le procureur et les policiers tinrent une conférence de presse pour faire savoir que l'homme avait simplement quitté son domicile et qu'il n'était ni recherché ni impliqué dans quelque affaire que ce soit.

Ralph Lipset organisa une contre-conférence de presse au cours de laquelle il laissa libre cours à son ironie :

– S'il en est ainsi, on se demande bien pourquoi le procureur et deux policiers de la brigade des homicides se sont précipités sur la côte ouest pour l'interroger. Contrairement à ce qu'ils affirment, ils perçoivent très bien le lien qui existe entre cet homme et l'affaire Raeff. Tout le monde le perçoit, d'ailleurs.

A mesure que les informations filtraient, on apprit que l'homme avait rencontré Marvin Raeff dix ans auparavant. Ils s'étaient associés dans l'achat d'une chaîne de boulangeries et avaient partagé la propriété de deux chevaux de course. Actuellement, cet homme n'avait aucun ennui d'argent.

Le vendredi 5 octobre, Marvin Raeff expira sans avoir repris connaissance. Quatre jours plus tard, plusieurs membres de la famille ayant réussi à rassembler la somme exigée pour la caution, Norman Raeff put quitter la prison du comté.

Une meute de journalistes l'attendait devant les lourdes portes du bâtiment pénitentiaire. Il leur déclara en lisant un papier qu'il avait préparé : « Je tiens à remercier tous ceux qui me soutiennent dans cette épreuve. Sans eux, il me serait beaucoup plus difficile de la supporter. Ma vie ne sera plus jamais ce qu'elle a été. Quelqu'un m'a pris mes parents... Je suis impatient de voir la vérité, toute la vérité, éclater au grand jour. »

Dans l'après-midi du 11 octobre, au cours des funérailles de Marvin Raeff, on put voir le frêle adolescent debout, en larmes, auprès du cercueil de son père et entouré par les membres de sa famille et par ses amis.

Dès le lendemain, le procureur Pavlovski fit une nouvelle déclaration à la presse. Il tenait à informer les journalistes qu'en dépit de sa récente mise en liberté, le jeune Raeff ne retournerait pas à son lycée. La direction de l'établissement s'y opposait en raison de son inculpation et aussi à cause d'informations selon lesquelles Norman avait menacé un autre élève avec un couteau. Et il précisait :

– Selon la police, cet incident a eu lieu le 24 mai dernier. Raeff a menacé un condisciple avec un couteau à cran d'arrêt en lui disant : « Tu mériterais que je te tue. » Il reprochait à son camarade de sortir avec une élève que lui-même fréquentait. La police a été alertée, a saisi le couteau et en a informé le père de Norman.

Le directeur du lycée refusa de commenter les propos du procureur. Il ne les confirmait ni ne les infirmait. Mais un avocat représentant le condisciple de Norman porta à la connaissance de la presse que son client n'avait été interrogé par la police que la veille, que jamais il ne s'était senti menacé par Norman et que cet épisode n'avait été qu'une plaisanterie.

Ralph Lipset fit également connaître son avis dans un communiqué laconique : « Le procureur a tenté de présenter faussement un incident mineur, un non-incident en réalité, puisqu'il s'agissait d'un simple jeu, dans le but délibéré de nuire à Norman Raeff. Il serait temps de s'occuper vraiment de l'affaire au lieu de chercher à la masquer derrière des écrans de fumée. »

Les déclarations publiques se succédèrent ensuite pendant de nombreux mois sans apporter d'éléments nouveaux, jusqu'au lundi 20 avril 1992, jour où s'ouvrit le procès de Norman Raeff, qui avait dix-huit ans.

Une fois le jury installé, le représentant de l'accusation, le procureur-adjoint Elmer Stokes, prit la parole :

– Ce jeune garçon à l'aspect si sage a frappé ses parents à la tête et leur a coupé la gorge comme on découpe une tranche de viande. Pourquoi cet acte barbare ? Il en a donné la raison lui-même à l'inspecteur Moore en avouant son crime : ses parents refusaient de lui prêter leur nouvelle voiture. Voici ce qu'il a déclaré à l'inspecteur : « Ils m'obligeaient à prendre la vieille Ford, et moi, je voulais quelque chose de plus " sport ". J'ai frappé ma mère avec un haltère, elle s'est débattue, je lui ai ouvert la gorge. Après, je suis allé dans la chambre de mon père sans faire de bruit et je l'ai frappé avec l'haltère. Il m'a dit : " Pourquoi fais-tu ça, Norman ? " Je n'ai rien répondu, je l'ai assommé. » Avant l'agression, le jeune Raeff avait pris la précaution d'ôter tous ses vêtements et de mettre des gants en caoutchouc. Une fois son forfait commis, il a pris une douche et a lavé soigneusement l'haltère et le couteau. Puis, il a appelé la police et a suggéré aux enquêteurs que l'associé de son père pourrait bien être le coupable. Mais l'inspecteur Dan Moore a eu recours à une ruse. Il a prétendu qu'il venait de recevoir un appel téléphonique de l'hôpital l'informant que Marvin Raeff avait repris connaissance et accusait son fils. En entendant cela, Norman est tombé dans le piège et a avoué son crime.

L'avocat répondit que cette présentation des faits trahissait une partialité qui avait dès le départ faussé l'enquête. Les policiers n'avaient eu de cesse de chercher ce qui pourrait étayer leur thèse sans jamais explorer d'autres pistes. Cette investigation unilatérale avait eu pour conséquence qu'aujourd'hui encore l'affaire demeurait mystérieuse.

L'accusation fit alors venir ses premiers témoins. Il s'agissait de lycéennes, camarades de classe de l'accusé. Elles rapportèrent que Norman leur avait souvent dit qu'il serait très riche à la mort de ses parents.

Vinrent ensuite des voisins et le chauffeur de l'ambulance. A leur arrivée sur les lieux du drame, tous avaient entendu Norman accuser l'associé de son père.

Un camarade de Norman déclara au jury que pendant l'été 1990, ils avaient tous deux travaillé dans une boulangerie et qu'un jour Norman lui avait dit que s'il n'avait pas ses parents derrière lui, il pourrait faire tout ce qui lui plaisait. Le témoin ajouta que, à l'époque, l'accusé n'était pas content parce que ses parents l'obligeaient à conduire leur vieille Ford.

– Il trouvait que cette voiture n'était pas assez bien, qu'elle ne plaisait pas aux filles, précisa-t-il.

A ce témoin succéda un ami de Marvin Raeff qui était l'un des invités de la soirée du 5 septembre et avait joué aux cartes en compagnie de l'associé. Il n'avait senti aucune tension entre les deux hommes. Vers 3 heures du matin, il avait pris congé tandis que Raeff et cet homme s'isolaient pour une conversation privée. C'était tout ce qu'il avait à dire.

Puis ce fut le tour d'un expert du laboratoire de police scientifique du comté de Suffolk :

– J'ai passé trente-sept jours à examiner les cheveux et les fibres trouvés sur les lieux du crime et plus particulièrement sur les deux haltères de Norman Raeff. Sur l'un, j'ai pu observer des fibres de laine violette et sur l'autre, des fibres de coton beige clair ainsi que des fibres synthétiques beige clair. Ces fibres ne provenaient ni du tas de linge sale auprès duquel elles étaient posées, ni du sweater beige clair que portait l'accusé à l'arrivée de la police.

– Faut-il en conclure que l'un des deux haltères a été lavé et essuyé ? demanda le procureur-adjoint.

– Je ne peux que m'en tenir aux faits. Votre hypothèse n'est pas incompatible avec ce que nous avons observé, c'est tout ce qu'on peut affirmer.

– Mais rien ne confirme non plus cette hypothèse, intervint Lipset.

Le témoin suivant n'était autre que l'associé de Raeff. L'avocat de Norman le soumit à un interrogatoire insistant, souvent agressif, qui se prolongea pendant trois jours. Une question revenait sans cesse :

– Pourquoi vous êtes-vous enfui sur la côte ouest après l'agression de Marvin et Linda Raeff ?

Le témoin finit par perdre le contrôle de lui-même. Il explosa, le visage rouge de colère :

– Je suis parti pour ne pas subir ce que je subis en ce moment ! Voilà trois jours que vous me harcelez, que ma vie privée est exposée aux yeux de tous, que vous faites peser des soupçons sur moi. Est-ce que je suis accusé de quoi que ce soit ? L'accusé est là, assis sur ce banc, et c'est moi qu'on traite comme si j'étais coupable ! Vous fouillez dans mon existence, vous me poussez à bout, vous n'avez pas le droit de faire ça ! Je suis là depuis trois jours à subir vos questions, depuis trois jours ! Et tout le monde s'en moque !

Le juge pria l'avocat de laisser partir le témoin s'il n'avait pas de nouvelles questions à lui poser.

En dernier lieu, ce fut l'accusé lui-même qui fut appelé dans le box des témoins. Il s'y assit calmement et commença par décrire l'état dans lequel il se trouvait lorsqu'il avait découvert ses parents le matin du drame :

– J'étais dans un tel état de confusion qu'il a été facile aux policiers de me faire avouer un crime que je n'ai pas commis.

Après un moment de silence, il continua :

– J'aimais mes parents. Je n'ai absolument rien à voir avec ce qui est arrivé. J'ai découvert ma mère assassinée, puis mon père. J'ai crié : « Papa ! Papa ! Papa ! » et j'ai appelé la police.

– Pouvez-vous décrire les blessures à la gorge ? demanda le procureur-adjoint.

– Elles étaient identiques, répondit Norman.

– Si vous êtes innocent, pourquoi avoir avoué le crime ?

– L'inspecteur m'a dit qu'il venait de parler à un policier, à l'hôpital, et que mon père disait que c'était moi qui l'avais frappé... Je ne pouvais pas comprendre pourquoi mon père disait cela. Il ne m'avait jamais menti. Dans l'état où j'étais, j'ai fini par croire que je l'avais vraiment fait. J'avais l'impression d'être dans un cauchemar et que j'allais me réveiller. Finalement, j'ai dit : « Oui, c'est moi. » Parce que c'était ce que les policiers voulaient entendre.

Dans le box des témoins, Norman donnait l'impression d'un garçon calme, sans émotion, qui se rappelait ce qui s'était passé avec une parfaite maîtrise de lui-même.

C'était ce même calme apparent qui avait poussé les enquêteurs à le soupçonner dès leur arrivée sur les lieux.

Le vendredi 12 juin 1992, soit huit semaines après le début du procès, le jury se retira pour délibérer.

Au début, la défense était optimiste. Lipset croyait à l'acquittement. Mais à mesure que la délibération se prolongeait, il fut gagné par l'incertitude. Un juré suppléant, qui n'avait pas été retenu, lui confia au cours d'une conversation que, s'il avait dû donner son avis, il aurait voté pour la culpabilité de Norman.

Le jury fit demander au juge l'autorisation de visiter la maison des Raeff. Le juge refusa mais lui communiqua les photos prises sur place.

Fait exceptionnel, la délibération se prolongea pendant huit jours. Enfin, dans l'après-midi du 20 juin, on vit le public se précipiter vers la salle d'audience. Le jury était parvenu à une décision.

La première question posée était la suivante :

– L'accusé est-il coupable d'homicide volontaire sur la personne de Linda Raeff?

– Non coupable, répondit le premier juré.

Un brouhaha se répandit aussitôt dans la salle. La famille et les proches de Norman Raeff se levèrent pour le congratuler. Certains pleuraient de soulagement après une si longue tension.

Puis vint la deuxième question :

– L'accusé est-il coupable de coups mortels sur la personne de Linda Raeff?

– Coupable.

L'assistance fut frappée de stupeur et, dans le grand silence qui s'était établi brusquement, on n'entendit que les sanglots étouffés de Norman qui avait mis la tête dans ses mains.

– L'accusé est-il coupable d'homicide volontaire sur la personne de Marvin Raeff?

– Coupable.

Le procureur-adjoint demanda que la peine maximale soit appliquée à l'accusé : deux fois vingt-cinq ans de prison.

Pendant que l'on menottait Norman et qu'on l'emmenait, la salle bruissait des questions que chacun se posait. Comment un tel verdict était-il possible ? Pourquoi les jurés avaient-ils penché en faveur de la culpabilité ?

Trois jurés acceptèrent de s'exprimer devant la presse. Sans entrer dans les détails, l'un d'eux indiqua que selon l'avis de plusieurs jurés, l'adolescent n'aurait pas avoué s'il n'avait pas été coupable. « Non, continua-t-il, les gens normaux n'avouent pas un crime qu'ils n'ont pas commis. »

Le procureur-adjoint se félicita du verdict. En le commentant, auprès du procureur Pavlovski qui était venu le rejoindre, il expliqua que pour le jury le jeune homme, hors de lui, avait d'abord frappé sa mère sans intention de la tuer, puis l'avait achevée. Ensuite, devant cette situation sans issue, il était allé dans la chambre de son père et l'avait tué intentionnellement.

– Avez-vous remarqué, ajouta-t-il, que pendant son témoignage il n'a manifesté aucune émotion, comme s'il répétait une leçon apprise par cœur ? Et quand le verdict est tombé, il a éclaté en sanglots. Il semble qu'il ne puisse s'apitoyer que sur lui-même.

– Ne craignez-vous pas que ce procès soit une erreur judiciaire ? demanda quelqu'un.

– L'erreur judiciaire n'existe pas.

Christian Molinier

Travail d'orfèvre

– Arrête-toi !

– Pas le temps.

– Fais un effort. Le congélateur est pratiquement vide et, si on ne rapporte pas de cornets de glace aux enfants, ça va être l'émeute ce soir.

D'un geste plein d'autorité, Wendy Taft pointa l'index en direction d'un supermarché encore ouvert à 23 heures, sur la droite de l'US 31.

– A cette heure-ci, ils ont déjà dîné, grogna Harry Taft tout en freinant néanmoins sur le bas-côté. Bon, dépêche-toi de faire tes emplettes, je t'attends ici.

Tandis que son épouse se dirigeait vers le magasin illuminé, Taft acheva de se garer sur l'aire de stationnement puis descendit de sa Mercedes pour allumer une cigarette. Wendy lui interdisait de fumer en voiture, et, depuis leur dernière étape, le tabac commençait à lui manquer. Courage, s'exhorta-t-il en faisant quelques pas devant lui sur le parking. Dans moins de dix minutes, ils seraient de retour chez eux, dans le centre d'Athens, modeste localité des environs de Decatur, Alabama, et dont le principal titre de gloire est d'avoir été la première ville du

Sud à capituler devant les troupes nordistes durant la guerre de Sécession.

Au moment où Wendy revenait, les bras chargés de paquets, il l'apostropha :

– Regarde-moi un peu cette merveille ! Si on n'avait pas les enfants, ce serait notre prochaine folie.

Il lui montrait du doigt une Ford Probe flambant neuve, à une dizaine de mètres. Sous les néons de la route, sa couleur oscillait entre bleu nuit et violine ; tout en courbes effilées, ce modèle dernier cri possédait des phares amovibles qui reléguaient sa vieille voiture au rang d'antiquité.

Wendy déposa ses sacs sur le capot de la Mercedes :

– Pourquoi « si on n'avait pas les enfants » ?

– Parce que c'est une deux-portes et que je vois mal nos trois fauves s'engouffrer sur la banquette arrière en rabattant nos sièges... Tiens, les feux arrière sont allumés. Une minute, je vais l'admirer de plus près. S'il y a quelqu'un à l'intérieur, je lui demande si elle existe en quatre portes.

A peine Wendy Taft s'était-elle installée à la place passager de la Mercedes, son mari la héla de nouveau :

– Viens vite ! Je ne vois personne, mais on dirait que... quelqu'un est enfermé dans le coffre !

Il ne se trompait pas. Quand son épouse le rejoignit, elle entendit des cris et une succession de coups assourdis qui provenaient manifestement du coffre de la Probe. En vain les Taft s'efforcèrent-ils de l'ouvrir : le couvercle était verrouillé, tout comme les deux portières. A l'intérieur du véhicule, on ne discernait guère que le cuir noir des sièges. A la différence des feux arrière, les phares avant étaient éteints.

Harry Taft frappa sur le coffre pour signaler sa présence. Un gémissement lui répondit.

Il se précipita au supermarché pour réclamer du secours.

L'un des employés du magasin accourut sur les lieux avec un cric qu'il utilisa comme un levier, en mettant plusieurs minutes à forcer la serrure avec l'aide de Taft.

Lorsque enfin le couvercle se souleva, les trois sauveteurs reculèrent. Une femme d'une trentaine d'années, les cheveux en bataille, s'extirpa du coffre et se jeta dans les bras de Wendy :

– Mon fils... mon mari... Ils ont été pris en otages... Prévenez la police !

Alertée par la brigade d'Athens, une section spéciale de la police fédérale se rendit aussitôt sur les lieux, à cinq kilomètres de là. La maison de Tony et Marcia Searcy se dressait au milieu d'une pelouse de gazon, à l'écart de tout voisinage : une bâtisse ultramoderne de deux étages. Les Searcy exerçaient la profession de bijoutiers-orfèvres. Quant à leur boutique, elle se situait à Decatur, à vingt-cinq kilomètres au sud.

Toutefois, les fédéraux ne donnèrent pas l'assaut immédiatement. Revêtus de gilets pare-balles, armés de mitraillettes, ils attendirent l'arrivée de Marcia Searcy, qui les rejoignit dans la voiture d'un inspecteur de Decatur. Celui-ci avait fait vite pour recueillir la déposition de la jeune femme et demander l'appui du groupe d'intervention : quand il freina devant la propriété, il était à peine 0 h 45, soit une heure et demie après le moment où les Taft avaient délivré Marcia Searcy.

Deux autres véhicules de la police s'arrêtèrent

à leur tour. Sans perdre de temps, l'inspecteur Jeff Harmin s'adressa à l'officier de la section d'intervention en désignant sa passagère, qui sanglotait sur son siège :

– Mme Searcy ne m'a pas fourni d'autres indications depuis tout à l'heure... Un homme armé menace en ce moment son mari et son fils. A vous de jouer.

Donnant de plain-pied sur la route, sans portail, sans grilles, la villa semblait noyée dans la nuit. Seule source de lumière, la grande baie vitrée du salon, au rez-de-chaussée, était éclairée. Des volets masquaient les vitres mais on pouvait tenter d'apercevoir quelque chose par les interstices entre les lattes.

Pendant que l'officier fédéral répartissait ses huit hommes le long de la façade, Harmin se tourna vers Marcia Searcy :

– Réfléchissez, essayez de vous souvenir d'un détail... Tout est important dans ce type d'affaire. Il est encore temps...

La jeune femme se moucha. Les cheveux hirsutes, la robe chiffonnée, elle avait une allure pitoyable.

– Je vous ai dit tout ce que je savais, inspecteur... Mon Dieu ! Quand je pense que Robbie, mon fils, est là, prisonnier, face à ce... ce... Un bébé de seize mois... Et mon mari, le pauvre Tony, qui est sans défense... Il est si gentil...

– Je comprends. Mais ça ne sert à rien de pleurer. Si vous pouviez plutôt nous aider...

– Le seul point positif, c'est que mon fils aîné passe le week-end chez ses grands-parents... depuis avant-hier... Lui au moins, il ne risque rien... Tandis que Tony et Robbie...

De nouveau, elle fondit en larmes. Pendant ce

temps, deux des fédéraux s'étaient approchés en silence de la baie du salon. Ayant jeté un coup d'œil par les fentes des volets, ils s'écartèrent avec un geste qui signifiait « rien à signaler ».

– C'est vers 21 heures que ces deux hommes ont fait irruption, n'est-ce pas ? insista le policier. Vous aviez juste fini de dîner, vous étiez seule avec votre mari et vous vous apprêtiez à emmener votre bébé dans sa chambre. Ils se sont alors introduits dans le salon, en brandissant chacun un pistolet... Quel type de pistolet ?

– Je ne sais pas, je n'y connais rien... Ils étaient habillés en noir, du cuir noir je pense, ils ne portaient pas de cagoule. Vingt ou vingt-cinq ans... L'un d'entre eux avait une moustache. Tous deux très bruns, on peut même dire basanés, style mexicains, vous voyez le genre...

Jeff Harmin ne releva pas le sous-entendu plus ou moins raciste. L'urgence se situait ailleurs.

– Il n'existe pas de système de sécurité ? C'est bien ce que vous m'avez déclaré ?

– En fait si, on a une alarme, mais on ne la branche pas dans la journée quand on est là. On ne pouvait pas prévoir... Et je ne suis même pas sûre que la porte d'entrée était fermée à clé.

A droite de la voiture du policier, quatre des fédéraux s'étaient regroupés de part et d'autre de la porte, revolver au poing.

– Alors, poursuivit Marcia Searcy, ils nous ont mis en joue. En me menaçant avec son pistolet, celui qui avait une moustache m'a obligée à m'écarter de mon mari et de mon bébé... Robbie criait, mais le moustachu m'a emmenée de force... Mais je vous ai déjà expliqué tout ça, inspecteur.

– Continuez quand même, on ne sait jamais.

– Eh bien... il m'a fait monter dans ma voiture. La Probe. Je l'avais achetée il y a trois semaines, fin mai. Et il a voulu que je roule jusqu'à la bijouterie, à Decatur... Vingt-cinq kilomètres avec un pistolet braqué sur ma tempe... Et pendant ce temps-là, son complice retenait Tony et Robbie en otages... Pendant le trajet, le moustachu m'a dit : « Si tu fais tout ce que je te dis, tout se passera bien... Tu m'emmènes à la boutique, tu me donnes les bijoux, et on rentre chez toi. Tu retrouves ton mari et ton gamin sains et saufs, et mon ami et moi, on disparaît. » Seulement, il a changé d'avis...

Secouée d'un frisson convulsif, elle s'interrompit. Le policier connaissait la suite. La jeune femme avait ouvert la porte de son magasin vers 21 h 30 ou 22 heures. Le quartier était désert. S'étant emparé d'une pochette de bijoutier dans laquelle il avait glissé les plus belles pièces en cours de montage – deux diamants et quatre saphirs –, le malfaiteur était remonté dans la Probe avec sa victime. De nouveau, elle avait dû tenir le volant. Puis, de retour dans les environs d'Athens, sans cesser de la menacer de son arme, il avait pris un téléphone portable dans une poche intérieure de son blouson, pour appeler son complice en lui demandant si « tout allait bien ». Marcia Searcy n'avait pas entendu la réponse, mais l'homme avait paru s'affoler. « A partir d'ici, avait-il dit à son comparse, on repart chacun de son côté, c'est plus prudent. Tu rentres avec la bagnole, et moi je file où tu sais. On se retrouve là-bas. »

Ayant raccroché, il avait contraint Marcia Searcy à s'arrêter au bord de l'US 31, sur l'aire de stationnement du supermarché, et, son arme toujours pointée sur elle, il l'avait enfermée dans le coffre de la Probe. Après quoi il s'était évanoui dans la nature. La jeune femme n'avait aucune idée de l'endroit où il comptait se rendre, ni de ce qui s'était produit à la villa. Elle se souvenait surtout d'être restée « des heures durant » – en réalité une demi-heure au maximum – recroquevillée dans le coffre, à moitié asphyxiée, folle d'angoisse, à hurler de terreur et à donner des coups de poing contre le couvercle pour essayer d'attirer l'attention. Ses mains, rougies, en portaient encore la marque.

L'encerclement de la villa par les forces fédérales avait demandé moins de dix minutes. On n'apercevait toujours pas âme qui vive dans le salon. Rien non plus aux abords de la bâtisse, excepté la voiture de Tony Searcy, garée au bout de la pelouse. Enfin, l'officier décida de donner l'assaut.

La porte d'entrée n'étant pas verrouillée, les hommes n'eurent qu'à tourner la poignée pour pénétrer en silence dans la demeure. Le vestibule était plongé dans l'obscurité. Au même instant, d'autres membres du groupe d'intervention finissaient d'ôter de leurs gonds les volets de la cuisine et d'une chambre du rez-de-chaussée. Au signal convenu, tous firent irruption dans la villa.

Parvenus dans la salle à manger, à peine éclairée par la porte du salon entrouverte, ils s'arrêtèrent net.

Le petit Robbie dormait tranquillement dans son parc, la tête posée sur un coussin, au milieu de ses jouets. Et Tony Searcy, le crâne fracassé par un tisonnier d'acier chromé, gisait sur la moquette, à deux mètres de la cheminée.

Quant au malfaiteur, il s'était volatilisé.

L'enquête dépendant désormais de la police criminelle de Decatur, Jeff Harmin resta en charge de l'affaire. Pendant que l'officier fédéral repartait avec ses hommes, Harmin convoqua sur-le-champ « son » médecin légiste, ainsi que le photographe et les techniciens de sa brigade. Son adjoint, le sergent Louie Anholt, qui travaillait sous ses ordres depuis six ans, était arrivé comme lui avant l'assaut de la section d'intervention. On aurait presque pu confondre les deux hommes : grands, la quarantaine, les cheveux grisonnants, ils possédaient la même tournure d'esprit, rapide et logique, et la même diction brève, typique de leur souci d'efficacité.

Anholt avait emmené Marcia Searcy à la cuisine. Serrant son fils dans ses bras, la jeune femme sanglotait. Pour le moment, l'inspecteur ne l'avait pas autorisée à s'approcher de la dépouille de son mari ; inutile d'ajouter encore à ses traumatismes.

Dans la salle à manger, le légiste s'était redressé pour s'adosser au manteau de la cheminée :

– La cause du décès me paraît évidente : le tisonnier qui est là... Enfin, inspecteur, vous le ferez analyser, je suppose. La mort remonte aux alentours de 22 heures, disons entre 21 h 30 et 23 heures. Elle a été instantanée. On a frappé Searcy à la tempe gauche, un seul coup, et il est tombé à la renverse. Je ne note pas de blessures aux mains ni aux bras, ni, à première vue, de traces de peau ou de cheveux sous ses ongles. Searcy ne semble pas s'être débattu. On dirait qu'il a été tué par surprise.

– C'est peu probable, objecta le sergent Anholt, qui revenait de la cuisine. Il ne pouvait que se sentir menacé. Depuis une demi-heure ou une heure, son assassin le tenait en joue avec un pistolet. Ou un revolver. Aux dernières nouvelles, ce serait plutôt ça. Cette malheureuse jeune femme ne connaît vraiment rien à ce sujet, je viens de la réinterroger...

– Ce qui me surprend, intervint Harmin, c'est que le voleur ait utilisé le tisonnier, alors qu'il brandissait le fameux pistolet-ou-revolver. Le sang qu'on voit sur le tisonnier n'est peut-être pas celui de Tony Searcy, mais celui de son agresseur. Il y a peut-être eu une bagarre, Searcy a peut-être tenté de lui échapper, ou voulu protéger son fils...

Le sergent jeta un regard critique au cadavre, autour duquel s'activait le photographe de la police :

– Il n'a pas l'air très costaud. Sa femme nous a indiqué qu'il avait trente-cinq ans, mais il ne les paraît pas. On dirait presque un adolescent... Seul et désarmé face à une brute qui n'en est sans doute pas à son coup d'essai, il ne faisait pas le poids et il devait le savoir. Je ne l'imagine pas fonçant tête baissée sur le malfaiteur... sauf si celui-ci menaçait l'enfant, bien sûr. Seulement, l'enfant est sain et sauf.

– Tu sembles avoir une idée derrière la tête, Louie, remarqua Harmin.

– Oh, elle vaut ce qu'elle vaut. Je me demande pourquoi ce type l'a assassiné. Soit Searcy, pour une raison ou pour une autre, a essayé de lui dérober son arme, d'où bagarre, etc. On verra bien à qui appartient le sang sur le tisonnier. Soit le meurtrier est un psychopathe qui tue sans raison. Soit encore il avait peur que Searcy le dénonce ; peut-être se connaissaient-ils. Des sortes de relations d'affaires, dans un registre plus ou moins louche ? Nous sommes bien placés pour savoir que tout n'est pas toujours très clair dans le milieu des bijoutiers. Souviens-toi de notre histoire de receleurs, l'année dernière...

– Oui, mais son complice, le « moustachu », n'a pas tenté d'assassiner Marcia Searcy. Laquelle ne les avait jamais vus auparavant.

– D'où : les deux malfaiteurs – ou un seul d'entre eux – connaissaient Searcy, mais pas sa femme.

Harmin acquiesça. La théorie se tenait. Cependant, il préférait ne pas aller trop vite en besogne. Tant que les experts ne lui auraient pas remis leur compte rendu, il hésitait à se prononcer. Avec un peu de chance, on recueillerait des empreintes intéressantes dans la maison, notamment dans le salon et la salle à manger. Sans compter les résultats des investigations qui auraient lieu dès le lendemain matin dans le voisinage, ainsi qu'aux environs du supermarché – pour ne rien dire de la bijouterie de Decatur, où il avait déjà envoyé trois de ses hommes.

Pour l'instant, il était 2 heures du matin et mieux valait abandonner la villa aux mains des techniciens. Suivi d'Anholt, l'inspecteur se rendit à la cuisine, où une femme policier préparait du café pour Marcia Searcy.

– Nous allons partir, dit-il à la jeune femme, mais je laisse plusieurs hommes sur place.

– Très bien, répondit-elle d'un ton machinal.

Elle avait cessé de pleurer et semblait tellement exténuée qu'elle en paraissait lointaine, absente. Le bébé, installé dans une poussette à ses pieds, s'était rendormi. Elle avait refusé qu'on l'emmène dans sa chambre, terrorisée à l'idée de se séparer de lui, ne fût-ce qu'une minute.

– Où comptez-vous passer la nuit ? reprit Harmin. Pas ici, j'espère... Voulez-vous que nous vous emmenions à Decatur ? Ou ailleurs ?

– Non, merci, je vais m'arranger... Oh, et puis si,

j'accepte. Si vous pouviez nous conduire, Robbie et moi, chez ma mère, à Athens... Mon Dieu ! Il va falloir que je lui annonce... ça...

– C'est là que se trouve votre fils aîné ?

– Jim ? Non, il est chez mes beaux-parents, à la campagne, pour le week-end... Et il va falloir aussi... Je ne pourrai jamais parler à Jim... ni aux parents de Tony...

– Votre mère, sans doute, pourra vous aider... Venez, il est inutile de vous attarder ici.

– Ma mère... répéta-t-elle, les yeux dans le vague. Oui, vous avez raison...

Dès sa première déposition au poste de police, Marcia Searcy avait signalé que les deux malfaiteurs portaient des gants, ce qui expliquait l'absence d'empreintes inconnues dans la Probe, aussi bien qu'à l'intérieur de la maison ou de la bijouterie. Les seules que l'on releva étaient en effet celles des Searcy, de leur femme de ménage et de quelques proches.

Le rapport d'autopsie précisa l'heure du décès : entre 21 h 40 et 22 heures, soit le moment même où, à vingt-cinq kilomètres du lieu du drame, Marcia Searcy faisait entrer son ravisseur dans la boutique. Tony Searcy ne s'était pas bagarré avec son meurtrier, ni n'avait craint pour sa propre vie ou celle de son fils : quand il avait reçu le coup de tisonnier, son taux d'adrénaline était normal. Enfin, le sang qui souillait l'arme du crime était bien le sien.

Dans la villa, les experts n'avaient pas constaté de traces d'effraction : les cambrioleurs s'étaient introduits par la porte, en actionnant le loquet de leurs mains gantées. Ils n'avaient rien emporté, alors que les Searcy conservaient chez eux quelques bijoux ou pièces d'orfèvrerie de grande valeur, notamment des plats d'argent français poinçonnés « au vieillard » qui auraient eu de quoi faire flamber les enchères chez Sotheby's. Mais il est vrai que les pierres précieuses dérobées à la boutique étaient d'un prix beaucoup plus élevé. Et aussi – argument capital pour des voleurs professionnels – beaucoup plus faciles à vendre sur le marché parallèle.

En tout cas, il fallait leur reconnaître un sens inné de l'organisation : bien renseignés, ils avaient obtenu ce qu'ils souhaitaient et réussi à prendre la fuite, que le meurtre de Tony Searcy fût ou non inscrit à leur programme. A Decatur, à Athens et dans les environs, nul n'avait remarqué leur présence. En choisissant d'opérer dans une rue déserte entre 21 heures – intrusion dans la villa – et, au plus tard, 0 h 45 – arrivée de la police –, ils s'étaient assuré une totale impunité.

Faute de mieux, Harmin fit établir des portraits-robots des deux complices, d'après les indications de Marcia Searcy, que diffusèrent la presse et la télévision locales, non sans les assortir d'un appel à témoins. Dans le même temps, en Alabama et au niveau fédéral, il alerta les brigades spécialisées dans les affaires de recel. On finirait fatalement par voir réapparaître les diamants et les saphirs de la boutique. Mais cela exigerait du temps. Des années, si les deux voleurs se montraient aussi professionnels qu'ils le paraissaient.

Certes, dans cette enquête « classique », dans cette reconstitution « classique » des événements, il restait un point obscur. Un point minuscule, de la taille d'un grain de sable. Mais, pour un policier comme

Harmin, attaché avant tout à la logique, le grain de sable était par excellence un objet susceptible d'enrayer les mécaniques les mieux huilées.

Le crime s'était déroulé le 12 juin. Dans l'après-midi du 19, l'inspecteur et le sergent dressèrent l'inventaire des indices matériels dont ils disposaient. Le bilan tenait en un mot : rien. Rien, à part les résultats de l'autopsie et l'absence d'effraction.

Dans son bureau de Decatur, Jeff Harmin s'autorisa une pause Coca pendant que son adjoint achevait de procéder par élimination. L'été s'annonçait chaud et moite, comme presque chaque année en Alabama.

– On s'enfonce dans cette affaire comme dans des sables mouvants, conclut Louie Anholt en se servant un Coca à son tour. Chaque fois qu'on croit avoir prise, on est obligé de lâcher. C'est mou, sans consistance... A propos de sable, qu'est-ce que tu voulais dire, tout à l'heure, avec ton histoire de grain de sable ?

– La même chose que toi, mais d'une manière différente. Depuis une semaine, je sens la présence d'un grain de sable... En l'occurrence, « le » détail gênant...

– Je vois. Et le détail qui cloche, c'est le fait que tout, dans cette enquête, absolument tout passe par le témoignage de Marcia Searcy...

– Exactement. Notre seul « élément matériel », c'est elle. Et rien jusqu'à présent n'est venu corroborer ses dires.

– Sauf le fait qu'on l'ait retrouvée emprisonnée dans le coffre de sa voiture, objecta Anholt.

– N'importe qui peut s'y enfermer en rabattant le couvercle. Le verrouillage est automatique.

– Mais, si elle l'avait fait volontairement, elle aurait fini par périr asphyxiée.

– Tu crois ça ? Les Taft l'ont délivrée dès 23 heures, et si ce n'avait été eux, d'autres auraient entendu ses cris et ses coups de poing. N'oublie pas que la Probe était garée sur le parking d'un supermarché très fréquenté : le seul de la région à ouvrir tard. J'y suis retourné hier soir pour me rendre compte. Une bonne dizaine de clients attendaient devant chaque caisse et un employé m'a dit que c'était le cas tous les jours.

Le sergent Anholt avala son gobelet d'une traite, s'essuya les lèvres d'un revers de main et déclara :

– Tu sais, j'ai envisagé cette éventualité, moi aussi... Mais ce qui me chiffonne, c'est le bébé. Elle adore son fils, c'est visible. Comment aurait-elle pu lui faire du mal ?

– Mais elle ne lui a pas fait de mal, justement ! Personne n'a fait aucun mal à cet enfant !

– Alors, elle aurait tout inventé de A à Z ? Les deux voleurs n'auraient jamais existé ? On aurait dérangé les fédéraux et lancé cet assaut pour... rien ? Marcia aurait combiné cette histoire rocambolesque dans le seul but d'assassiner son mari ? « Par surprise », comme dit le légiste ? Mais pour quel motif ?

– Le motif, je l'ignore encore. Mais pour le reste, tu viens de résumer ce que je pense, mot pour mot.

Harmin, qui n'avait bu son gobelet qu'à moitié, le reposa sur son bureau en le fixant d'un air songeur.

– En fait, dit-il après un silence, nous sommes à deux doigts du crime parfait, si nous ne pouvons rien prouver. Sous ses allures de petite femme fragile, Marcia Searcy s'est jusqu'ici débrouillée comme un chef. Un vrai travail d'orfèvre. Et, même si on peut la coincer, elle a des chances de s'en tirer sans trop de dégâts. Avec un bon avocat qui s'arrange pour démontrer qu'elle était malheureuse en ménage, que son mari la battait, ou autre, c'est quinze ans maximum, et on la relâche dans cinq ans pour bonne conduite ; elle aura le temps de voir grandir ses enfants. Mais, s'il y avait une histoire d'argent à la clé, une escroquerie à l'assurance par exemple, ça ferait très mal. Ce serait la perpétuité garantie, pour crime crapuleux... Louie, c'est de ce côté-là qu'il faut fouiller : comptes bancaires, contrat de mariage, droits de propriété sur la villa, sur la boutique... Au travail !

Les vérifications ne donnèrent pas grand-chose : Tony Searcy n'avait pas souscrit de contrat d'assurance vie, ses comptes et ceux de sa femme ne présentaient aucune anomalie et, au grand dam de l'inspecteur Harmin, les amis des Searcy les décrivirent comme un ménage uni, sans l'ombre d'un adultère ou d'une menace de divorce. Les mobiles qu'il avait imaginés s'effondraient les uns après les autres.

Par ailleurs, les pierres volées par le prétendu « moustachu » étaient assurées, mais cela ne constituait pas une preuve. Non plus que la copropriété des deux époux sur la villa et la bijouterie.

Néanmoins, quinze jours après le drame, Jeff Harmin enjoignit au sergent Anholt de redoubler de vigilance :

– Ne la lâche pas d'une semelle. Toi et tes hommes, suivez-la partout. En toute discrétion, naturellement... Plus le temps passe, moins elle va se méfier. Elle va quand même finir par commettre une erreur, un de ces jours !

Trois semaines plus tard, Anholt tenait enfin un début de piste.

– Le week-end dernier, expliqua-t-il à l'inspecteur, Marcia Searcy a confié ses enfants à sa mère, dès le samedi matin à 9 heures, pour descendre vers le sud en voiture. Seule. On a failli la perdre sur l'autoroute, mais on l'a retrouvée au moment où elle atteignait les faubourgs de Tuscaloosa... Elle est allée rejoindre dans le centre-ville un certain Chris Hanover, trente-deux ans, joaillier de son état.

– Un confrère. Quoi de plus normal ?

– Ce qui l'est moins, c'est qu'elle a passé chez lui la nuit du samedi au dimanche et n'est rentrée à Athens que dimanche soir très tard, pour récupérer ses deux fils... Selon les commerçants de Tuscaloosa, Hanover est célibataire, beau garçon et... extrêmement riche. Beaucoup plus que les Searcy.

– Ils connaissent de vue la charmante Marcia ?

– Oui, répondit Anholt, et ce n'est pas la première fois qu'elle va là-bas. Mais, comme toujours dans cette affaire, qu'elle ait une liaison avec ce type ne...

– ... constitue pas une preuve, je sais, compléta Harmin. Juste un mobile, ce qui n'est déjà pas si mal. Après tout, si Marcia tenait à ce garçon au point de vouloir vivre avec lui ? Si son mari lui refusait le divorce ? Ou si elle-même redoutait toute idée de divorce, par peur de perdre ses parts de la villa et de la boutique ? Ou par crainte de ne pas obtenir la garde de ses enfants ?

– Jeff, tu énumères des « pourquoi » et tu as sans doute raison. Mais ça ne suffira pas pour que le procureur décide de l'inculper.

– Exact. Mais tu te souviens du taux d'adrénaline ? Tony Searcy ne se méfiait pas, il passait chez lui une soirée paisible, en famille... Il n'a pas dû se rendre compte de ce qui lui arrivait. Il était très calme. Donc, elle ne l'a pas tué au cours d'une dispute. Elle l'a assassiné de sang-froid, avec préméditation. Le faisceau de présomptions commence à prendre tournure, tu ne trouves pas ?

– Oui. Mais ça ne suffira pas, insista Anholt.

– D'accord. Je recommence depuis le début. Juste avant le meurtre, elle fait probablement disparaître les pierres précieuses « volées » par le « moustachu ». Je suppose qu'elle les a dissimulées quelque part, sans chercher à les vendre, elle n'est pas idiote... Elle tue son mari vers 22 heures puis se précipite en voiture vers le parking, afin de s'enfermer dans le coffre et... Le sang, Louie, le sang !

– Le sang de Tony Searcy ?

– Mais oui ! Il a beaucoup saigné... Elle en a forcément conservé des traces, même infimes, sur ses vêtements. Et donc, on doit en trouver dans la voiture, en particulier sur le siège conducteur et dans le coffre... Qu'est-ce que nous avons cherché dans la Probe, jusqu'à présent ? Les empreintes du « moustachu » sur le capot, les portières et le tableau de bord ! Or nous n'avons pas examiné la voiture à fond, parce que nous n'espérions pas y découvrir d'indices. Et pourquoi ? Pour la bonne raison que Marcia nous avait dit que son ravisseur portait des gants... Elle a failli nous avoir !

Trois secondes plus tard, l'inspecteur décrochait son téléphone.

Le 26 juillet, le rapport d'analyse mettait en évidence la preuve tant attendue. Comme l'avait prédit Harmin, le siège conducteur et le coffre de la Probe contenaient des particules de sang, invisibles à l'œil nu, et ce sang appartenait à Tony Searcy.

Tout en se proclamant innocente, Marcia Searcy reconnut avoir une liaison depuis six mois avec Chris Hanover. Elle avait rencontré le jeune joaillier lors d'un congrès professionnel durant l'hiver et semblait fort désireuse de l'épouser. Celui-ci, interrogé, confirma leur idylle mais nia tout projet de mariage, du moins dans l'immédiat :

– Son époux a trouvé la mort dans des circonstances atroces. Je préfère que Marcia se remette de ce drame, avant de songer à l'avenir.

Possédant un alibi pour le soir du 12 juin, il n'avait aucun rapport avec le meurtre et croyait à l'existence des deux malfaiteurs – « à l'aspect mexicain », comme la soi-disant « victime » le répéta devant le procureur.

La sentence qui frappa la jeune femme, reconnue coupable d'assassinat avec préméditation, se situait à mi-chemin entre les deux possibilités envisagées par Harmin : moitié indulgence pour un crime passionnel, moitié sévérité envers un crime crapuleux. Marcia Searcy se vit condamnée à vingt-cinq ans de réclusion. Décision ambivalente qui reflétait l'ambiguïté de son acte.

Dans leur bureau de Decatur, les deux policiers commentèrent l'événement à leur manière.

– J'espère que, en prison, Marcia écrira des romans-feuilletons, dit Anholt. Elle a un réel talent d'invention.

– Je la verrais plutôt s'inscrire au groupe de théâtre, s'il en existe un, dit Harmin. Je n'ai jamais rencontré une actrice aussi convaincante...

Isabelle di Natale

Achevé d'imprimer par Gráficas Estella
pour le compte de France Loisirs
Paris en Août 1999

Imprimé en Espagne
Dépôt légal: Août 1999
N° d'édition: 32066